本书获国家社科基金一般项目"新零售企业线上线下多渠道整合服务研究"（项目编号19BGL104）、山西省"1331"工程山西财经大学工商管理一流学科建设项目资助。

新零售企业线上线下多渠道整合服务研究

齐永智◎著

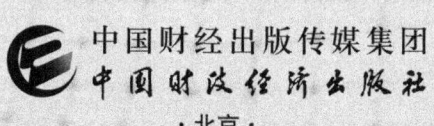

中国财经出版传媒集团

中国财政经济出版社

·北京·

图书在版编目（CIP）数据

新零售企业线上线下多渠道整合服务研究／齐永智著．——北京：中国财政经济出版社，2024.4
ISBN 978-7-5223-2998-7

Ⅰ.①新… Ⅱ.①齐… Ⅲ.①零售企业－企业经营管理－研究 Ⅳ.①F713.32

中国国家版本馆 CIP 数据核字（2024）第 065806 号

责任编辑：张晓丽　　　　　　责任印制：史大鹏
封面设计：孙俪铭　　　　　　责任校对：徐艳丽

新零售企业线上线下多渠道整合服务研究
XINLINGSHOU QIYE XIANSHANG XIANXIA
DUOQUDAO ZHENGHE FUWU YANJIU

中国财政经济出版社 出版

URL：http://www.cfeph.cn
E-mail：cfeph@cfeph.cn
（版权所有　翻印必究）

社址：北京市海淀区阜成路甲 28 号　邮政编码：100142
营销中心电话：010-88191522
天猫网店：中国财政经济出版社旗舰店
网址：https://zgczjjcbs.tmall.com
中煤（北京）印务有限公司印刷　各地新华书店经销
成品尺寸：170mm×240mm　16 开　17.5 印张　248 000 字
2024 年 4 月第 1 版　　2024 年 4 月北京第 1 次印刷
定价：78.00 元
ISBN 978-7-5223-2998-7
（图书出现印装问题，本社负责调换，电话：010-88190548）
本社图书质量投诉电话：010-88190744
打击盗版举报热线：010-88191661　　QQ：2242791300

前　言

消费是经济发展的最重要引擎，而消费的核心是零售，数字化时代新零售变得尤为重要。党的二十大报告指出，加快发展数字经济，促进数字经济与实体经济深度融合。在数字经济背景下，网络购物、直播带货、社区团购等线上新消费渠道迅速崛起，深刻改变了人们的消费习惯和生活方式，催生全球零售行业经历全面的数字化变革。特别是随着移动互联网的迅猛发展，线上线下融合的新零售模式已成为零售行业发展大势，"实体+线上"的消费模式更是让消费者可以随时随地在多个线上渠道与线下渠道之间无缝切换以完成商品浏览与挑选、购物决策、下单支付及体验评价等购物流程，深受消费者青睐。

然而，线上与线下的融合并非简单的"1+1"，而是需要从市场营销、数据能力、组织结构、供应链管理能力等多个方面进行整合协同，以避免整合过程中可能存在的渠道侵蚀与协同效应影响消费者购买体验。因此，本书旨在从理论、实践与评价三个维度探索新零售企业线上线下多渠道整合路径，揭示多渠道整合的实施逻辑，为企业更好地制定与实施多渠道整合战略提供理论支持与行动指南。

本书在第1章介绍了新零售企业线上线下多渠道整合服务研究的现实背景和学术背景，并阐述了其理论价值和实践价值。本书第2、第3章重点从理论层面介绍多渠道整合和新零售，包括对多渠道零售、多渠道整合、多渠道整合服务质量、新零售等相关概念进行解释，归纳多渠道整合影响因素，总结多渠道整合服务质量与相关变量关系、新零售发展动因与实践模式等。第4章基于"溯源—跟进—创新—裂变—共通—交融"的逻辑链条，对线上、线下电商的新零售探索及典型案例进行梳理，并在此基础上对社区新零售、社交新零售以及数字化新零售等模式的内涵、背景、主要特点、发展路径等进行整理。其中，重点梳理了阿里系、腾讯系的新零售布局，并对盒马鲜生、永辉超级物种等代表性新零售企业的商业模式进行分析。第 5 章从战略和策略两个层面分别论述多渠道整合实施路径，并绘制多渠道整合战略实施路线图。战略设计层面包括数据融合、组织结构、供应链网络和绩效评价四部分，同时对多渠道情境下的消费者和竞争者展开分析，以期更好指导整合战略实施。策略层面则基于消费者购买全流程确定了产品策略协同、价格策略协同、促销策略协同、订单履行协同、整合客户服务以及整合物流服务六个方面的多渠道整合协同营销策略。第 6 章通过实证研究方法，分别就线上线下多渠道整合服务质量对购买意愿、重购意愿以及零售商品牌权益的影响，展开多渠道整合服务效果评价。第 7 章从战略顶层制定、渠道整合管理策略、战略落地执行、运营策略协同及数智赋能新零售五个角度为新零售企业实施线上线下多渠道整合提供可行建议，并从理论和实践视角提出未来新零售企业相关理论研究和发展方向。

  在本书写作过程中，齐永智负责总体与各章具体设计以及总撰写，各章具体分工如下，第 1 章由任晋香、王子玲负责；第 2 章、第 5 章由柴雨辰负责；第 3 章、第 4 章由姜奕帆负责；第 6 章由刘志佳、闫瑶、梁可欣负责；第 7 章由杜彦凤、柴雨辰负责。姜奕帆、柴雨辰、赵睿、曾紫韬、薛希萌、高亚洁、王子玲、刘志梅、任晋香、杜彦凤、赵煜昕、杜昕汝、谢抒杭参了全书校对。同时感谢李园园、张梦霞等老师为本书撰写提供的帮助，感谢张晓丽编辑对本书出版工作的帮助。

  本书的主要贡献在于厘清多渠道零售、多渠道整合、新零售等概念的内涵，从理论视角给出新零售企业实施线上线下多渠道整合战略的路线图，从实践视角洞悉盒马鲜生、永辉超级物种、名创优品、每日优鲜、云集等行业巨头的新零售布局，从实证视角量化评价新零售企业线上线下多渠道整合服务实施效果。本书的研究成果力求为新零售企业抓住新消费机遇，用好新消费渠道，实现新业务增长提供重要抓手，为零售行业推进数字化、智能化转型突破提供路线图和任务书，从消费端助力中国经济高质量发展。

齐永智
2024 年 3 月 12 日

目　　录

第1章　引言 ·· 1
    1.1　研究背景 ·· 3
    1.2　研究价值 ·· 5

第2章　理论——多渠道整合相关研究 ·· 9
    2.1　多渠道零售概述 ·· 11
    2.2　多渠道整合概述 ·· 14
    2.3　多渠道整合的影响因素 ·· 23
    2.4　多渠道整合服务质量 ·· 30
    2.5　多渠道整合服务质量与相关变量关系 ··································· 35

第3章　新生——新零售的相关研究 ·· 47
    3.1　新零售的内涵及特征 ·· 49
    3.2　新零售发展动因 ·· 51
    3.3　新零售实践模式 ·· 54
    3.4　新零售发展相关理论支撑 ··· 55

第4章　实践——新零售企业实践发展分析 ····································· 59
    4.1　溯源——线上电商的新零售布局 ··· 61

4.2 跟进——线下实体零售的新零售变革 …………………… 79
4.3 创新——新零售的新商业社区新零售 …………………… 96
4.4 裂变——新零售的新商业社交新零售 …………………… 108
4.5 共通——数字化新零售 …………………………………… 116
4.6 交融——线上线下多渠道整合的新零售 ………………… 124

第 5 章 逻辑——新零售企业线上线下多渠道整合服务实施路径 …… 129
5.1 战略——多渠道整合战略设计 …………………………… 131
5.2 策略——多渠道整合协同营销策略 ……………………… 155
5.3 路线——多渠道整合战略实施路线图 …………………… 171

第 6 章 效价——新零售企业线上线下多渠道整合服务效果评价 …… 175
6.1 新零售企业线上线下多渠道整合服务质量对购买意愿的影响 …………………………………………………… 177
6.2 新零售企业线上线下多渠道整合服务质量对重购意愿的影响 …………………………………………………… 199
6.3 新零售企业线上线下多渠道整合服务质量对零售商品牌权益的影响 ……………………………………………… 216

第 7 章 前行——建议与未来展望 ………………………………… 239
7.1 新零售企业实施线上线下多渠道整合的建议 …………… 241
7.2 新零售线上线下多渠道整合的未来展望 ………………… 252

参考文献 ……………………………………………………………… 255

第1章

引 言

第1章 引言

1.1 研究背景

近年来,随着新一轮科技革命不断颠覆传统经济和产业模式,数字化转型进程不断加速,线上线下多渠道整合的新零售模式也获得飞速发展(胡祥培等,2020),加速了中国乃至世界零售业的新变革。2020年初突如其来的新冠疫情更是大大加快了中国零售行业的转型步伐,各环节数字化进程明显提速,传统零售企业积极拥抱社交电商和直播带货,并利用各类平台搭建私域流量。据中国百货商业协会和利丰研究中心共同发起的问卷调查结果显示,近九成受访企业表示已经开展线上业务,另外66%的受访企业表示已经逐步深入落实多渠道整合服务的实施工作。我们所见证的零售行业的变革除了归因于技术发展,另外一个重要因素则是多渠道整合环境下消费者行为的变化,在购买过程中,已经快速熟悉并掌握了技术创新的客户更愿意使用不同的渠道完成购买(Verhoef等,2015)。此外,相关报告显示,与单渠道相比,实施多渠道整合系统可以提高250%的购买频率、13%的订单价值、90%的客户保留率和13.5%的顾客参与度(Collins,2019)。这也迫使企业亟须从战略高度思考消费者运营和多渠道整合协同的相关问题,通过数据智能不断优化与消费者的互动效果和营销效果,为消费者带来一致流畅的无缝购物体验,为企业提供坚实的、能够驱动未来可持续增长的依据。然而,零售商们在探索实施多渠道整合服务的最佳路径的过程中,面临着资源要素配置效率低下、商业模式过度模仿的困境。除此之外,在零售商市场环境中,仍存在着厂商竞争激烈导致成本端恶意升价的现象,各方利益逻辑难以平衡进而导致产品定价基准不明确、各方渠道主体协调困难、仓储管理问题严重,这些问题最终反映在用户端产生了客户服务延时性加剧,企业竞争优势不明显(Zhang等,2010)。在此背景之下,渠道零售商的发展目标演变为如何基于线上线下深度融合和多渠道主体间协同运作成果实现企业经营效率提升、巩固用户忠诚度。先前的研究将多渠道整合定义为公司跨多个渠道提供一致服务体验的能力（Lee 等，2019；Sousa 和 Voss，2006）。部分研究关注多渠道整合的维度，并阐明实现高水平渠道整合所面临的巨大挑战（Banerjee，2014；Hossain 等，2020）。另外的研究则探讨了客户对渠道整合的感知及其随后的个人行为（Emrich 等，2015；Herhausen 等，2015）。同时也有部分研究证实了渠道整合对企业销售增长以及公司绩效的影响（Cao 和 Li，2015；Oh 等，2012）。总的来说，营销渠道整合的研究可以归纳为两个主要的研究视角：一是消费者视角，主要的研究主题包括无缝用户旅程（Frazer 和 Stiehler，2014）、感知有用性和易用性（Silva 等，2020），以及连贯的品牌体验（Keller，2010）等；二是零售视角，其主要研究包括消费者需求偏好的识别（Davis 和 Harveston，2000）、运营效率的提高（Oh 等，2012）、客户体验的改善（Herhausen 等，2015），以及建立客户忠诚度（Van Baal，2014）和信任度（Cao 和 Li，2015）等。

基于上述分析，本书对多渠道整合这一概念作全新解释，并对现有的跨渠道整合、全渠道整合等概念进行了区分和界定。基于对典型新零售企业整合模式的分析，提出可供多渠道零售商参考的多渠道整合路径和实施流程。本书结构如下：第1章对新零售企业线上线下多渠道整合服务的研究背景进行简单介绍，同时阐明该研究的理论价值及实践价值。第2章在对多渠道零售的内涵及特征、经济社会影响和发展方向进行梳理的基础上，引出多渠道整合的概念辨析，并对其影响因素进行整理，最后界定了多渠道整合服务质量的概念和测量维度，并厘清其与相关变量之间关系。第3章以新零售发展的相关理论为支撑，主要从内涵及特征、发展动因、实践模式三个方面对新零售的相关研究进行总结。第4章基于"溯源—跟进—创新—裂变—共通—交融"的逻辑链条，首先，论述了线上电商的新零售布局，以及线下实体零售的新零售变革，其次，对社区新零售、社交新零售、数字化新零售，以及线上线下多渠道整合的新零售等典型商业模式进行详细阐释。最后，基于典型企业的案例分析进一步厘清各种新零售商业模式的内涵及特点。第5章结合现有新零售企业线上线下多渠道整合实践,试图从理论视角对多渠道整合实施路径做出探索。首先,战略设计层面涉及企业在数据融合、组织结构、供应链网络,以及绩效评价等方面需要做出的调整和变革,同时考虑到对消费者和竞争者的分析,以更好地完善战略布局。其次,从产品策略协同、价格策略协同、促销策略协同、订单履行协同,以及整合客户服务和物流服务等维度入手,为多渠道零售商实施多渠道整合协同提供策略指导。最后,绘制多渠道整合战略实施路线图,明确企业在多渠道整合的不同阶段所应关注的关键问题,以及为实现更高层次的整合所必须进行的战略布局和协同策略。第6章在前述章节对相关理论进行梳理的基础上,通过实证研究方法,分别从购买意愿、品牌权益和重购意愿三个维度对新零售企业线上线下多渠道整合的实施效果展开评价。第7章分别从理论层面和实践层面对新零售企业提出多渠道整合建议,并根据已有理论研究和企业发展现状提出新零售企业线上线下多渠道整合的未来展望。

1.2 研究价值

本书试图提供一个概念模型来解释新零售企业线上线下多渠道整合的实施逻辑,从而推进新零售企业多渠道整合的研究。尽管之前的研究从不同理论角度探讨了多渠道整合的概念(Goersch等,2002;Berman和Thelen,2004;周飞等,2017)、影响因素(Zhang等,2010;Monika等,2020)和多渠道整合服务质量的概念、维度及相关变量关系,以及新零售的内涵、发展动因、实践模式及相关理论支撑,但尚未提供一个全面的理论基础,以理解新零售企业实施线上线下多渠道整合的战略设计和协同营销策略规划,将不同研究的结果整合成一个连贯的知识体系。为解决这一问题,本书采用整合服务视角,结合多渠道整合和新零售企业相关研究以及线上线下多渠道整合实施路径和新零售企业的典型发展模式分析,构建了一个概念模型。本书具体的理论价值和实践价值如下:

1.2.1 理论价值

本书的理论价值分为以下三点：

（1）探明了新零售企业线上线下多渠道整合的驱动因素和障碍因素，基于案例总结梳理了中国五种新零售实践模式类型，最终形成新零售转型理论框架。完整的从企业视角和顾客视角提出了多渠道整合的驱动因素（企业资源、企业规模、企业资本、降低风险感知、提高顾客信任、提升顾客价值），系统给出了多渠道整合的内部障碍因素（企业愿景与员工心态、多渠道数据融合、组织结构和跨渠道资源配置）和外部障碍因素（产品相关因素、市场相关因素、竞争因素、法律因素）。基于当前中国新零售探索实践，从线上电商新零售、线上实体新零售、社区新零售、社交新零售、数字化新零售五个类型进行了全方位实践模式梳理，最终形成了新零售转型的理论框架。

（2）本书从战略和策略两个层面搭建了新零售企业线上线下多渠道整合理论实施路线框架。现有研究大多从企业视角出发，对新零售企业尝试多渠道整合做出解释，分析其内在逻辑，更为关注基于企业多渠道整合行为本身的原因机制和驱动因素。然而，新零售企业多渠道整合概念不断优化，在此基础上仅重视其内在行为机理，难以完全助力新零售企业抓住实施多渠道整合的关键点。本书基于理论梳理与中国新零售五种典型实践案例搭建了新零售企业线上线下多渠道整合完整的实施理论框架，给新零售企业提供了一个有价值的、可实操的理论框架，为新零售多渠道整合提供了扎实的理论基础。

（3）本书从购买意愿、零售商品牌权益、重购意愿三个维度对新零售企业线上线下多渠道整合服务质量的作用路径及其效果展开探讨，揭示了新零售企业多渠道整合服务过程机制"黑箱"。本书更为系统地考量了多渠道整合服务质量对企业和消费者作用机制的"黑箱"机制，并就多渠道整合服务质量对二者的作用效果进行深入分析，能够以动态的、有数据支撑的、科学的视角揭示其具体关系，深化和拓展新零售线上线下多渠道整合的理论研究，丰富并完善合理的理论框架。

1.2.2 实践价值

本书的实践价值分为以下三点：

（1）为消费者减少在获取信息与选择购买产品或服务的过程中信息差成本这一需求提供经验借鉴。多渠道整合的重点是将用户体验感放在首位，对于消费者来说，能提供精准个性化、全面化产品或服务的品牌更容易受到其青睐，而新零售企业线上线下多渠道整合正是让消费者处于视线中心，给予其充分的倾听和重视。在科技时代背景下，新零售企业要在迅速演化的市场环境中维护其原有竞争优势并实现自身进步，以巩固其业态角色定位，就需要捕捉用户需求演变情况。本书对于新零售企业线上线下多渠道整合实施路径的研究，充分考虑了新零售企业目标客群的可能需求点和感知风险点，通过全面、系统地阐释战略和策略的实施内在机理，强调了企业在面对变幻莫测的消费市场时，如何通过多渠道整合弥合企业产品服务市场与消费者现实需求之间的空隙，为新零售企业培育独特竞争优势、积极追踪消费者需求情况并满足其个性化特性提供参考。

（2）为新零售企业拯救消费者客群流失、提升顾客忠诚度并助力新零售企业转型、弥合线上电商与线下实体零售间的作用效应鸿沟提供实践启发。随着电商平台的不断兴起，消费者大量涌入线上渠道，传统的线下实体零售渠道已不再能满足其多样化的产品或服务需求。在此基础上，想要进一步提升顾客忠诚度并打造顾客价值，就必须重视零售环境的变化，主动变革形式，多渠道整合也因此进入大众视线。本书从新零售发展逻辑入手，通过对新零售的实践发展脉络进行剖析，探究新零售发展的动因和根本原因，并以此归纳总结了新零售的发展思路、特点，从实践的视角探究实现新零售线上线下多渠道整合的商业模式创新形式，准确把握了我国新零售的内在演化逻辑，对不同行业不同类型的零售企业寻求新零售商业模式转型提供了重要的理论参考和相关借鉴,为更好地引导企业新零售发展提供支持。

(3)为国家科学布局零售业经济、稳固并优化零售业市场、激发零售业态活力、实现国家高质量发展经济业态目标提供策略支持。从国家层面来讲,创新并持续发展零售业态格外重要,是消费提质扩容、引导消费生产并促进市场繁荣的重要载体。在国家相关政策的支持下,我国各地新零售企业不断发展,扩大消费市场,取得良好成效,经济市场整体发展平稳并不断优化。但是,由于科技发展及国内外多重因素影响,以传统零售业态为主的流通企业活力有待提高,消费环境亟须进一步优化。在此背景下,如何在保留零售业传统优势的基础上,进一步激发零售业态创新力,推动我国新零售企业与科技创新间的协同创新显得尤为重要。本书基于实践案例证明,不同企业新零售发展模式或转型思路并非一概而论。探析新零售企业线上线下多渠道整合的实践路径,再结合线上电商、线下实体各自特点以及行业属性的内容目标,契合现阶段我国发展流通经济的经济宏观目标,进而为我国相关部门科学布局新零售多渠道整合策略提供推动力,并激发各参与主体的活力。

第2章

理论——多渠道整合相关研究

2.1 多渠道零售概述

近年来，信息技术迅猛发展，新技术层出不穷，各行各业竞争日益激烈，消费者需求越来越多样化，且开始向跨渠道购买倾斜，企业以往依靠单一渠道打天下的时代不复存在。由于企业所面临的细分市场客户消费行为之间存在差异，只采用任何单一的渠道模式很难覆盖全部的目标市场，无法实现预期的覆盖率，为此企业不得不改变原先单一的渠道模式，转而采用多渠道零售模式。在此背景下，多渠道零售得到国内外学术界的广泛关注并展开一系列理论研究和实证研究，多渠道零售也由此成为零售理论发展的一个重要方向。总体来看，现有关于多渠道零售的研究主要集中在三个方面：一是多渠道零售的内涵及特征；二是多渠道零售的经济社会影响；三是多渠道零售的发展方向。

2.1.1 多渠道零售的内涵及特征

多渠道零售，即企业通过至少两个不同渠道向消费者销售其产品，多个渠道共同努力提升客户价值主张，并接触更广泛的消费者（Zhang 等，2010）。从渠道视角来看，多渠道零售表现为零售企业基于多个具有共生性渠道进行商品销售并提供服务的活动行为。具体而言，这些渠道表现出一定的独立性，用户和零售商均无法直接触发或控制其整合过程（Beck 和 Rygl，2015）。这一零售模式在各个行业中越来越流行（Melis 等，2015；Pauwels 和 Neslin，2015；Verhoef 等，2015），主要源自网络渠道在许多行业的主导地位，而导致大量零售商和企业采用多渠道战略（Beck 和 Rygl，2015；Thaichon 等，2018）。诸如 Costco、Best Buy、Walmart 和 Zara 等曾经只在线下或实体店进行布局的公司，现在也已经拓展了线上业务，允许消费者同时在线上和线下完成购买；另外像麦考林、钻石小鸟和凡客诚品等专注于在线零售的企业也开始纷纷布局实体零售店。运营多个渠道以使产品或服务可供消费的零售商被称为多渠道零售商（Bressoles 和 Lang, 2019）。

不同学者基于多样的视角阐释了对多渠道零售内涵的理解。Rigby（2011）从互动的视角提出，多渠道零售是零售商通过实体商店、在线商店、目录或直邮等多种渠道与消费者展开互动的新模式。李飞（2019）从多渠道零售组合和多渠道零售整合两个维度去解释多渠道零售的内涵：多渠道零售组合指企业在进行销售活动时使用多条具备完善零售功能的渠道，强调各独立渠道的功能性，而多渠道零售整合指企业在进行销售活动时综合使用多条渠道，其中综合渠道内的各渠道仅需具备零售完整功能中的部分内容即可。Wilding（2013）认为，多渠道系统通常由独立渠道组成，由零售商开发，以应对快速变化的电子商务和信息技术（IT）世界。多渠道被视为企业与客户互动的不同渠道的设计、部署、协调和评估，旨在通过关系建立、发展和维护增加客户价值（Neslin 等，2009）。多渠道零售通过在线和实体等多个接触点为客户提供便利，并专注于处理和提高每个渠道的绩效（Ailawadi 和 Farris，2017）。张闯（2020）将企业采取多渠道零售后的渠道体系称为多渠道系统，是指一家公司利用多条营销渠道或路径向现有和潜在的顾客销售、推广企业产品或服务，又称为复合渠道系统。

2.1.2 多渠道零售的经济社会影响

相较于传统的单渠道零售，多渠道零售被认为可以提高市场覆盖率、客户满意度和忠诚度，或创造销售优势和增加运营成本（Sharma 和 Mehrotra，2007），并在零售商努力改善其财务业绩时为其提供战略优势（Rangaswamy 和 Van Bruggen，2005；Neslin 和 Shankar，2009；Zhang 等，2010；Melis 等，2015）。然而是否采用多渠道零售取决于产品的性质、零售商的成本、竞争对手的战略以及市场的竞争力（Karray S 等，2020）。

过去的研究表明，多渠道的存在可以为零售商带来一系列好处，因此我们主要从有利角度来分析其经济社会影响（Burke，2002；Goersch，2002）。首先，多渠道战略有助于瞄准不同的市场——国际客户的电子商务和国内客户的实体店（Guercini 和 Runfola，2015）或同一市场的不同消费者细分市场（Konus 等，2008）。通常情况下，零售商的多渠道所瞄准的是相同的客户群体。其次，多渠道购物者相比忠于线上或线下的单渠道购物者而言，能够为企业创造更大的价值。研究表明，相较于单渠道消费者，多渠道消费者能表现出更多有利于企业培养用户忠诚度的特性，比如伴随着更好的复购率（Kumar 和 Venkateesan，2005；Lee 和 Kim，2008），其客单价会明显提升。正如 Thomas 和 Sullivan（2005）所证实的那样，并非每两个渠道组合都比每一个组合好，但增加另一个渠道可能有助于识别更有价值的消费者。最后，多渠道零售还增加了零售商产品的整体可及性。具体来说，对于消费者而言，多渠道零售给其带来最直观的效用是通过增加同期展示商品和服务的数量来节约其搜索时间，提供更加全面可靠的零售体验（Coughlan 等，2001）。对于零售商而言，多种渠道整合的零售新方式能为其发展带来直接和间接的多重影响，如直接扩容消费市场并提量消费者客群，间接增加产品销量，并最终表现为可持续发展竞争优势的提升（Berman 和 Thelen，2004）。

2.1.3 多渠道零售的发展方向

在过去 20 年中，通过电子商务以及 IT 化营销和供应链管理的发展和扩张，学者们建立了一套探索多渠道零售不同方面内容的知识体系（Agatz 等，2008；Lee 和 Park，2014；Van 等，1999）。关于电子履行（Tarn 等，2003）、在线渠道运营和营销链接（Boyer 等，2005）、营销效率（Min 等，2005）、多渠道运营特征（Bendoly 等，2005）、物流绩效（Metters 等，2007）、物流服务（Rabinovich 等，2007）、逆向物流（Rao 等，2014），以及跨分销渠道的产能和订单分配（Xie 等，2014）等问题的研究为多渠道零售的运营管理提供了强有力的指导。然而随着移动互联技术和社交媒体网络的飞速发展，多渠道的概念不只局限在购买渠道，还涉及沟通渠道、移动渠道和社交媒体，这些内容共同构成了多渠道的核心元素。实际上，多渠道系统的设计通常不是为了实现平行供应链的协同（Bhatnagar 等，2014；Alderdice，2006）。因为渠道间的独立活动，很可能发生数据不匹配、产品/订单信息不一致以及库存效率低下等问题，当渠道彼此独立工作时，它们会形成支离破碎的供应链，难以提供一致可靠的消费者体验（Wilding，2013）。而全渠道零售则倾向于囊括所有渠道，基于渠道的全面性缓和渠道间独立性造成的传统局限，并表现为协调一致性的产品服务（Verhoef 等，2015），因此成为多渠道零售的重要发展方向。而在实现全渠道零售的过程中，多渠道整合战略成为起关键作用的重要一环。整体而言，目前多渠道零售的研究主要集中在以下三方面：从作用主体来说，多渠道零售对消费者、零售商主体带来了何种影响；从作用效用来说，多渠道整合存在的蚕食效应和协同效应（Neslin 等，2006）会对零售各主体产生何种影响；从作用方式来说，多渠道整合这一宏观概念对零售商来说应如何理解并应用（Zhang 等，2010；汪旭辉和张其林，2013）。

2.2　多渠道整合概述

在整合概念兴起之初，"整合"一词被理解成"鼠标加水泥"[①] 模式，强调使用者的商业经营管理能力。具体来说，这种能力指的是一种可替代性和互补性，表现在单独的销售过程和产生附加价值的客户交流过程，以及两者的交互过程中网络渠道与实体渠道的合作情况（Andreini，2008）。而从资源整合角度来看，"整合"这一概念则强调以科技信息为基石，通

[①]　鼠标加水泥就是将先进的互联网技术引入传统的零售业务中，实现线上技术与线下资源的优势结合，通过先进信息技术来促进传统业务效率和竞争力的实现。

过内外部相关资源汇总实现企业盈利最大化目标的过程（Steinfeld 等，2002）。随着多渠道零售进入白热化阶段，多渠道零售商争相布局线上线下开展零售业务，渠道间的侵蚀和冲突也日益激烈，迫使企业思考和尝试渠道间的整合和协调，这也被认为是多渠道管理面临的诸多难题中最为关键的问题。本书将首先对多渠道整合的概念进行辨析，接着对多渠道整合的影响因素及其相关变量进行梳理，并试图构建多渠道整合服务的理论框架。

多年来，零售商一直在尝试多渠道经营（Bartels，1965），他们一直在扩大与客户的沟通渠道和销售渠道，超越传统实体门店，以接触更多客户并增加收入。然而，多个渠道分别独立运行（Beck 和 Rygl，2015；Duffy，2004）使同一产品的不同渠道之间不可避免地形成竞争关系，因为渠道间没有协调（Piotrowicz 等，2014）。为了避免掉入"多渠道陷阱"，学者们提出跨渠道的新概念，即产品交付和客户服务的渠道更加协调，从而减少了渠道间冲突，实现了多渠道协同效应以及更高的销售收益和更高效的运营（Avery 等，2012；Cao 和 Li，2015）。随着跨渠道系统朝着实现所有渠道的更广泛视角前进（Brynjolfsson 等，2013），客户可以无缝地从一个渠道移动到另一个渠道，产品和服务提供商可以全面了解所有渠道，并可以轻松地与之交互（Verhoef 等，2015），这种系统被称为全渠道，其中系统的任何成员都可以触发渠道互动，并在购买前、中、后阶段的整个客户购物过程中具有完全的渠道间可见性（Beck 和 Rygl，2015）。而在多渠道零售向跨渠道和全渠道演变的过程中，多渠道整合起到关键性作用。本书将对跨渠道整合、全渠道整合以及多渠道零售的概念进行梳理并辨析，最终为多渠道整合做出准确的定义。

2.2.1　跨渠道整合

跨渠道购买行为是否产生取决于在一个完整的购买流程中，消费者是否参考或使用了两条及以上的非同类属性渠道（Van Baal 等，2005）。随着多渠道环境的不断兴起优化，跨渠道购买行为逐渐成为新零售研究的新动能和重要热点问题（李飞，2013）。跨渠道整合在此类需求的作用下逐渐兴起，通过整合异类属性渠道功能，助力消费者在购买流程中实现跨渠道购买行为（Chatterjee P，2010）。面对竞争激烈的零售环境，现代零售商越来越多地致力于全方位渠道战略，即利用交叉渠道整合来协调不同的零售渠道，以此服务和留住客户（Li 等，2018）。跨渠道行为最先出现在消费者的消费行为中，当出现了多条渠道供消费者任意选择时（Balasubramanian 等，2005；Frambach 等，2007），极易造成消费者使用某一企业的某条渠道收集信息或体验产品，然后到另一企业的某条渠道完成购买的跨渠道搭便车行为（Chiu 等，2011），这迫使企业考虑多条渠道的跨渠道整合问题。基于顾客视角，跨渠道整合以为消费者提供全方位覆盖购物体验，进而打造用户满意度、品牌忠诚度为目标（Frasquet M 等，2017），不断尝试多种渠道的组合与应用；基于企业视角，跨渠道整合则是企业利用整合技术（Oh 等，2012）汇总各类型渠道功能的过程，在这个过程中零售商更加关注跨渠道整合这一行为对企业产生了何种实际且直观的作用效果，比如规模收益是否增加、品牌目标客群量是否提升等（和健，2020）。综上所述，跨渠道整合即企业汇总不同类型渠道功能，并在此基础上合理分配各渠道适当定位，最终形成多条单段的汇总零售渠道，为消费者跨渠道购物行为提供便利。其目的是通过改善客户在购物过程中对线上和线下渠道的访问和互动来增强客户体验并获得客户保留率（Bendoly 等，2005）。Zhang 等（2010）还探讨了通过跨渠道整合实现的协同效应，包括：共享市场信息和决策、利用资源和实物资产、跨渠道促销、跨渠道客户互动以及更广泛的产品和价格比较等。

2.2.2 全渠道零售

全渠道零售是当代零售商普遍采用的一种渠道策略。随着技术的进步、客户对无缝和卓越体验的需求越来越旺盛，全渠道正变得越来越普遍（Li 等，2018）。全渠道零售符合 Chen 等（2015）提出的物理、应用程序和业务三个层面的整合：在物理层面，不同渠道的库存点和流程应该相互联系和协调；在应用程序层面，信息流和数据库应适当沟通；在业务层面，应协调各种渠道流程和业务模式。全渠道整合是在跨渠道整合的基础上给予用户更加全面便捷的购物体验的实体端口、移动端口、线上端口多方渠道组合的结果（Verhoef 等，2015）。全渠道整合主要尝试将各种业务和对象联系起来，包括产品的促销、销售、分销、交付和退货，以在其所有不同渠道提供统一一致的服务（Saghiri 等，2017）。全渠道的形成源于零售商对消费者体验感的重视，具体表现为不同类型多渠道的汇总与抉择利用，以实现在用户购买流程的每个阶段都能提供有效信息的目的。全渠道零售是一种无缝的整合方式，在所有渠道形式中提供统一的购物体验。Accenture（2013）将全渠道定义为一种同步运营模式，在这种模式下，公司的所有渠道都是一致的，向客户展示一种一致的经营方式。此外，Verhoef（2015）讨论了众多可用渠道和客户接触点的性能优化，认识到有效运营和流程的必要性。在这种情况下，一个关键要素是提供统一和无缝的客户退货管理流程的能力。根据 Verhoef（2015）的研究可得，全渠道是企业通过对现有渠道和客户接触点的系统化管理来优化客户体验的一种方式。从全渠道形成基础来看，全渠道是指企业在满足客户对综合购物、娱乐和互动体验需求的基础上，将尽可能多类型的零售渠道整合的销售行为（李飞，2013）。这些渠道类型包括实体店和隐形网店，以及社交信息渠道（比如邮件、微博、微信等）。在全渠道零售环境中，零售商正在全面整合其零售渠道，给消费者提供比以往更多的选择，零售商也因此获得越来越详细的顾客需求数据，便于其进一步分析用户，形成具体的用户画像，以提供更好的需求预测和购物体验。作为全渠道系统的核心特征，整合的生命力和优势已经在文献中展开大量研究，并在提高运营绩效（Seggie 等，2006）、更高效的产品分销和交付（Hübner 等，2016），以及提高客户服务质量（Herhausen 等，2015；Zhang 等，2018）等方面得到了强调。现有研究中关于全渠道零售的定义基于三种视角：企业视角、需求端视角以及供应链端视角（见表 2.1）。

表 2.1　　全渠道零售定义和描述

视角	相关学者	定义和描述
企业视角	Beck 和 Rygl（2015）	零售商在所有渠道中共享客户、定价和库存数据，从零售商角度来看，这些渠道是完全整合的。
	Verhoef 等（2015）	全渠道管理指企业为提升消费者体验感并培养用户忠诚度而针对许多不同类型现有渠道和用户接触点的联合管理过程。
	Hübner, Holzpfel, Kuhn（2016）和 Hübner, Wollenburg, Holzapfel（2016）	通过先进的全渠道物流方法，客户和零售商都不再区分渠道。
需求端视角	Rigby（2011）	顾客对部分购物体验的评价各不相同，但所有人都希望网店和实体店的完美结合。
	Lewis 等（2014）	客户希望能够以无缝和整合的方式跨多个渠道购物。
	Piotrowicz 和 Cuthbertson（2014）	全渠道被认为是多渠道的一种演变。而在多渠道的情况下，实体店和网店之间存在着分割；在全渠道中，客户可以在网店、移动设备和实体店之间自由移动，所有这些都在一个交易过程中完成。
	Ishfaq 等（2016）	全渠道方法旨在通过所有可用的购物渠道提供无缝的购物体验。
	Bernon 等（2015）	全渠道零售是一种无缝的零售方式，它跨所有零售渠道形式提供一致的购物体验。
	Ailawadi 和 Farris（2017）	全渠道是一种专注于整合渠道内外的跨渠道活动，以配合消费者的购买模式。
	Gao 和 Su（2017）	通过所有可用的购物渠道为客户提供无缝的购物体验。
供应链端视角	Bendoly 等（2005）	渠道整合是指使用多种履行模式来相互支持最终客户的交易。
	Ishfaq 等（2016）	全渠道要求零售商协调订单管理、履行和物流流程来调整其物理（基于商店）和虚拟（在线和移动）渠道。
	Hübner, Holzpfel, Kuhn（2016），Hübner, Wollenburg, Holzapfel（2016）	客户只有一个通用的物流接口，远程订单可以通过门店处理，也可以通过门店内的订单送货上门。跨渠道的信息交换、联合作战、物流和库存使履行过程能够合并。
	Gao 和 Su（2017）	整合现有渠道，丰富客户价值，提高运营效率。
	Castillo 等（2018）	企业如何同时管理店内和在线（配送）渠道以创造客户价值。

资料来源：本书整理。

2.2.3 多渠道整合

多渠道整合是随着互联网的应用与普及以及网店的逐渐兴盛而出现并引起学术界关注的（Yan 和 Pei，2009；Badrinarayanan 等，2012；Cai，2010）。在此背景下，学术界提出多渠道整合概念来研究不同渠道间的协作、互补、一致、共享等行为，尽管缺乏标准定义（Marianne，2013），但先前的文献已经确定了多渠道整合的几个基本要素。具体来说，多渠道整合是使用或采用多种渠道或媒体的一种方式，因此各种定义将其称为"使用多于一个渠道或媒体"（Stone 等，2002），"使用多种实现模式"（Bendoly 等，2005），"网站和实体店渠道可能与其他渠道并存"（Goersch，2002），以及"利用所有商业上可行的渠道"（Payne 和 Frow，2004）。也就是说多渠道整合并非几个渠道间的简单排列组合，而是表现为更高层次的优化整合过程（赵禄明，2019）。

关于企业应该如何利用多种渠道，先前的研究中出现了两种层面的主要定义：狭义和广义。狭义的定义强调同时且一致地使用多种渠道（Goersch，2002），甚至包括在所有渠道提供同质化产品（Vanheems，2009）。在这种情况下，多渠道的分销活动由单一实体（Coelho 和 Easingwood，2003）转变为一个整体系统（Schramm - Klein 和 Morschett，2006；Vanheems，2009）。相反，广义的定义则强调多个渠道的不同用途，这些渠道不一定是一致的（Stone, Hobbs 和 Khaleeli，2002）、同步的或互补的（Berger，2002）。不同的用途要求多渠道更好地"协调"（Neslin，2006；Steinfield 等，2002；Stone, Hobbs 和 Khaleeli，2002）。PLé（2006）给出了协调的定义，即"管理多个渠道活动之间的相互依赖关系"，因此协调的重点可能是渠道的目标或设计（Neslin，2006）。从更广泛的角度来看，多渠道整合是一个不断发展的过程，定义为"公司通过同步和互补的渠道和沟通工具向客户分销其产品和建立联系的程度"（Berger，2002）。协调的程度可以从渠道的完全分离到完全协调（Neslin，2006）。

多渠道整合的定义还表明了另外两个观点：以客户为中心的观点和以公司为中心的观点。以客户为中心的观点是高度以客户为导向的（Schramm – Klein 和 Morschett，2006），即作为一种管理客户的方式（Stone、Hobbs 和 Khaleeli，2002），将消费者从 A 渠道转移到 B 渠道（Montoya – Weiss、VOSS 和 Grewal，2003），并向客户提供特殊的服务（Gulati 和 Garino，2000），例如，通过无缝购物体验的实现提高客户满意度（Montoya – Weiss、VOSS 和 Grewal，2003）。相反，以公司为中心的观点着眼于公司的利益，如创造多渠道协同效应（Neslin，2006），实现规模经济（Chaffey，2010；Neslin，2006），提高盈利能力（Steinfield、Bouwman 和 Adelaar，2002）。有效管理各渠道，实现各渠道间的良性协同与整合可以带来双赢的效果。对零售商来说，多渠道整合增加了渠道之间的依赖感，创造了良好的品牌形象，加强了品牌意识，加固了品牌在消费者心智中的形象；对消费者来说，他们可以在购买过程的每个阶段选择不同的渠道来完成其购买行为，整体而言大大降低其各类机会成本，降低风险性（常明哲，2020）。

多渠道整合已势不可挡，在零售业界多渠道整合是必然的趋势，零售业在进行多渠道整合过程中，可以通过提供更多的销售渠道来扩大销售量，尽可能多地跟顾客进行接触，从而寻找到顾客的需求以及零售企业销售利益的均衡点，找到既利于满足消费者极致体验，又能给零售商带来更多利益的契合点。通过提供更多的销售渠道来满足顾客的需求体验，从而提升顾客的满意度并为零售企业带来更大的经济效益，也使企业更加有动力去拓展更多的消费渠道，进而为顾客提供更多的消费体验，以此形成良性循环。根据已有的渠道管理理论，跨渠道表现为多渠道整合，整合意味着每条渠道仅完成渠道的部分而非全部功能。如何组合渠道并通过创造跨渠道协同效应是多渠道零售业的一个重要议题（Bell 和 Gallino，2015），跨渠道整合在客户参与和零售商控制方面有别于多渠道整合。

多渠道整合是零售业的一个必然趋势。通过多渠道整合，零售商可以通过提供更多的销售渠道实现销售市场容量扩容的目标，并尽可能多地与顾客接触，形成更加精细准确的用户需求画像，进而在顾客的需求和零售商的销售利益之间找到一个平衡点。具体来说，零售商给消费者提供了更多的销售渠道，顾客的满意度就会因需求得到超额满足而有效提高，在此基础上，零售商就会有动力去开发更多的渠道来提供更多的消费体验，实现良性循环。根据现有的渠道管理理论，跨渠道是多个不同类型渠道间的整合，整合意味着每个渠道仅需负责购买过程中的部分职能即可。

跨渠道整合、全渠道零售和多渠道整合之间存在着一些异同点（见表2.2）。通常，通过多渠道整合，全渠道零售实现了一个跨渠道的服务系统，包括协调各种渠道活动，如促销、信息检索、交易管理、产品和定价等内容。因此，客户可以同时利用所有可用渠道的信息和功能，实现购物时的无缝体验（Zhang，2018）。Mirsch等（2016）认为多渠道或者跨渠道与全渠道方法的主要区别在于渠道协调和整合的程度。庄贵军等（2019）认为多渠道整合、跨渠道整合以及全渠道整合的概念之间内涵一致，其唯一的区别是在范围上。跨渠道整合是指不同情况下的多渠道整合，包括双渠道、多渠道和全渠道整合；多渠道整合是指当公司使用多种渠道进行营销时，只在少数渠道之间进行整合；而全渠道整合是指公司使用的所有渠道之间的整合。跨渠道零售可以被视为多渠道零售的高级阶段，具有更高水平的客户互动和/或公司整合。全渠道零售可被视为多渠道零售的最终阶段，实现全客户互动和/或全公司整合（Beck和Rygl，2015）。

表2.2　　　　　线上线下多渠道整合相关代表性概念梳理

概念名称	代表性学者	内涵
跨渠道整合	Lee和Kim（2010）	跨渠道整合的核心包括：强化、协同、互惠和互补。
	Cao和Li（2015）	企业协调其渠道的目标、设计和部署多条渠道，为企业创造协同效应并为其消费者提供特殊利益的程度。
线上线下渠道整合	Bendoly等（2005）	为实现与最终客户交易采用的多种交易渠道相互支持或互补的模式。

续表

概念名称	代表性学者	内涵
多渠道整合	Goresch（2002）	零售商可以同时使用网站、实体店以及其他渠道，使顾客在与零售商的互动中获得无缝的体验。
	Berman 和 Thelen（2004）	从整体绩效出发，实现跨渠道关联，为消费者提供一致的购物体验。
	Vanheems 等（2009）	集成各种渠道成为一体化的分销系统，促进顾客在渠道间转换和迁移的便捷性。
	Li 等（2014）	零售企业同时且持续地使用网络渠道、实体渠道以及其他渠道，使消费者在与零售商互动过程中转换渠道时获得一致购物体验。
	Cao 和 Li（2015）	企业对不同渠道的目标、设计和调度的协调程度，能为企业创造协同效应，并为消费者带来特殊利益。
全渠道零售	Rigby（2011）	零售商将线上网店和线下店铺整合从而提升顾客购买体验的策略。
	Beck 和 Rygl（2015）	通过所有广泛的渠道销售商品或服务的一系列活动，客户可以触发全渠道互动，零售商可以实现对全渠道整合的控制。
	Verhoef 等（2015）	多个可用渠道和客户接触点的协同管理，以提供无边界的跨渠道服务系统，优化跨渠道客户的体验和渠道绩效。
	Shi 等（2020）	从产品购买、退货和交换的角度支持对品牌的统一看法的一组集成过程和决策（店内、在线、移动、呼叫中心或社交渠道）。

资料来源：本书整理。

因此，本书将多渠道整合定义为零售商在为消费者提供产品或服务的过程中所使用的所有营销渠道相互作用和合作的范围及程度，包括三方面的要素：采用多少个渠道，每个渠道之间进行何种交互以及每个渠道分别承担了哪种角色。采用部分渠道进行了较低程度的整合则视为跨渠道整合，采用全部渠道进行协同整合则视为全渠道整合。零售商围绕多渠道整合的战略设计，选择效益最大化的渠道组合并整合其营销策略，实现不同渠道间功能的合理配置，以促进顾客信任并提升企业绩效水平。

2.3 多渠道整合的影响因素

Monika 等（2020）的研究通过四个案例探索并确定了企业实施多渠道整合的影响因素，具体分为两类：驱动因素和障碍因素，驱动因素分别从企业视角和顾客视角两方面进行总结梳理，障碍因素则包括企业内部障碍因素和行业外部障碍因素两方面。

2.3.1 多渠道整合驱动因素

基于顾客整体体验（Holistic Experience）的视角，多渠道整合能够确保顾客在不同渠道享受一致化的购买体验。而从企业无缝服务（Seamless Service）的角度来看，多渠道整合不仅缓解了多渠道冲突，大大降低了渠道成本，而且还提高了渠道组合的整体表现。Zhang（2009）认为企业是否进行多渠道整合除了需要考虑企业经营成本、企业竞争对手强度、产品服务特性等内容外，还受到零售业态、企业自身资源以及市场需求变化趋势的影响。本书从企业视角和顾客视角两方面对多渠道整合的驱动因素进行总结（见图2.1）。

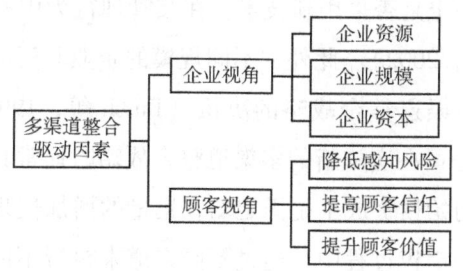

图 2.1　多渠道整合的驱动因素

1. 企业视角

第一，企业资源。资源是限制企业采用新技术的主要原因，缺少网络销售管理经验和专业技术知识的企业通常具有较低的整合程度（Kim 等，2010），在资本和设备以及管理经验方面，充足的资源显然优于稀缺的资源，所以资源的充足程度影响着多渠道整合战略的采用（Johnson，2010）。最重要的是，人力资源对公司战略的实施至关重要，在公司决策中起着关键作用。尽管公司投入了大量资金，但由于员工没有充分掌握 IT 技术，IT 应用往往失败。感知到的组织支持程度有助于发展使用 IT 的内在动机，如果员工有内在动机，用户就会接受并享受技术的采用（Mitchell 等，2012）。企业所有者的年龄、个人网络经验以及所意识到的竞争压力对制定和实施线上线下渠道整合决策也起到至关重要的作用（Jesse 等，2008）。另一项研究发现，一个公司管理人员的受教育程度、年龄等个人特质以及线上消费的经历、对电子商务未来的期望都会影响该公司是否采用电子商务系统（Hsu 等，2004）。因此，拥有丰富的人力资源，并且管理者及员工均具备较强学习能力和适应能力的企业更倾向于接受和实施多渠道整合战略。

第二，企业规模。一个战略的实施在不同规模的企业中，决策过程十分迥异。大公司的高层管理人员往往要审查是否采用新技术的决定，在决定中没有个人的作用。相比之下，小企业的管理者往往是企业的所有者，因此有权力直接决定是否采用新技术，在其管理行为中有很强的个人主义色彩（McDade 等，2002）。此外，不同规模的企业其资源禀赋的差异也会影响其是否采用多渠道整合战略的决策（Bursh 等，1999）。根据"规模效应"原理，大公司在实施新的多渠道整合战略时通常具有成本优势。增加新渠道产生的初始投资成本是固定的，销量的增加使现有顾客销售成本降低，并且在同一销售过程中，通过不同渠道来执行不同的销售功能，可以为公司带来更多的利润点。规模较大的公司可以通过发展多种渠道，充分利用跨渠道的溢出效应，创造成本优势，实现在线和实体渠道之间的运营协同，平衡现有的资源基础、品牌实力和客户基础，从而分享客户群和活动基础（Schroder 和 Zahana，2008；Vishwanath 等，2001）。

第三，企业资本。虽然在线渠道与传统商店相比具有明显的成本优势，但企业在建立在线渠道时不可避免地要付出一些获客成本，因为企业需要付出巨大的成本来推广和保持渠道的运行，以及适当地维护渠道或实现多个渠道之间的协同效应。线上渠道的出现，使厂商能够与传统渠道直接进行横向渠道的竞争，这种竞争给传统零售商带来了新的压力。Zhang（2010）认为，传统零售商与线上渠道的冲突主要来源于对线上渠道将获得大部分市场份额的恐惧。Balasubramanian（1997）指出，当新客户接触其他渠道并与传统渠道发生间接或直接竞争时，就会发生多渠道冲突。客户在传统渠道体验产品和服务后，可以转向线上渠道完成购买。这种"搭便车"行为可能会导致传统渠道与线上渠道在产品定价、市场细分、促销和利润分配等方面产生冲突，破坏现有的合作关系。而多渠道整合的实现则可以缓解这种冲突的出现，并实现线上线下协同发展。

2. 顾客视角

第一，降低消费者感知风险。从运营管理的角度来看，多渠道可能会产生有助于降低电子履行成本的协同效应（de Koster，2002；Lummus 和 Vokurka.，2003）。电子履行，即向客户交付实物商品，通常被认为是互联网销售商最昂贵和最关键的业务之一，在此业务中，消费者可自行选择是否将线上购买不满意的商品退回实体店中，这一特性在极大程度上降低了消费者的感知风险，而这一点是基于网络的商业企业无法做到的。物流的存在对退货处理尤其有利，大多数多渠道零售商为在线消费者提供通过线下商店退货的选择，这种方法不仅有助于降低退货处理成本，而且深受客户的重视（Forrester，2005）。当消费者接受来自多个渠道的营销刺激时，对新渠道的感知风险会大幅降低（Venkatesan 和 Kumar，2005），从而更有可能产生多渠道的消费行为，最终实现渠道间的积极协同效应。

第二，提高客户信任感。由于消费者将在线渠道这类虚拟渠道视为实体渠道这类可视渠道的延伸，所以认为其更加合法且值得信赖。传统销售渠道为互联网渠道的营销提供了许多潜在的协同效应。特别是，良好的品牌名称有助于建立与客户的信任，这对于在线销售至关重要（Chen 和 Dhillon，2003）。传统分销渠道的存在也为电子履行中的交付服务设计带来了额外的选择。实体店提货点是送货上门的一种相当常见的替代方式。在线订单在商店被挑选和打包，顾客可以在那里取货，也可以通过专用的接送通道取货。这种方法，为客户在关键的"最后一英里"之间架起了桥梁。提货的其他优势包括低资本投资和可能对店内销售产生的结转影响（Boyer 等，2005，Johnson 和 Whang，2002）。Gallio 等（2012）表示，整合是由提供同质且更有回报的线上线下客户服务所驱动的，而这种服务的关键在于提高了顾客对企业的信任度。

第三，提升顾客价值。从营销的角度来看，不同的渠道在执行各种服务输出的能力上是不同的。互联网渠道在向客户提供信息方面特别强大，能有效降低买家的搜索成本。实体店可以充当产品的销售点、售后服务点、产品宣传点以及接受产品的投诉点等多项功能角色，为消费者提供一个可以快速获得所有服务的场所选择。因此，提供多种互补渠道意味着提供更多更深层次的客户服务组合，从而提升顾客的感知价值（Wallace 等，2004）。此外，渠道偏好因客户而异，同时即使是个人客户也越来越成为多渠道购物者，在购物过程的不同时刻和不同阶段偏好不同的渠道（Nunes 和 Cespedes，2003）。多渠道整合则可以覆盖更为宽广的消费偏好（Shopping Preference），进而提升顾客价值。因此，在为顾客创造更大价值的目标驱动下，多渠道零售商纷纷布局多渠道整合战略。

2.3.2 多渠道整合障碍因素

零售行业在转向提供无缝消费者旅程体验的新范式中，渠道变得更为错综复杂，最终正在接受和实施多渠道整合的公司不断增多，但这种多渠道整合模式在实施中似乎面临着相当大的阻力。本书从企业内部和行业外部两个方面对多渠道整合的障碍因素进行总结（见图2.2）。

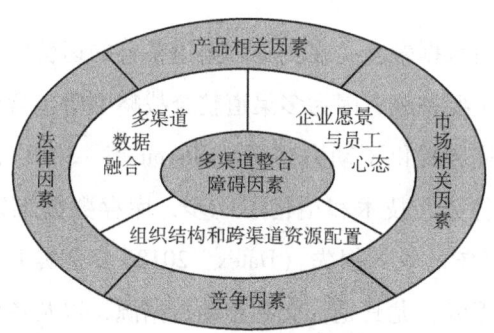

图 2.2　多渠道整合障碍因素

1. 企业内部障碍因素

第一，企业愿景与员工心态。在内部障碍的战略障碍中主要强调两个观点：愿景和员工相关。这一概念基于 Hrebiniak（2008）和 Higgins（2005）的研究。与员工相关的因素包括不一致的企业动机（Hubner 等，2016），这是战略基本面调整的重要组成部分（Picot‑Coupey 等，2016）。正如 Rouzies 等（2005）所提及的，营销与销售之间存在的差距是由不同的心态造成的。所谓的"筒仓心态"阻碍了组织内部数据的自由流动，进而对信息的整合管理提出挑战，因此，Stone 等（2002）建议消除组织边界，这就需要打破组织内的孤岛，建立全渠道思维，并将此作为企业使命的一部分。这一观点也得到了 Valos（2008）的支持，他主张重新配置组织文化、内部结构和流程。战略障碍中的另一个关键要素是公司愿景。长期愿景与短期行动的不一致（Chopra，2016）将会引起各种渠道的利益冲突（Lewis 等，2014）。Ye 等（2018）也提出丧失远见是企业面临的最严重的战略挑战之一。而这种冲突主要是由于渠道间不相容的目标所引起的（Webb，2002）。因此，核心挑战在于说服不同渠道专注于整合视角，将提高整体绩效视为共同的主要目标（O'Heir，2012），这也同样要求建立和维护组织间有效的沟通战略（Webb，2002）。此外，建议实施测量流程，以进行渠道整合的当前状态和进展的实时分析（Hoogveld 和

Koster，2016）。

第二，多渠道数据融合。在实施多渠道整合的运营障碍中，部分学者将数据整合视为主要挑战，因为多渠道整合战略中所包含的大量数据生产为企业数据库的完善提供了动力（Brynjolfsson 等，2013），然而这些数据结果缺少连贯的体系，技术和结构不同步，库存数据难以在渠道之间共享，这将导致6.5%的收入损失（Datex，2018）。事实上，多渠道整合战略创建了新的数据源，尤其是社交和移动数据源，以及各种数据类型（即交互和事务）。为了从这些机会中受益，公司必须知道如何整合来自所有渠道的消费者数据，并能够分析这些数据（Trenz，2015）。因此，为了克服数据库间的隔离，需要实现完全的整合（Hübner 等，2016）。这种整合需要对整合技术进行广泛的财务投资（Herhausen 等，2015），并需要主要来自信息技术部门的熟练人员参与（Frazer 和 Stiehler，2014），同时也需要特定的技能，如客户分析、组织学习能力或信息共享心态（Mize，2016）。另一个重要的障碍还在于供应链的逆向流动，实体店的问题就证明了这一点。这些公司似乎不准备处理来自不同地理区域的大量退货（Grewal 等，2004），因为这将使商店的成本结构超载。

第三，组织结构和跨渠道资源配置。与多渠道整合相关的其他障碍还涉及组织结构和跨渠道的资源配置，这可能导致难以就获取或转换资源以实现渠道整合所需的投资做出决策（Lewis 等，2014）。与此相关的还有另一个障碍：渠道可以单独测量和评估。虽然单个渠道可能无法单独盈利，但它可以支持整个全渠道系统的性能。因此，单个渠道的真实性能难以评估。获得一致的消费者体验也很重要——许多组织开发网络和移动平台作为现有渠道的延伸，可能会导致不同渠道有不同的产品范围、优惠和价格水平，这可能会让全渠道客户感到沮丧（Cook，2014）。因此，建议消除不同渠道之间的任何不一致（例如收取不同的价格）（Chatterjee 和 Kumar，2017），并消除跨渠道一致信息和响应的任何问题（Rangaswamy 和 Van Bruggen，2005），因为这些问题会影响公司的整体形象（Oh 等，2012）。

2. 行业外部障碍因素

第一，产品相关因素。主要包括物流效率、产品特性和全球吸引力三个因素。多渠道整合战略的核心就在于渠道的多样化和渠道间转换的流畅性，而物流则是解决这一问题的关键所在，物流效率低下将使消费者的跨渠道购物体验大打折扣，从而阻碍多渠道整合的实施。已有研究表明，产品特性会在很大程度上阻碍企业实施多渠道整合。如超高端品牌的主要策略是建立和维护某些物流壁垒，以保护其产品的稀有性和特殊的顾客价值，因此在实施多渠道整合战略方面可能面临一系列不同程度的障碍，例如不太需要提前体验的产品如图书等，以及一些销售易腐商品的公司，则更需要多渠道整合的方式来提升消费者购物体验并弥补产品的易腐性。刘向东（2014）基于服务复杂程度与商品标准化程度两个指标，将零售商品分为纯数字化、标类、非标类和本地生活服务类商品4大类，其中非标类商品是零售企业实现多渠道整合的重点商品类型。此外，对于奢侈品品牌，其最适合的分销策略具有排他性，渠道多元化则会在一定程度上造成其目标客户的困扰。具有全球吸引力的产品亦是如此。

第二，市场相关因素。主要分析客户的需求和态度，这也引起了客户教育相关的问题。对于目标群众为忠实的移动客户端或PC端用户的零售商而言，实施线上线下渠道整合可以为顾客带来优质高效的服务体验，而对于受众是年龄偏大的客户群体的零售商来说，很难保证客户都能拥有将数字渠道视为购买替代方案所需的数字技能，资深消费者的过时行为和对线上销售不重视的态度则会抑制这类产品或品牌多渠道整合战略的实现。同样，消费者对线上渠道的使用频率也是影响渠道整合的因素之一。

第三，竞争因素。主要考虑到在互联网时代，实现多渠道零售的公司不仅是同行业内实体企业的标杆，也是客户所能接触到的同类线上企业的标杆，全新以及可替代的商业模式也随之出现，并产生新的竞争对手。这些新的商业模式通常以数字为基础，与传统意义上的竞争企业不同，即使不销售相同的产品和服务，也可能成为强有力的竞争对手，例如被美团打败的实体餐饮。因此，被不确定性、复杂性和模糊性包围的零售企业，被迫在所有方面处于行业领先地位，渠道管理便是其中之一。多渠道零售商是否能够建立和维护好与竞争者的外部关系成为影响多渠道整合实施效果的重要因素。

第四，法律因素。涉及零售商在对多渠道进行整合管理的过程中，不可避免遇到的渠道监管框架存在差异的问题，即不同渠道所面对的法律环境和监管环境不同。尤其是我们需要在线下决策的法律背景框架中加入源自数字世界的规则，而这些规则又会因市场而异。因此，在实施渠道整合的决策过程中，一些法律限制的不可排除性会阻碍整合策略的实施。

2.4　多渠道整合服务质量

在多渠道整合的背景下，如何评估和理解企业所提供整合服务的实施效果成为学术界和实践者一致关注的重点问题（Akter 等，2018；Blázquez，2014；Hult 等，2019；Pantano 和 Viassone，2015）。基于已有的服务质量相关研究，本书对多渠道整合服务质量进行概念界定，并确定本书要用到的多渠道整合服务质量测量维度，以期量化多渠道整合的相关问题。

2.4.1　概念界定

多渠道整合服务质量是消费者对企业所提供的多渠道整合服务感知的评价与判断，是服务质量在传统渠道上的延伸与拓展。从顾客角度来看，多渠道整合服务质量可定义为，顾客能在一家零售企业的实体店铺、电子商务渠道或者其他渠道中无缝穿越，并且能获得一致的高质量服务体验。7 – ELEVEN 创始人铃木敏文就将"亲切的服务"放于经营哲学四大基本原则的首位。

国外研究者 Sousa 和 Voss（2006）率先提出了多渠道整合服务质量的

概念框架，由三个部分组成，分别是：实体服务质量、虚拟服务质量和多渠道综合服务质量。其中，多渠道整合服务质量是指零售商基于多种异类渠道实现为消费者提供无缝购物全面便捷体验感的能力，总体而言整合了顾客的购物过程和感知体验两个维度。另有国内学者分别从企业和顾客两个角度来定义多渠道整合的质量（齐永智和张梦霞，2015），从企业的角度来看，多渠道整合反映了企业提供渠道整合服务的目的、效用及应用情况；从顾客角度，是消费者从多渠道零售商的线上、线下和其他渠道中所获得的"无缝"且一致的高质量购物体验。沈鹏熠等（2020）认为，零售商提供多渠道交互服务的情境下，多渠道整合服务质量取决于消费者体验多渠道后形成的对零售商的整体评价。本书将多渠道整合服务质量界定为顾客在购物全过程中能在同一家新零售企业不同线下实体渠道和线上虚拟渠道随时无缝穿越，并且获得一致的高质量服务体验的感知度。

事实上，大部分服务质量研究可以被视为以客户为中心（Akter 等，2018；Parasuraman 等，2005；Van Birgelen 等，2006）。这些研究主要集中在调查顾客对各种服务的感知质量，因为客户是多渠道零售商服务质量的接受者。因此，客户将体验服务质量作为"旅程"的一部分，这种体验包括各种零售组合元素，包括产品组合、价格和促销、履行以及网络和商店设计，客户的购物体验是在与零售商接触的所有时刻形成的。另外，使用线上和线下渠道的客户可能会根据他们在采购过程中遇到的所有渠道来评估他们的服务质量感知（Seck 和 Philippe，2013）。在某些情况下，客户只使用一个渠道。在这种情况下，客户将完全感知他们从特定渠道获得的服务质量。然而，如果预期收益高于预期成本，客户在购买过程中倾向于切换渠道（Gensler 等，2017）。在这种情况下，客户会考虑在购买过程中所经历的所有不同渠道的服务质量。此外，多渠道客户体验到所有渠道的整合，作为其服务感知的一部分。这意味着一个综合性差的服务质量体系可能会导致负面的整体服务感知，即使每个渠道的服务质量都被认为是正面的。因此，多渠道服务质量是顾客和零售商之间的互动，以及多渠道零售商提供的不同渠道的整合，进而整合零售组合的不同元素。根据现有关于多渠道零售和感知服务质量的文献，Patten 等（2020）综合现有理论提出了整合服务质量体系的概念（见图 2.3）。多渠道整合服务质量由多个不同的要素组成。多渠道客户对多渠道零售商的服务质量有多种期望，这些期望通过多渠道服务质量的三个要素来区分：实体、网店和整合质量。在整合多渠道服务系统中，服务供应商采用整合机制以提供与客户的无缝交互。

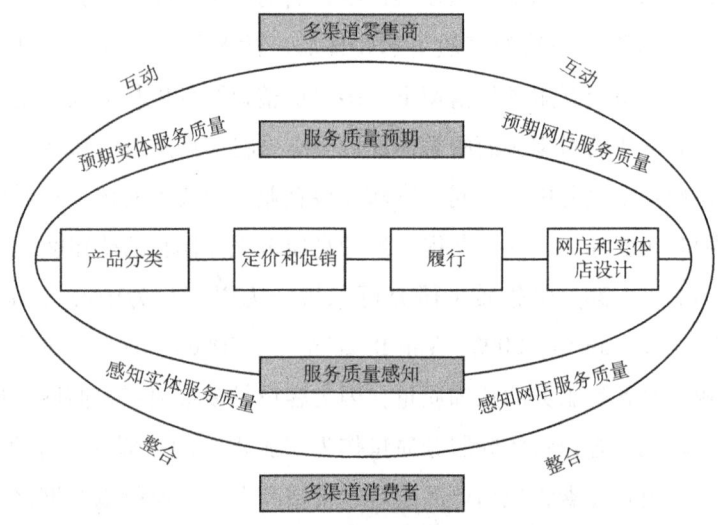

图 2.3　多渠道整合服务质量体系

2.4.2　测量维度

Goersch（2002）在较早时期就对多渠道整合服务维度进行划分，将其划分成六个维度，一是品牌整合，即线上线下渠道的产品品牌相同；二是一致性，即渠道间产品品类、价格、折扣力度及服务相同；三是物流信息整合，即线上线下渠道为顾客提供相同的与订货、提货、退货以及售后维修相关的位置、时间等信息；四是信息管理整合，即实现多渠道间信息共享，各渠道间可以互相交换顾客以往的消费记录；五是交叉促销，即提供跨渠道购买功能，鼓励顾客在企业的多条渠道之间转换；六是开发特定功能，即利用线上渠道的优势为用户提供服务支持，销售特殊类型的产品。白长虹和赵伟（1998）将前人研究成果融入我国情境，以大型百货商城为研究对象，提出"整体服务质量"的概念，构建了基于商品、营业员服务、信息服务、系统服务和环境设施五个维度的整体服务质量模型。学术界关于零售商多渠道整合服务维度的划分有不同的见解，主要从多渠道管理和多渠道顾客体验两个视角对多渠道整合服务质量的测量维度进行划分。

基于多渠道管理视角，研究者认为，多渠道整合服务质量是多渠道零售商渠道管理能力的体现，是零售商为提高线下实体渠道和线上渠道的联动性和协同性，保证顾客在不同渠道中获得一致的互动体验而采取的管理策略和功能优化过程。整合过程一般涉及商品品类与价格、交易与订单信息、物流与库存、促销与服务、客户信息系统、前端核心配置、后端技术等，涵盖了企业服务提供过程的诸多方面，整合过程并不单一，需要企业充分研究（Berman 等，2004；何学平等，2016）。具体地，Berman 等（2004）将多渠道整合服务质量划分为跨渠道产品一致性、跨渠道定价与库存、促销整合、顾客信息系统整合、线上购买线下取货过程整合五个维度；从产品信息类型角度，有学者将多渠道整合服务质量测量分为产品与价格信息、促销信息、交易信息、信息获取、订单履行和顾客服务六个维度（Oh 等，2010）；Cao 和 Li（2015）基于不同阶段从整合营销沟通、整合订单履行、整合信息获取、基础配置、后台中心化以及组织转型六个维度测量多渠道整合服务质量；何雪萍（2016）基于渠道管理涉及的各主体及其功能将多渠道整合服务质量划分为店面外貌、美观设计、功效性、安全性、物流满足、整合性以及员工互动七个维度。张沛然等（2017）基于 Sousa 和 Voss（2006）的研究基础将多渠道整合服务质量划分为四个维度：渠道接入多元化、用户信息共享性、产品一致性和流程整合性。

基于多渠道顾客体验视角，研究者认为渠道整合能使消费者在跨渠道购物过程中获得无缝且一致的购物体验，节约其时间成本，降低其风险感知。而在此视角下关于多渠道整合质量界定的维度不是基于具体的整合过程,而是基于消费者对整合后的购物体验的感知(Sousa 等,2006;Wu 等,2015)。具体来说,Sousa 和 Voss(2006)从渠道服务构造和综合互动两个方面来衡量多渠道综合服务的质量,表明与渠道相关的综合服务要素和相关渠道的质量,以及消费者对渠道相关属性的认识,具体包括四个维度:渠道选择的自由度、服务构造的透明度、内容的一致性和购买流程的一致性。吴锦峰等(2014)进一步针对中国零售业背景对多渠道消费者进行了访谈,并提出了一个基于四个维度的测量模型,分别是:服务构造的透明度、信息的一致性、商业的相关性和流程的一致性。吴雪和董大海(2014)将多渠道整合服务质量分为五个维度:信息、保护、履行、服务改进和服务整合。而 Wu 等(2014)按照时间顺序用三个维度衡量多渠道整合服务质量:购前整合、购中整合和购后整合。Lee 和 Kim(2010)则将多渠道整合服务质量划分为渠道选择自由度、信息一致性、渠道互惠、电子邮件营销效率以及顾客对线下店铺的服务感知五个要素体系。

至于具体测量量表研究,20 世纪 80 年代,Christian Gronroos 率先提出"顾客感知服务质量模型"。Parasuraman 等(1991)提出 SERVQUAL 模型,从实际感知与期望的差额来测量感知服务质量。Cronin 和 Taylor(1992)测量了顾客感知服务质量,提出 SERVPERF 模型,他们使用 7 分的利克特量表进行评估,并要求参与者根据服务公司的服务绩效在 1(低绩效)和 7(高绩效)之间进行排名,但他们未将期望纳入考核体系。之后,Cronin 和 Taylor(1994)将 SERVQUAL、SERVPERF 等较为成熟的评价方法应用于零售业,发现服务质量表现与其他行业存在一定的差异。Dabholkar 等(1995)基于对美国零售业的调查研究,对 SERVQUAL 模型进行优化,提出了更契合传统实体零售服务质量的 RSQS 模型,从零售业服务质量的实体性、可靠性、人员互动、问题解决能力和服务政策五个维度进行测量。其中,SERVQUAL 模型被认为是相关文献中最重要的基于差距的服务质量概念(Banerjee,2014;Rafiq 等,2012)。Parasuraman 等(1988)使用七点 Likert 量表(从 1¼低到 7¼高)测量感知服务质量,并询问参与者服务公司是否应该具有某些属性(期望)。然后,他们询问参与者该公司是否真的拥有某些属性,并根据之前的经验,在 7 分利克特量表(感知)上再次对参与者的态度进行排名。另外,有研究认为在线环境中的服务质量概念可以与传统服务质量分开研究(Parasuraman 等,2005)。Kallinikos(2005)指出当代信息和通信技术能够构建的连通性或互操作性逐渐形成了具有不同类型问题的不同技术景观。电子服务质量应被视为传统服务质量的延伸。这一扩展主要涉及互联网的各个方面,因为服务提供的位置和通过服务提供商提供的信息技术是重要因素(Tshin 等,2014)。

2.5　多渠道整合服务质量与相关变量关系

学者们针对多渠道整合服务质量展开了一系列研究,本书对多渠道整合服务质量与购买意愿、品牌权益、重购意愿以及消费者跨渠道保留行为之间的关系进行梳理,同时总结了品牌体验和品牌信任在关系链条中的中介作用,以及顾客涉入度的调节作用,以上变量间具体关系如图 2.4 所示。

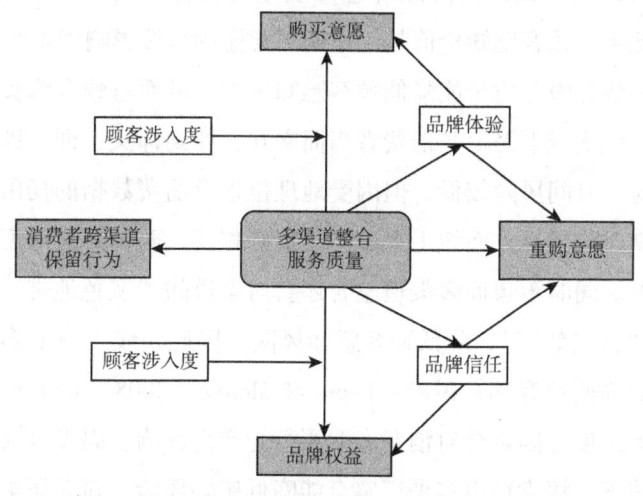

图 2.4　多渠道整合服务质量与相关变量关系模型

2.5.1 多渠道整合服务质量与购买意愿

多渠道整合服务质量直接影响顾客购买意愿。Kwon 和 Lennon（2009）指出多渠道零售商使用相同的品牌体系，顾客在线上线下渠道互动均能延伸与零售商关系，由此触发品牌的"光环效应"，能显著提高顾客在该多渠道零售商的购买意愿。顾客对某品牌的线上线下渠道的情感存在协同作用，如忠诚等（Frasquet 等，2017）。Seck 和 Philippe（2013）研究认为多渠道整合服务质量对顾客满意产生积极影响。Cao 和 Li（2015）认为，从零售商端进行切入可以发现，多渠道整合能增加零售商的销售额，为用户群提供更加全面的商品类目（Cao 和 Li，2015）。多渠道整合作为新零售模式下传统服务质量的体现，可以直接影响其用户客群的购买意向（Cronin 等，2000；刘畅等，2015）。多渠道整合服务质量能提高顾客感知价值，进而对顾客购买意愿产生积极作用。渠道服务整合的核心是对一致性的整合（Berman 和 Thelen，2004）。根据认知失调理论（Theory of Cognitive Dissonance），通过渠道间服务的有机整合，能有效避免顾客在购买决策过程中的认知失调，提高顾客感知质量与价值。而 Grewal 等（1998）研究成果证明，顾客感知价值是用户购买意愿的直接影响因素之一。

多渠道整合服务质量能降低顾客感知风险，进而对顾客购买意愿产生积极作用。传统线下渠道与消费者当面交互，即到即买，即买即得，虽产品质量风险、时间风险较低，但因受地理位置及消费数据的局限性，财务风险和社交风险较高。而线上渠道与之恰好相反，两种渠道深度融合能实现优势互补。同时零售商多渠道整合还会对渠道间"灰色地带"假冒伪劣商品产生"挤出效应"，降低顾客感知风险。因此，线下线上多渠道整合服务能有效降低顾客感知风险。Lopez 和 Molina（2008）研究证实了感知风险、风险态度等因素会对消费者购买行为产生影响。周飞等（2017）在多渠道情境下，探索得出多渠道整合能降低感知风险，显著影响跨渠道顾客保留行为。Herhausen 等（2015）研究认为消费者整合线上渠道和线下渠道的品牌知识，可通过感知质量和感知风险显著影响其消费行为。综上所述，多渠道整合服务质量可直接影响顾客购买意愿。另外，根据菲利普·科特勒的顾客受让价值理论，多渠道整合服务通过提高顾客感知价值，降低顾客感知风险，最终提高了顾客的受让价值，进而达成购买意愿。

2.5.2 多渠道整合服务质量与品牌权益

从概念上看，多渠道整合服务质量和零售商品牌资产之间的关系是多渠道零售环境中服务质量和品牌资产之间关系的进一步研究探讨得出的概念结果。之前的研究大多聚焦于服务质量和品牌资产之间的影响方式以及二者是否存在交互效应（Yoo 等，2000），强调服务质量的改善会对品牌资产产生一定的作用效果，但具体情况需要就企业具体情况而定（He 和 Li，2011）。有学者提出了类似的观点，指出消费者区分品牌的重要方式之一就是通过抉择品牌的服务质量，而服务质量的高低又会影响其品牌权益的大小（Jahanzeb 和 Fatima，2013），进而对其品牌选择行为产生影响。吴锦峰等（2016）从线上和线下渠道整合的角度说明了多渠道整合对零售商整体品牌资产的正面效应。具体来说，零售商品牌资产中的一个重要评估维度之———顾客忠诚度的提升对企业发展至关重要，而为消费者提供无缝即全面全购物链条的购物环境（Schramm-Klein 等，2011），同时通过多渠道自由选择渠道，可以提高消费者的品牌忠诚度（Wallace 等，2004；Melis 等，2015）。新零售多渠道整合基于企业矩阵数据分析及技术手段作用加持，为消费者提供某一产品的全部延伸链条信息（Nash 等，2013），会不断培养消费者的品牌忠诚度并为消费者带来更长期的客户终身价值。综上所述，多渠道整合服务质量会影响零售商品牌资产的整体和子维度。

从架构模型角度分析，吴锦峰等（2016）构建了一个关于多渠道综合服务质量对零售商品牌资产影响的理论模型，该模型指出多渠道整合服务质量需要一个中介机制间接影响零售商品牌权益，并通过数据分析证实消费者线上态度及线下表现在此机制中充当着中介变量。骆安娜（2014）从零售渠道的"信息"和"服务"两个方面的整合对零售商品牌权益的影响入手，分别从促销信息、产品价格信息、交易信息、订单履行、顾客服务五个方面解释了与零售商品牌权益的关系。Montoya等（2003）对多渠道服务提供商的实证研究表明，顾客对可选渠道的积极评价（态度）会提升顾客对多渠道服务提供商的整体满意度。因此，顾客对多渠道零售商的线下与线上商店的积极评价（态度）能改善他们对零售品牌的整体态度。进一步，顾客对零售品牌的态度是零售品牌形象的重要组成部分，而零售品牌形象是零售商权益形成的基础。因此，消费者对多渠道零售商的线下与线上商店的态度能对整体零售商权益产生积极影响。

2.5.3 多渠道整合服务质量与重购意愿

在多渠道整合环境下，多渠道服务提供商的渠道整合服务质量影响顾客重购意愿。重购意愿是指顾客在某一零售企业消费产品或服务后，根据其在消费过程中的主观感受产生的未来想要再次购买该零售品牌产品或服务的意愿或倾向。零售企业通过对多条渠道进行协同整合，改善顾客购物渠道环境，提高顾客对多渠道零售商服务的满意度与信任感，从而影响其重购意愿。通过定量研究，Zhang等（2018）发现，通过将单一零售渠道进行整合行为，零售商消除了传统零售的产品空间和数量的限制和障碍，为消费者提供了更多的渠道选择，降低其时间成本，从而导致消费者对零售商的满意度和信任感不断提升和优化。Wallace等（2004）认为，通过高度的多渠道整合，零售商可以为顾客提供更深入、更个性化的服务，让消费者在渠道之间自由流动，满足其个性化的多样性购物体验需求，并选择合适的购物渠道完成购买，有利于顾客满意度的提升，最终提高顾客忠诚度和粘性。Bendby等（2005）发现，当顾客感知到线下线上渠道之间更高层次的整合时，则更倾向于在该多渠道零售商店进行购买，对该零售企业产生更高的忠诚度。已有文献研究表明，与单渠道消费者相比，多渠道消费者的重复购买率更高（Lee 和 Kim，2008）。Shareef 等（2018）认为，企业通过渠道整合能有效发挥渠道协同作用，促使顾客对企业的线上/线下购物渠道保持积极的购物态度，而持有积极态度的消费者对企业的忠诚度更高，促使其产生持续的、重复的购买行为。Savidin（2019）研究发现，在 O2O 情境下多渠道整合和信任会对线上及线下顾客忠诚产生正向影响，进而提高顾客重购意愿。如果顾客的体验较差并且对当前的服务不满意，那么他们可能会转移到另一家企业购买产品。

此外，零售企业通过整合渠道可以使消费者更方便地搜寻信息，降低了消费者的感知风险，促进顾客重购意愿的产生。Herhausen 等（2015）认为，线上线下渠道整合对提升顾客感知服务质量有正向作用，可以降低消费者对在线商店的感知风险，进一步促进搜索意愿、购买意愿和支付意愿的形成。Goraya 等（2020）指出，多渠道整合使消费者能够在实体店体验产品的质量，在线上网店比较价格和可用性，能够有效降低顾客的感知风险，提升他们对整合渠道的信任、满意度以及重购意愿。

2.5.4 多渠道整合服务质量与消费者跨渠道保留行为

对零售商多渠道整合这一表现行为来说，其整合服务质量主要会通过以下两个维度对消费者跨渠道保留行为产生一定的作用效果。其一，多渠道整合服务质量越高，对应的品牌顾客忠诚度越高，进而企业与顾客之间关系更长久、更深入。学术界相关理论也为该观点提供了理论支撑，以群体实体型理论为例，无论企业使用传统旧渠道还是创新新渠道，均需发展一致的品牌识别内容、提供一致的服务内容并保持一致的品牌输出内容（如产品形象、服务质量等），以此提升品牌客群与品牌的心理契合度。从某种程度来说，基于品牌一致性提升的整合服务质量作为消费者管理的方式之一，会在潜移默化中推进消费者将对旧渠道的态度和信任延伸到新渠道中去，助力企业实现品牌的传承与发展。有学者指出，当这种多渠道整合服务表现为一致的产品购物环境以及服务表现（Schamm，2011），或者体现在产品、服务和客户关系（Rangaswamy 和 Bruggen，2005）等方方面面的内容上时，可以提升品牌忠诚度以创造更持久的客户关系。基于上述分析不难发现，零售商多渠道整合的持续性和一致性是影响企业客户关系并决定购物行为是否发生的关键因素之一。

其二，多渠道整合服务质量水平越高，对应的消费者跨渠道搭便车意愿越强烈，进而使企业能在一定范围内全面满足消费者需求，降低客户转化率并防止消费者流失。需要注意的是，跨渠道"搭便车"行为和跨渠道保留在概念和表现上有着一定的区别。展开来说，认知失调理论强调人们在接受不同于原有认知的信息时，会产生不协调的感觉，从而产生不舒服的感觉。而此背景下，零售商在不同渠道之间进行服务的一致性集成能够有效规避消费者在购买决策中的认知偏差，降低消费者的感知风险，提升消费者的感知价值，进而减少消费者的"搭便车"行为，提升消费者的留存率。从品牌忠诚度视角来看，通过线上线下渠道的整合，能够有效地减少由单一渠道引起的消费者的认知不确定与心理风险问题，并且随着渠道整合程度的提升，消费者更倾向于继续在同一个零售商的渠道组合中购买，而非转向竞争对手（Bendoly 等，2005）。从消费者体验感视角来看，如果公司在提供新的渠道时，新渠道属性包含了与原有渠道内容不同的产品类别、价格、服务、购买流程等，对于消费者而言，这意味着更高的学习成本，可操作性不高。而相对应地，渠道整合则可以增强多个渠道间的协同效应，当客户在同一企业的不同渠道进行购物行为时，渠道属性的一致性可以帮助客户更快地熟悉产品的操作，提升客户的便利度并降低客户的学习成本，从而提升客户的留存率，减少客户的流失（Neslin 等，2006）。从用户心理契约视角来看，在"互惠义务"的影响下，多渠道整合服务质量的一致性越高，消费者倾向于与公司进行交易的意愿就会更加强烈且频繁，进而有效提升品牌与顾客间契合度（汤定娜和廖文虎，2015）。因此，高层次的多渠道整合服务，既能降低客户在不同渠道间的搭便车行为，降低客户流失，又能促进企业与客户的长期关系，提高客户黏性。

2.5.5 品牌体验的中介作用

多渠道整合服务质量对品牌体验有积极影响。随着通信技术的革新，消费者可随时随地访问线上店铺，因此期望在购物过程中不论使用何种渠道、在何种接触点与零售商交互，都能获得一致且优质的服务，产生正面的品牌体验。Eleonora 和 Harry（2014）指出多渠道整合改变了传统线下线上的消费氛围，并且顾客在与智能终端互动的过程中获得全新的体验价值。王志远等（2018）通过对系统使用者和终端消费者的研究发现，渠道质量影响用户的体验质量。Venkatesan 和 Ravishanker（2007）通过纵向分析和社会交换理论指出多渠道顾客更容易获得服务体验。刘铁等（2014）运用扎根理论证实线下线上整合的服务效率影响品牌体验。多渠道零售商的优势在于信息流、资金流、物流的高效整合，线上渠道服务与线下渠道服务可实现优势互补，多渠道整合可实现顾客在与零售企业交互的每个接触点获得一致的体验。因此，为了给消费者提供更好的品牌体验，零售企业需实现多渠道整合，彻底打破单一渠道孤立的状态（Brynjolfsson 等，2013）。

品牌体验在多渠道整合服务质量与购买意愿关系中起中介作用。品牌体验对顾客购买意愿有积极影响。在体验经济时代，品牌体验与顾客购买意愿之间的紧密联系是如今零售企业不断加强品牌建设的重要推动力。与获得负面体验的消费者相比，获得良好体验的顾客更容易产生购买意愿（Wu 等，2014）。良好的品牌体验能为消费者后期的选择和购买带来显著的正向影响（Gentile 等，2007；宋明元，2014）。顾客在线体验积极影响购买意愿（吴泗宗和朱家川，2015；董京京等，2018）。顾客购买意愿是产生忠诚的必要条件，没有购买意愿忠诚将无从谈起。超然的品牌体验显著影响顾客忠诚（Brakus 等，2009；Iglesias 等，2011；薛海波和王新新，2009）。为了与线下店铺争夺顾客，线上店铺逐渐从初期的价格竞争转向便捷体验的竞争，并取得了明显的成效。这又反过来倒逼线下店铺通过改变店铺环境或是开设线上体验店铺，进一步提升顾客的体验（李飞，2019）。从过程视角来看，顾客与零售终端互动能够获得丰富的体验。从结果视角来看，有益的体验在顾客心里留下特别的感觉，形成明确的购买意向（郭红丽和袁道唯，2010）。渠道是零售企业与顾客实现交互环节的重要载体，是传递服务和顾客价值并实现顾客需求的桥梁。Herhausen等（2015）研究证明多渠道整合能有效提高顾客的搜索意愿与购买意愿。渠道的交互性能有效增强顾客体验，从而影响其购买意愿（Kim和Forsythe，2008；耿波，2012；陈晔等，2014）。

顾客体验在多渠道整合服务质量与重购意愿关系中起中介作用。Mehrabian和Russell（1974）提出的刺激—机体—反应（S-O-R）模型表明，在环境刺激和行为反应之间存在认知或情绪的中介变量，外部刺激因素会对个体的心理状态产生影响，进而导致个体产生趋近/规避行为。外界刺激可以导致认知和周边唤起，这可以提升体验状态（Bilro等，2018）。当消费者获得他/她想要的价值时，他/她倾向于表达积极的反应，如积极的态度、满意和更高的重购意愿（Li，2015）。Oh等（2010）研究发现，多渠道整合通过提升感知信息质量和感知服务体验来提高消费者感知价值，而感知价值会影响消费者的忠诚行为（Hui等，2014）。Shankar等（2011）研究表明，通过在不同渠道把同样的信息以同样的风格和基调提供给顾客，会形成顾客的无缝购物体验，从而带来顾客满意和顾客保留。多渠道整合服务质量越高，消费者在购物过程中就越会产生愉悦的情感反应和较高的顾客体验。当消费者获得体验价值时会形成情感能量，并最终表现为对企业、产品以及品牌的忠诚（Edvardsson等，2011）。蒋侃和徐柳艳（2016）指出，零售商渠道协同的程度越高，就越能为消费者提供一体化的购物体验，而良好的体验能增强消费者对渠道的信任感，从而增强再次购买意愿。Chang等（2018）研究证实顾客体验在服务质量与重购意向关系中起部分中介作用。综合以往学者的研究可知，较高的多渠道整合服务质量会给消费者带来积极愉悦的体验，使顾客产生好感和信赖，从而激发再次购买的意愿。

2.5.6 品牌信任的中介作用

多渠道整合服务质量对品牌信任有积极影响。在多渠道零售情境下，零售商品牌信任被线上、线下渠道分散，消费者对零售商的品牌信任取决于渠道整合的程度。零售企业提供多渠道服务时的承诺力度要优于单一渠道时的状态（Wallace 等，2004），因为线上与线下渠道的感知一致性能提升零售商整体的品牌信任（谢庆红等，2015）。多渠道整合服务有助于提高零售企业的可信度，单一渠道的信任还会产生"晕轮效应"，促使信任在渠道间的转移，即顾客对线下实体店的品牌信任会转移到线上网店（Hahn 和 Kim，2009；Lee 等，2011）。Yang 等（2008）基于群体理论研究表明渠道整合是促进信任转移的有效手段，有助于提升整体品牌信任。

品牌信任在多渠道整合服务质量与购买意愿关系中起中介作用。品牌信任对顾客购买意愿有积极影响。消费者在整个购买过程中都会受到信任的影响，信任在任一环节的缺失都会终止购买行为。理性行为理论（Theory of Reasoned Action，TRA）认为个体对事物的感性认知会对其行为倾向起决定性作用，进而反映在实际行为上。基于该理论，学者们基本认可授信方对被信方承诺的感知，即信任态度能直接影响顾客购买行为倾向（王玮和陈蕊，2013），品牌信任对购买意愿起重要作用（Laroche 和 Sadokierski，1994；Lau 和 Lee，1999）。品牌信任能正向影响企业对采购商的重购意愿（李桂华等，2014）、正向影响顾客对自有品牌的购买意愿（李建生等，2015）、积极作用于绿色购买行为（王娜等，2017）。Morhart 等（2015）通过研究认为品牌信任显著影响顾客对品牌的忠诚度，即品牌越可信，顾客对品牌的购买意愿越强，对品牌忠诚度越高。品牌信任是顾客与品牌关系的核心，直接影响顾客购买意愿。根据社会临场理论（Social Presence Theory），在线渠道缺乏社会存在感，减少了顾客和零售商之间的直接接触和亲密关系，虚拟空间在带来购物便捷性的同时忽略了现实空间的互动感，这增加了购物行为的不确定性。多渠道整合服务质量能实现线下线上渠道优势互补，增加临场感，并减少不一致信息带来的风险，从而创造品牌信任。多渠道零售商采用渠道整合的运营策略能通过信任这一中介变量对线上购买意愿产生积极作用（郑冉冉和宋泽，2007；蒋侃和张子刚，2011）。Aghekyan-Simonian 等（2012）研究发现，消费者通过品牌形象所形成的线下信任可有效转移至线上，对线上渠道产生初始信任后，能够降低对电商的风险感知，提升购买意愿。

通过文献梳理可知，关于品牌信任的中介效应已在社会心理学（Kramer，1988）、组织学（Gulati 和 Sytch，2008）、行为学（Mitchell，2005）等多个学科领域得到了验证。在此基础上，本书提出了一种新的研究切入点，旨在通过对企业品牌价值进行进一步的研究，以探讨零售商与消费者之间的交互关系是否会受到品牌价格的中介效应影响。不同的学者也对此观点提出了不同视角的理论支持，具体来说，不同的应用场景下品牌信任对零售商与消费者间关系的中介效应表现形式也不同。如在互联网场景下，用户满意度和信任度在消费者忠诚度的形成机制中起着重要的中介作用（仇立，2017）。Marakanon 等（2017）的研究表明，顾客的感知质量可以通过顾客的信任来间接地影响顾客的忠诚度，表现为消费者对某一品牌的认知品质对其忠诚度的影响会以品牌信任为中介变量。从产品信息的表现形式上来看，在多个渠道集成服务中，产品信息集成度的高低会对顾客的信任产生一定的影响（Liao 等，2010），而 Hu 等（2010）则从理论上证实了信任对品牌利益有积极的影响。不难发现，多渠道的整合服务品质，会对消费者的品牌信任度产生影响，进而对零售商的品牌权益产生影响。

2.5.7 顾客涉入度的调节作用

顾客参与的程度影响着消费者对零售商的忠诚度，这反过来又衡量了综合多渠道服务的质量和零售商的品牌资产之间的联系。展开分析，首先，顾客涉入度指的是客户对于购买行为的重视程度，客户越重视这一次的购物，就会越重视购物过程中的不确定因素，这使客户在购物过程中的参与度越高，其风险感知程度就越强。其次，多渠道整合强调将线上与线下的信息与活动进行展开分析并分类整合，从而能为消费者提供更加一致、清晰的商品信息与服务行为，这样能在提升消费者个人对不确定性风险的掌控程度的同时，增强消费者对品牌的信任感。类似地，消费者参与程度越低，则其感知风险意识越弱，也就越不重视商家的服务品质，品牌信任也因此不会受到明显影响。因此，在顾客涉入度低的情况下，服务品质的优劣并不会影响到顾客对该品牌的信赖程度。相关研究也表明，消费者对某一购物行为过程中的涉入度越高，他们对产品的态度也就越忠诚（Bennett 和 Härtel，2005）。Suh 和 Youjae（2006）也曾指出，当消费者对某一购买行为过程中的涉入度不同时，其对品牌信息的加工、购买行为、品牌忠诚度也均存在明显差异。

　　顾客涉入度在多渠道整合服务质量与重购意愿关系中起调节作用。顾客涉入度是消费者基于自身需求、价值观、兴趣等而感知到的自身与产品或目标的相关程度，也代表消费者在购买决策过程中搜集信息、评估信息和做出决策上所花的时间和精力（Behe，2015）。不同涉入程度下消费者在信息搜索、感知及信息处理过程等方面存在差异（Gupta，2002）。高涉入度的消费者对产品或品牌的重视程度较高，他们愿意花费更多时间和精力了解产品，会积极主动地关注多渠道零售商的各种渠道，并通过多种渠道搜寻产品或品牌相关信息（Breugelmans 等，2011），对所需产品的信息关注比较全面，能够察觉不同品牌间的差异，从而形成对某一特殊品牌的偏爱（Van，1996）。同时，由于信息掌握得及时充分，消费者对于不确定性的风险感知会降低（王素霞，2020）。而低涉入度消费者的信息处理过程比较消极，他们对产品的关注较少，在购买过程中不会投入大量时间和精力去搜集信息，并且对于零售商品牌传播的方式渠道也不够敏感，不会主动了解零售商的各个渠道，对零售商多渠道整合服务质量的关注度较低。在零售商多渠道整合服务质量较高时，顾客能通过不同渠道方便地获取到详细的产品信息和评价，也容易对产品进行比较和选择。此时，对于高涉入度的消费者来说,他们更容易将线上与线下的一致性信息进行深入处理,更能深入地感受到零售商线上线下一致性程度的规模化,从而提升顾客体验。相反,不关心服务质量的参与度低的消费者不太可能处理和评估零售商的多渠道服务质量信息,这也进一步导致弱化多渠道整合服务质量对顾客体验的影响。综上所述,多渠道整合服务质量对顾客体验的影响会由于顾客涉入度的不同而存在差异。当消费者因较高的多渠道整合服务质量而具有良好的顾客体验时,高涉入度的消费者由于对该零售商品牌或产品有足够的了解和认识,会更加强化这种体验。

第3章

新生——新零售的相关研究

3.1 新零售的内涵及特征

3.1.1 新零售的内涵

随着数字经济的蓬勃发展和消费者需求的日益多样化，新零售作为一种新兴的商业模式，引发了企业界和理论界的广泛关注与热烈讨论。然而，关于新零售的内涵，企业界和理论界却持有不同的观点。

2016年10月，马云首次提出新零售概念——强调线下、线上零售的高效链接，大数据、云计算等高新技术在现代物流、服务商中的运用，重新定义了零售业的边界和内涵。2017年3月，《C时代新零售——阿里研究院新零售研究报告》正式提出"新零售是以消费者体验为中心的数据驱动泛零售形态"，其中对新零售的核心与核心价值也作出明确定义，即最大化提升全社会流通零售业的运转效率。在理论方面，早期以中西正雄为主要代表的一批专家学者们首次提出了"新零售之轮"的理论，被普遍认为是新零售发展模式的重要理论和实践支撑之一。杜睿云等（2017）研究指出新零售是传统线上服务、线下经营体验和当前现代化的物流系统进行深度整合的一种零售新模式，这种新型模式下，企业可以依托移动互联网，运用信息大数据、人工智能等先进的技术手段，升级和改造商品的市场产销流程和渠道，进而对其业态和结构进行重塑。赵树梅等（2017）提出新零售是对传统零售业态的一种改良和创新，是企业以最先进的理念和互联网思维为指导，运用新兴技术，向最终消费者销售商品和提供服务的一切活动。王宝义（2017）提出新零售被认为是一种综合性的零售服务业态，其主要特点之一就是基于全渠道和广覆盖的泛零售。在这个数据驱动和信息化消费升级的时代，新零售已经能够从消费者的购物、娱乐、社会等多个维度出发来满足广大消费者的需求，这在一定程度上来说就是对于传统零售理念本质的呼应与回归。王坤等（2018）指出新零售是对相关的互联网企业和实体企业的倡议，旨在呼吁其加强合作从而实现线上、线下以及移动渠道的协同发展，在此基础上运用现代化技术手段来推动供应链的重构、零售行业业态的重塑以及传统零售企业的转型。杨坚争等（2018）提出新零售就是在各种营销活动中整合运用多种创新技术于产品与服务的流通，并且要深度整合线上、线下两个环节，最终给企业和广大消费者带来最大效益的一种营销模式。

总结上述两个角度，本书认为新零售的基本概念应该包含以下几个主要方面：其一，数据技术的驱动，打通了线上和线下，优化了零售的效率；其二，线上线下与当前现代物流进行了深度的融合，旨在为广大消费者提供一种全渠道、全方位的服务；其三，回归了以消费者为中心的传统零售理念本质，致力于为广大消费者提供满意乃至超过其原本期待值的产品和服务。

3.1.2 新零售的特征

相较于传统零售，新零售具有三个显著的特征。

特征一：线上与线下融合。新零售打破了传统零售线上/线下单一渠道的界限，将线上与线下实体门店结合，推动销售、物流、服务等环节的全面融合，为消费者打造了多样化的购物场景。目前国内电商巨头正纷纷推动融合进程，其中，中国电商物流巨头京东已启动构建"百万便利店"项目，花费高额资本陆续投入永辉超市、沃尔玛等大型线下连锁超市；另一大电商巨头阿里巴巴则不仅投资创建了菜鸟物流网络和盒马鲜生，并且投资入股了银泰百货与日日顺物流等一大批线下商场与物流企业（中国流通三十人论坛秘书处，2017）。

特征二：数字化驱动的零售运营。运用多种数字化信息技术从市场中获取消费行为、市场趋势等有效的数据并对这些信息进行深度的分析，从而精准把握消费需求，优化商品供应链，提高库存周转率，降低运营成本。通过这种数据驱动的零售运营，大大提高了零售企业的运营水平和盈利能力。

特征三：以消费者为中心的场景化营销。新零售强调场景化营销，其内核是为消费者提供极致的购物体验——以消费者需求为导向，构建线上线下融合的购物场景，将商品、服务、体验等元素融合在一起，为其打造沉浸式的购物体验，与消费者建立长期、稳定的关系，激活购物兴趣，提高购买转化率。新零售企业要持续加强新技术的研发，优化升级消费者的消费体验，为消费者提供全过程的优质服务，从而加深企业与消费者的联系以推动企业核心竞争力的提高。目前，以阿里巴巴和京东为代表的新零售巨头凭借便捷、流畅、精准的服务体验，赢得了消费者的认可和市场主导地位（闫星宇，2018）。

3.2 新零售发展动因

目前，学术界已对驱动新零售发展的现实因素进行了深入研究，主要归纳为三个方面。

3.2.1 消费观念转变与市场需求升级促成新零售

齐永智等（2015）通过探讨零售业态的发展与演变，认为我国零售业主要经过了三个基本发展阶段：以货为中心、以场为中心和以人为中心，本质上来说都是对"人、货、场"这三个基本的零售业关键要素的重组。其中，以货为中心的时段，零售行业之间的竞争水平较低，单渠道为主的零售方式致使卖方市场的出现，生产者由于商品短缺在市场中占据了主要地位；而在以场为中心的时段，零售商把控了市场的主要方向，多样化的零售渠道逐渐涌现，差异化的营销方式如品牌建设、广告宣传促销等日出不穷；随着21世纪的到来，零售行业发展到了买方市场为主导的以人为中心的时代，消费者在市场中的地位日渐凸显，零售企业全方位洞察市场诉求，通过各种渠道满足消费者的需求，制造商跟随零售链路的发展趋势开始转向反向定制。因而，以人为中心的时代又可以称为体验经济时代，消费者在消费的过程中愈发注重产品和服务的质量，协调性消费理念和绿色消费理念逐渐得到重视，消费理念开始转变（黄杰，2019）。在向协调性消费理念转化的过程中，基于马斯洛需求层次理论，在居民收入水平持续提升的背景下，基本生理需求已经无法满足现代社会人们的日常生活消费需要，大众开始追求生活中其他的消费需求，这在一定程度上促进了新零售的发展。而绿色消费理念的深入将会消解产品生产过程中资源消耗过度的难题，继而促使人与自然和谐共生。当前阶段，市场的消费主体主要转变为大多受过高等教育的"80 后""90 后"以及"00 后"这些"新世代"，他们在消费理念、消费方式及消费结构方面都产生了相当大的变化（潘建林，2019）。因此他们会愈加强调自我的消费感受，其消费行为也展现出全天候、多渠道、个性化等特点。消费观念的转变将进一步放大网络零售和实体零售的缺陷，为避免这一可能，必须将二者进行深度的融合发展，这便推动了新零售的产生。

3.2.2 行业瓶颈催生零售产业新变革

随着纯电商时代的到来，传统零售势微，零售行业缓慢增长，显现出"千店一面"的不良态势，市场消费的升级致使零售行业的线下经营面临困境。传统线下零售企业业务范围较窄，区域及空间因素限制了企业产品的选择、陈列方式以及店铺选址等。另外，因铺面租金、仓储物流等成本的影响致使产品的价格增加，削弱了传统零售的灵活性，价格竞争力丧失（史锦梅，2018）。加大传统零售行业在成本管理和运营效率等方面的压力，倒逼传统实体零售转型，谋求生路。此外，线上零售也存在局限性与"天花板"，相对于线下的实体零售，传统的线上电商缺乏可触、可视、可感的直观性，难以为消费者提供真实的购物场景和良好的购物体验。同时,随着线上零售产业竞争的日益加剧,传统电商的发展红利逐渐减弱,增速日趋平缓,已步入稳定发展的平台期(丁乃鹏,2015)。在多重因素的共同推动下,零售行业正迎来深刻的变革,这要求我们必须重新审视零售业的发展核心,即满足消费者的个性化需求。因此,未来的零售业发展将更加注重提升消费者体验,致力于提供更为精准、个性化的服务,以迎合日益变化的市场需求,实现行业的持续创新与发展(尚子琦,2019)。

3.2.3 信息技术发展为新零售提供技术支撑

云技术、网端技术以及各种终端口构建起了"互联网+"下的新型基础设施,可降低企业运行成本,提高经营效益。通过数据共享,企业还能进一步降低交易成本,从而实现运营效率的优化和提升。同时,新兴技术的运用强化了企业与消费者间的联系,消费者得到全方位的服务体验,参与度得以提升(宋旖旎等,2019;黄杰,2019)。由此来看,当前大数据、云计算、物联网及现代人工智能等新兴信息技术的广泛应用和日趋完备驱动零售业完成了产业迭代升级,有效带动了制造业进行信息共享与联合创新,实现了对消费者多样化需求的精确感知,提高了消费者满足度(但斌等,2017)。云技术、网端技术以及各种终端口的融合,共同构建了"互联网+"时代的新型基础设施,显著降低了企业运营成本,提升了经营效益。通过数据共享,企业能够进一步减少交易成本,优化和提升运营效率。此外,新兴技术的运用也加强了企业与消费者之间的联系,为消费者提供了的服务体验,提升了其参与度(宋旖旎,2019;黄杰,2019)。因此,当前大数据、云计算、物联网及现代人工智能等信息技术的广泛应用和不断完善,推动了零售业的产业迭代升级,有效促进了制造业的信息共享与联合创新,实现了对消费者多样化需求的精准把握,提高了消费者满意度(但斌等,2017)。

3.3 新零售实践模式

新零售是一种以用户体验为中心,强调在满足消费者需求的同时实现与上下游企业协同发展的商业模式。其实践模式可以概括为以下三种:

(1) 线上线下融合模式。实体零售商继续探索线上渠道,网络零售商继续扩展线下渠道,与此同时线下实体与线上网络零售商寻求相互合作,实现渠道互补和共赢(王娟娟,2014)。在这种模式下,可在保证线上产品与线下产品同款同价这一合作前提的基础上,形成线下订货线上发货、配送高峰期安排就近发货,或者线上订货线下就近取货等灵活的经营方式。这种合作扩展了原有模式的边界,实体零售与网络零售企业通力合作,构建出一个包括全渠道产品和物流配送网络的零售生态,极大地节省了消费者的购物时间,实现了消费者利益的最大化(王瑜,2017)。

(2) 个性化服务模式。强调以消费者为中心,提供个性化的服务,满足消费者的不同需求,主要体现在社交电商模式及体验式消费模式中。社交电商模式通过社交平台的互动性和分享性,引导消费者购买商品,并满足其购物过程中的社交需求;体验式消费根据消费者的需求和偏好,提供场景化或定制化的商品和服务,并通过大数据分析或智能化技术,实现精准营销和个性化推荐。

(3) 数据驱动模式。无论线上还是线下平台,抑或线下实体店,都积累了大量消费数据,通过对这些数据的挖掘和分析,商家可以深入了解消费者的需求和行为,从而进行精准营销和个性化推荐。数据驱动的模式不仅提高了销售效率和用户满意度,也为商家提供了更多的创新机会和探索空间。

三种模式相互交织、相互促进,共同构成了新零售商业模式的核心框架,推动了零售业的创新和发展。

3.4 新零售发展相关理论支撑

学术界普遍将"新零售之轮"理论作为支撑新零售的基础理论，而对这一概念的系统研究相对较为缺乏，以往研究多从"新零售之轮"理论出发对新零售的诞生与发展展开分析。梁莹莹（2017）对该理论的基本原理和内涵进行深入剖析后，合理阐述了新零售的产生原因，认为正是互联网技术的革新驱动了零售产业变革，从而推动了新零售的出现；此外，行业内零售企业的竞争激烈程度也会影响技术边界线，进而对新零售业态的发展趋势产生影响。易倩（2018）运用该理论的经济学逻辑对盒马鲜生的新零售模式发展现状进行了挖掘与分析，对其发展中出现的突出问题进行了合理解释，并提出相应的解决措施，为其他企业的发展提供了借鉴。从"新零售之轮"理论本身来看，技术手段的巨大革新能够突破价格竞争的限制，驱动零售企业主动开展技术创新，继而有效促进整个零售行业的快速稳定发展（杨慧，2002）。该理论于1990年由日本著名经济学者中西正雄深入研究"零售之轮"经济理论和"真空地带"理论后初步提出。该理论基于产业层面对零售业的发展规律进行了阐释，通过建立"服务水平"和"服务价格"横纵坐标，引入"等效用线"和"技术边界线"。其中，纵坐标"服务价格"用于描述为获取到不同水平的服务，消费者必须支付的价格，"等效用线"用于描述消费者的需求效用，"技术边界线"则表示零售行业在物流、信息、管理等方面的技术程度（张晓青等，2018）。利用经济学理论分析来看，新兴的互联网大数据技术移动了技术边界，由于总有一条等效用线与之相切，并未改变消费者效用，但却改变了消费者接受的服务水平与价格，即消费者实际效用得到了提升。这对于消费者来讲是利好趋势，但对于部分位于技术边界线左侧的企业来讲是不利的，若不进行改变就会被激烈的市场竞争淘汰。而当技术边界线长期不变时，零售业内企业间竞争将逐步加剧，导致利润平均化，企业想要突破这种行业平均化并重新获得高额利润，就必须进行技术上的创新和变革。一旦某个企业成功通过技术革新实现了企业利润增长并显著高于行业平均水平时，就会有新的企业利用自身的相关技术优势开拓市场，进入该行业寻求高额利润。因此行业内的技术变革是推动新零售业态出现和发展的基础。

同时，移动互联网与新兴技术的高度融合推动了新零售业态的产生，因而，新零售的主要理论依据还来源于一系列现代市场营销学的基本理论。4P理论作为市场营销理论和传统商业实践发展的历程中最为经典的理论，提出了产品、价格、渠道和促销四大营销基本要素。在此基础上，美国研究者菲利普·科特勒开始注意到消费者在营销过程中的重要作用，由此提出了11P理论，在4P理论所提出的四大要素后增加了政治力量、公共关系、市场调查、市场细分、目标市场选择、市场定位以及个人这一市场营销过程中最具灵活性的要素，至此，现代营销学理论逐步开始取代传统营销学理论。这个时期的零售商受各方面技术条件所限，只能以消费者对实际经济价值的需求为核心进行市场战略部署，并不能大量满足消费者的购物价值，因此零售商以此为基础开展营销活动，从而提升市场认可度，进一步抢占市场份额（宋思根等，2019）。在信息化和移动互联网技术飞速发展的时代背景下，劳特朗提出了囊括顾客、成本、方便和沟通的4C理论，强调营销中需要时刻关注消费者的感受，并认为企业的营销活动的首要目标是提升消费者的满意度，同时，企业应将其与消费者之间的交流与沟通放在重要位置。4C理论的产生、移动互联网技术的迭代更新、网络社交平台的不断发展，以及电子商务的出现深刻改变了消费者与零售商、消费者之间以及零售企业之间毫无联系的传统零售模式，消费者的价值维度和价值结构发生了巨大的变化，从而使消费者的购物价值得到了进一步的体现。而新零售始终致力于实现线上、线下与物流等多领域的深度融合，不断创新扩展现存的营销渠道，营造更广范围的体验式消费，满足顾客的多样化需求，从而提升顾客的重构意愿，形成一种良性循环（赵树梅等，2017）。这与现代市场营销学中，以有序组织的系列营销活动来满足顾客消费需求并实现企业长期经营目标的理论相吻合。

由于"新零售之轮"理论与现代市场营销学的相关理论只能对新零售业态发展提供一般性的假设分析,而不能做出更具针对性的解释,苏东风(2017)提出了"三新"视角,即"新价值"(消费者购物价值)、"新协同"(商业生态圈协同)、"新技术"("互联网+"动态新技术),并分别从这三个方面出发分析说明了新零售业态。从消费者购物价值理论来看,线上+线下+物流的新零售模式实现了随时随地购物的可能,并且整合了全渠道供货,这一切的最终目的是提高消费者的购物效率,节省其购物时间,而努力营造场景化购物模式,则是为了优化消费者的购物体验,从而为其创造更多的购物价值;从商业生态圈协同理论来看,新零售跨界融合业态兼顾了企业自身以及上下游商家和各方合作伙伴,构建了一个信息共享的合作平台,多方合力互利共赢实质上就是在推动零售行业生态圈的协同发展;从基于"新技术"的竞争能力理论来看,实体经济与互联网信息技术伴随着科技的不断发展愈发紧密结合,这使企业对于信息的抓取能力、对于消费者需求的感知能力、对于公共关系的整合能力以及对于市场的预测能力都大幅度提升,新的能力衍生出了复杂的新型竞争手段,从而对传统零售业态形成了致命威胁,进而催生了新零售。

第4章

实践——新零售企业实践发展分析

4.1 溯源——线上电商的新零售布局

4.1.1 线上电商新零售布局逻辑

2016年马云、雷军先后提出新零售概念，引起零售行业轩然大波，各大互联网巨头纷纷进场布局抢占先机。传统线上线下两级竞争对立的割裂状态在新零售强调的线上线下多渠道整合观念下逐渐破冰，线上线下零售企业开始探究新零售转型路径，开辟新战场找寻新红利。其中，零售转型变革之路以"电商互联网巨头为主力，率先入场试错"这一尝试徐徐拉开了新零售时代的序幕。

新零售并非传统零售的颠覆者，而是线上线下的融合者，旨在集结两者的优势，更全面地满足消费者的多元化需求，从而在新一轮的市场竞争中占据有利地位。从电商企业的角度来看，新零售的兴起，很大程度源于线上红利的消退。随着电商行业的快速发展，线上市场的利润空间逐渐压缩，电商企业开始寻求新的增长点。新零售便是这一背景下的产物，代表了电商企业突破传统零售限制，开辟新市场的战略意图。新零售的蓝图是构建一个全面覆盖消费者衣、食、住、行、社交、游戏、健康等方方面面业态的生态系统，并通过大数据精细化运营，使电商企业更加精准地把握消费者需求，提供更加个性化的服务，从而增强消费者的黏性，形成一个紧密的新零售生态闭环（见图4.1）。在这个闭环中，消费者不仅能够享受优质的服务，其消费习惯也将受到训练，逐渐成为电商巨头新零售生态闭环内的忠实拥护和依赖者，为电商平台提供了持续稳定的消费者红利，也成为新零售发展的动力所在。进一步思考，为何线上红利会消失？第3章已经从整体层面总结提出新零售产生的三个动因是：消费升级、行业瓶颈以及信息技术的发展。其中消费升级乃是真正的根源，为此我们从以下5个方面展开分析。

(1) 对产品（商品）质量要求的提高：PC端或移动终端二维平面信

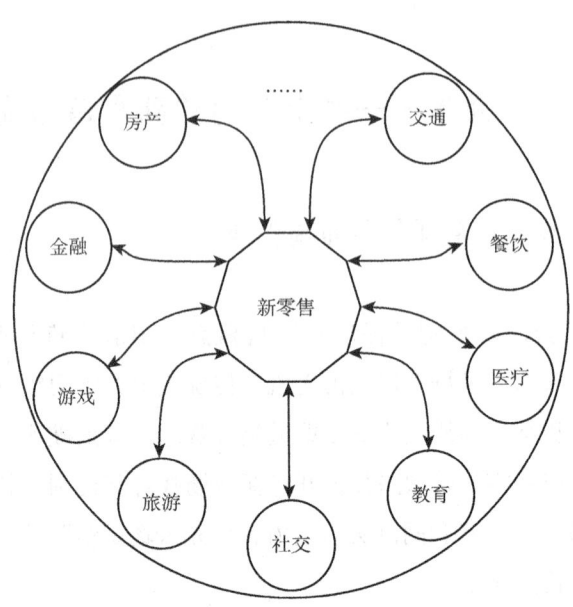

图 4.1　新零售生态闭环内容

息与真实产品感受的落差。随着社会发展和经济水平的提高,消费者生活质量变好,相比过去追求廉价的需求,人们对于服务与体验的重视水平不断提高。线上电商廉价且种类丰富的优势不再明显,产品体验差、服务缺失问题开始突出。尽管电商尝试技术打造线上场景体验,但线下触、摸、试的真实感受以及让消费者直观真实了解产品属性、质量信息的即时服务是线上互联网所无法提供的。

(2) 对服务体验要求的提高:撮合交易带来的较差消费者体验,激发了消费者负面情绪。一方面,对于线上零售商来说,线上平台既扩大了获客机会,也加剧了竞争,消费者自由选择店铺购买的方式使价格相对透明,完全相同的产品,在消费者无法获得全部商品信息时只能通过价格比较决定消费。因此,商家低价销售产品的同时往往会存在刻意美化产品甚至虚假销售的现象,线上消费尽管做到了价廉,却无法保证物美。另一方面,对于大部分平台而言其扮演的是一个媒介角色,撮合交易是其主要的任务,不会主动参与到线上零售商的产品生产、仓储、物流及售后服务的环节。平台为了保证丰富性很难做到对店铺以及商品的严格审核,这就导致了线上平台零售商质量参差不齐,只能由消费者自身进行辨认。消费者通过线上确实可以买到各种产品,但是线上零售产品质量与售后服务无法得到保障,由此产生的负面情绪将随着消费水平的提高越来越严重。

(3) 对精神需求满足要求的提高:多元化消费削弱零售消费属性。电商发展之初的目的是建立新渠道与传统零售渠道争夺顾客,将消费者从线下转移到线上,这种零售消费属性并未发生改变。而随着消费升级,消费者更多的是追求高质量的生活方式,对零售的要求从需求层面扩大到需求层面与精神层面,零售需要承担展现人们生活方式、价值观的属性,人们在购买产品进行消费的同时还要具备精神与情感层面的体验。

(4) 对消费方式要求的提高:虚实消费要求线上线下破壁。电商在一定意义上实现了随时随地低价消费,但无法满足体验、服务和便利的需求,而这正是实体零售企业所能提供的。消费升级背景下,消费者希望线上具备线下的体验与服务,又希望线下具备线上的价格优势和不限时间消费的条件。这种虚实结合的消费需求,只有将线上线下鸿沟弥合才能有效满足。

(5) 消费者数字化程度的提高:追求信息利润差的时代即将结束。随着互联网和移动终端的普及,我国消费者数字化程度提高,部分消费品品类已达到50%以上的线上渗透率,消费者购物渠道多样化,消费者购买行为中均有多个可能触发与互联网模式有关的接触点,商品信息透明,消费者的数字化程度提高。以往经销商零售商通过信息差赚取利润的方式已经逐渐失效。

4.1.2　线上电商新零售布局思路

2017 年被称为"新零售元年",自从马云提出新零售概念后,各大零售企业均对此做出了相应的回应(见表4.1),各种新零售模式、新元素层出不穷。新零售一词具有较强的实践导向,市场上对新零售的解读表达了不同的看法。可以看出,以阿里巴巴、小米、京东为代表的互联网巨头对于新零售在效率方面均达成了共识,为消费者服务的关键是提升效率。本书以电商的两大系别阿里系(淘宝)以及腾讯系(京东)为例来解读电商巨头新零售布局的思路及其发展走向。

表 4.1　　　　　各大企业对新零售概念的认识

企业	对新零售的理解
阿里巴巴	新零售是一种数据驱动的、基于用户体验的新型零售模式,也就是以互联网的思维和科技为基础,通过对线上、线下和物流进行整合,对现有的社会零售进行全面的改造和升级,从单一零售转变为多元零售形态,从"商品+服务"转变为"商品+服务+内容+其他",让商品生产、流通和服务的过程变得更加高效。
小米	新零售意味着高效率。我们要做的,就是从线上返回到线下,但这种返回不是一成不变的,而是利用互联网提高传统零售业的效能,使其与之相融。新零售的本质是改善效率,不管是电商还是线下的连锁店、零售店,本质上要改善效率,只有改善效率,中国的产品才会越来越好,中国老百姓的购物需求将会得到巨大的释放。
海尔电商	新零售将企业与消费者相结合,给消费者带来最好的购物体验,并以个性化的方式解决问题,颠覆传统的制造体系。
苏宁	新零售指的是在物联网与互联网相结合的基础上,对消费者进行感知,对消费趋势进行预测,对生产制造进行指导,为消费者提供多元化、个性化的服务。
京东	在第四次零售革命的背景下,其基础架构将向"可塑""智能化""协同"方向发展,并最终实现"成本""效率"和"用户体验"的全面提升。未来的零售将成为"无界""精准""顾客至上""人人市场"四个关键词。

资料来源:本书整理。

1. 阿里系新零售布局

阿里自张勇担任 CEO 以来提出将电商转型为"大数据、云计算"为基础的科技公司,重拳打造"阿里商业操作系统"。阿里的战略布局从2C领域进入2B领域,以大数据、云计算作为变革的石油和引擎,以助力企业优化提升组织、产品、服务、成本等方方面面的效率为目标,发力2B市场。与此同时阿里自上而下的"树状"管理结构向更加灵活高效的"网状"管理结构快速过渡,构建"阿里云智能事业群",产品包括品牌、商品、营销、渠道、制造、服务、金融物流等11个维度的内容,全方位助力本企业进行数字化转型,既改善了本企业的效率,也为方便占领 2B 市场建立样板。表 4.2 为截至 2021 年阿里投资布局的情况展示。阿里的投资布局涉及衣食住行等,其建立一个以零售为触点向外跨界联合的商业生态的野心也快速显现。新零售的提出是阿里战略布局 2B 市场的必经之路。

表 4.2　　　　　　　　　　阿里系投资布局

分类		阿里系投资布局
阿里自有公司	电商	天猫商城、淘宝、一淘、聚划算、咸鱼、1688、阿里妈妈、天猫国际、淘宝全球购、极有家、全球速卖通、Auctiva
	金融	蚂蚁金服(包括支付宝、余额宝、蚂蚁微贷等)、网商银行、恒生电子、云峰基金
	外卖	饿了么、口碑、淘点点
	实体零售	盒马鲜生、银泰百货、天猫超市、三江购物
	企业服务	阿里云、钉钉、阿里大鱼、阿里通讯、友盟、千牛、菜鸟网络
	社交	点点虫
	智能科技	阿里智能家居、天猫魔盒、亚博科技、斑马智行
	文娱体育	阿里影业、虾米网、优酷土豆、阿里音乐、阿里文学、阿里体育、大麦网、土豆、淘票票
	游戏	阿里游戏
	旅游	飞猪
	医疗	阿里健康
	咨询	UC、墨迹天气
	出行	高德
	社区便利	易果生鲜、安鲜达
	网络安全	盾盾
阿里投资控股公司	SaaS	七牛云、安恒信息、汇通达、大搜车、奥哲、21世纪、数澜科技、华栖云、光云、秉坤、客如云、凯京科技、造易软件、鑫蜂维、数云、企加云、探迹、客数位、商帆、太美医疗科技、躺平设计家、成就智慧品牌、优猪、博卡、飞象互联、讯策科技、乐言科技、美味不用等、二维火、已签宝、人力家、阿里巴巴工作学习套件、小满、桔瓣科技、驻云、云学堂、鲸仓、百望云、软通动力、嘟里啪智能财税、扫呗、行云创新、云徙科技、亿企代账、校宝在线、三维家、商派

续表

分类		阿里系投资布局
阿里投资控股公司	电商	苏宁、五矿电商、魅力惠、Vendio
	金融	邮政储蓄、天弘基金、国泰产险、华泰证券、众安保险
	外卖	点我吧、生活半径、美团
	实体零售	联华超市、新华都、高鑫零售
	餐饮	肯德基、星巴克
	企业服务	易传媒、上海宝尊、CNZZ
	社交	陌陌、新浪微博、小红书
	智能科技	魅族科技
	文娱体育	华谊兄弟、文化中国传播集团、广州恒大俱乐部、光线传媒、华数传媒、南华早报、芒果TV
	旅游	穷游网、在路上、佰程旅行
	游戏	1771网游交易平台
	医疗	华康全景网、中信21世纪
	咨询	搜狗、第一财经
	出行	ofo共享单车、滴滴、易图通
	物流	中国邮政、圆通速递、万象物流、百世物流、全峰快递、日日顺物流（海尔电器），以及多家小型物流公司
	日用品	联合利华

截至2021年，阿里新零售的布局已十分明显。从阿里的新零售的布局可以看出，阿里的新零售是"轻资产"战略指导下的新零售布局。作为电商平台，阿里线上线下的融合并非通过自建线下品牌的唯一方式实现，而是作为各零售业态的中心，通过数据与商业逻辑的深度结合，为传统零售提供数据，优化资源配置，培育新的零售物种，重新构建价值链，打造高效率的公司，引导消费升级，培育新的服务商，构建以阿里为核心的新的零售生态体系。

其中，多种零售新生态的形成在于消费者需求驱动，以消费者为中心的关键在于高效服务，线上线下渠道整合的关键在于提升服务效率，但一切都离不开阿里成熟的数据和营销能力的赋能。阿里新零售布局将为阿里创造更多的自有业务,整合线上线下各类资源,实现更多的支付场景,继续扩大在零售行业的版图和地位。由此可见,阿里系新零售的核心是以数据驱动提升服务效率。

2. 腾讯系新零售布局

区别于阿里巴巴的零售电商平台,腾讯是以社交网游起家的社交平台而非零售平台。但新零售提出后,腾讯快速布局,入股京东、美团等线上平台,凭借其社交核心优势,赋能零售企业,携手并进构建新零售生态圈。表4.3为腾讯投资布局。

表4.3　　　　　　　　　　腾讯系投资布局

分类		腾讯系投资布局
腾讯自有公司	通信与社交	微信、QQ、QQ空间、QQ邮箱、企业微信、腾讯会议
	游戏	腾讯游戏(王者荣耀、PUBG MOBILE等)、腾讯电竞(英雄联盟、AoV王者荣耀国际版、皇室战争等)
	视频	腾讯视频、娱票儿、腾讯影业、微视
	音乐	腾讯音乐娱乐
	文学	QQ阅读、腾讯动漫
	新闻	腾讯新闻、阅文集团、腾讯看点
	体育	腾讯体育
	支付	微信支付、QQ钱包、退税通、财付通商企付、手机充值
	理财	理财通、腾讯自选股、腾讯征信、腾讯基金、信用卡还款
	出行	乘车码、腾讯地图
	教育	腾讯课堂、企鹅辅导、易题库
	安全	腾讯电脑管家、腾讯手机管家、腾讯电池管家、腾讯wifi管家
	应用	应用宝、微信小程序、QQ浏览器
	企业服务	特训基础云、腾讯能力云
	数字营销	腾讯社交广告(广点通)、腾讯广告联盟、腾讯移动分析

续表

分类		腾讯系投资布局
腾讯投资控股公司	搜索引擎	搜狗搜索
	浏览器	手机搜狗、猎豹移动
	社交	知乎、快手、Snapchat、朋友印象、呱呱视频、KaKao、Same 红点直播、开心网
腾讯投资控股公司	信贷	微粒贷、微车贷、微业贷、人人贷、易鑫资本
	理财	微众银行—理财、富途证券
	保险	众安保险
	银行	微众银行、邮储银行
	电商	京东商城、美丽说、好乐买、口袋乐园、楚楚街、每日优鲜、拼多多
	物流	京东物流、人人快递、汇通天下、美团配送、蜂鸟配送
	出行	四维图新、滴滴出行、摩拜单车、易车、人人车、同城旅行、艺龙旅行、面包旅行
	外卖	美团外卖、饿了么
	视频	Bilibili、华谊兄弟、寰亚传媒、文化中国、柠檬影业、爱拍原创、未来电视
	音乐	CMC（酷狗、酷我）、喜马拉雅
	文学	阅文集团（含创世、起点、云起、潇湘书院等）
	游戏	Supercell（芬兰）、西山居、漫游谷、擎天柱、乐逗、斗鱼 TV 等
	教育	猿辅导、疯狂老师、ABC360、新东方在线、阿凡提
	医疗	丁香园、好大夫在线、春雨医生、微医、妙手医生、健康元、缤刻普锐、糖大夫
	智能汽车	驾趣 WeDrive、和谐富腾、蔚来汽车、特斯拉
	安全	知道创宇、安全管家、DNSPod、iTools、刷机大师、lbe 安全大师、迈外迪

由于腾讯缺少电商优势基因，不具备零售业丰富的数据积累沉淀和营销方案，因此，腾讯在新零售中扮演的角色更加类似"水电煤"的基础设

施,也正如马化腾所言"腾讯不做零售,只做底层,要把机会让给所有的合作伙伴"。因此,在新零售布局中,腾讯自身所做的内容是为更多的零售商赋能,提供相应工具,助力其在微信平台打造社交电商新模式,同时提升微信在零售领域的渗透效率,为消费者创造更多元化、更丰富的消费场景,进一步推动了新零售的发展。腾讯的新零售布局是去中心化模式,结构更加扁平化,其劣势在于零售供应链和渠道,为此腾讯投资京东,借用京东"重资产"下的物流体系,打通线上线下渠道和供应链。由此可见,腾讯系新零售的核心是提高运营效率。

4.1.3 线上电商新零售布局特点

(1) 电商新零售相同的特点:第一,线下合作布局。虽然阿里巴巴、京东等电商巨头通过自建方式布局线下,但整体来看,和实体零售企业合作补足线下短板是主流趋势。相比于其他行业,零售行业的线上流量与线下流量更容易相互转化,从而使其成为互联网企业布局线下的关键切入点。第二,产业链整合。不管是去中间化的 B2B 还是中心化建立自有品牌的新零售,都希望建立起从生产到消费者的自有渠道,整合产业链。第三,各个领域和业态的全部渗透。阿里和腾讯的生态圈布局几乎涵盖了线上线下的各个领域,包括医疗、旅游、教育、文娱、金融等方面;在业态投资基本面上也极其相似,包括了创新型跨界超市、生鲜社区、杂货便利店、连锁体验店以及无人零售。

(2) 阿里系电商平台的布局特点:第一,中心化。其投资方式是大比例投资。第二,新业态探索。盒马鲜生是阿里探索线上线下结合的典型产物,而盒马鲜生的成功也意味着阿里将会继续进行更多类型的业态探索,从各个方面培养消费者习惯。第三,服务商属性的全渠道流量获取。阿里在技术革新的驱动下全渠道营销创建新品牌,通过流量汇集到天猫、淘宝占领消费者的搜索心智。

(3) 腾讯系的布局特点:第一,去中心化。腾讯强调,作为一个生态系统的基石，它会选择高效的公司作为合作伙伴，而不是直接参与到竞争中去，它会为相关公司提供必要的资源，让他们能够将所有的场景连接起来，其投资方式是参股式投资。第二，协同共荣。以供应链为抓手推广门店模式打造共荣生态圈、智慧生态圈。第三，商超属性的优质消费者沉淀。与京东一样，它也拥有搜索的属性，它的特征就是"大卖场"的特性，低频，高客单。所以，用"自营正品+优质物流服务"的方式来沉淀高质量的客户群，占据消费者"品质心智"并将消费者延伸拓展到不同的渠道。

4.1.4 线上电商新零售商业模式

（1）线上线下融合的O2O模式。线上方面，智能手机与移动互联网的大规模推广普及，使企业经营管理朝着数字化、智能化的方向转型，催生了丰富多元的商业模式。线下方面，融入消费者本地化生活的社区零售模式的崛起，显著缩短了企业和消费者之间的距离。通过线上与线下结合，可以整合两者优势，为消费者创造更多价值，小而美的社区店、品类专业店将步入高速发展的快车道。

（2）零售与体验式消费相结合模式。整体来看，将零售和体验式消费相结合的零售业态包括四种：购物中心、百货商场、连锁超市及便利店。其中，凭借多元业态组合，让消费者享受吃喝玩乐一体化体验等优势的购物中心尤被看好；百货商场则因为体验单一、盈利渠道过窄而处于下行状态；连锁超市和便利店人性化、亲民化，为迎合消费者需求主动做出一系列改变，比如提高生鲜、餐饮及快消品占比，也有着广阔发展前景。

（3）零售与产业生态链相结合的模式。该模式强调和产业链上下游参与者进行合作，打通产业生态链，提高资源利用效率，实现多方合作共赢。以淘宝为例，针对下游个体商户，淘宝依托阿里云提供的大数据分析服务，为个体商户上新、营销、定价等提供支持；针对上游厂商，淘宝依托平台大数据，帮助其对设计、生产、库存等环节进行优化，更好地适应动态变化的消费需求。

4.1.5 线上电商新零售探索的典型案例分析

案例一：盒马鲜生。

线上线下多渠道整合新零售的典型代表为盒马鲜生。2016年1月15日盒马鲜生的首个门店于上海开业。盒马鲜生的生鲜零售模式将实体门店、电商与餐饮结合，以超快的物流配送服务很快在新零售时代崭露头角。盒马鲜生充分利用了移动互联网、大数据、云计算等新一代信息技术，投入大量资源建设物流体系，运用互联网思维对传统实体零售业态进行改造升级，成为线上线下深入结合的新零售模式的积极探索者。盒马鲜生的落地离不开阿里巴巴提供的强大技术支持与平台资源。目前盒马鲜生通过"生鲜超市+购物 App+物流配送"的多业态组合体系，以高频刚需的"食"需求为切入点，通过"新鲜每一刻""所见即所得""一站式购物""让吃变得快乐，让做饭变成一种娱乐"来重构消费者价值观。

（1）线上线下一体化。2016年马云提出了新零售这个词，并强调只有将线上、线下与物流真正融合在一起，才能产生真正的新零售，在阿里巴巴强大的技术能力与研发能力支持下，盒马鲜生完成了线上线下商品一体化、库存一体化、营销一体化、价格一体化、会员一体化。而马云强调的线上线下一体化是对线上线下系统进行一体化开发，而不是占据线上、线下两个独立渠道，盒马鲜生贯彻了马云提出的新零售的概念，保证了线上线下系统的深度融合。

盒马鲜生作为新零售新物种，构建了一个小型的新的商业生态系统，目的是打造一站式的购物体验。纵观盒马鲜生的发展历程，盒马鲜生在新零售提出之前经历了一次试错，即1.0的传统盒马，其目的是建立一个互联网厨房的业态，以外卖盒饭为基础流量，附带堂食餐饮。新零售提出后，盒马做了调整，外送生鲜、日用百货成为基础流量，打造一个生鲜超市，并涵盖餐饮加外卖，且在选址上做出调整，由原来繁华商圈转移到 3 公里社区商圈内。盒马鲜生当下包括了超市、餐饮、App 电商、物流、仓储，不再是一个门店，而是一个小型的商业生态系统，满足顾客随时随地的需求，实现线上线下一体化。盒马鲜生所构建的这样一个生态系统的创新底层逻辑包括两个要素：消费者需求的重新抽象、提取和数据驱动。数据驱动推动生态系统内部的协同，将零售嵌入到整个商业环节之中，以线上数据为线下导流，获得线下流量，线下再将门店消费者数据反馈到线上完善大数据，实现线上线下加物流一体化协同，完成对新零售的重构和颠覆，实现了跨界经营，打造多元化复合业态。盒马鲜生的关键点在于它识别消费者需求，过去对杂货店、百货的廉价和多选不再适用新零售时代，消费升级促使消费品质提高，抽象出体验、优选的消费者需求。

（2）大数据支撑，掌握消费数据。盒马鲜生的运营注重消费者黏性的培养。盒马鲜生引导进店消费的顾客在手机上下载专用的移动端应用程序，登录后填写必要的信息成为会员，在店内选购商品，最后使用支付宝结算。以此方式在提高消费者对店铺的黏度的同时为消费者提供流畅的消费体验，因此相较于传统生鲜电商，消费者对盒马鲜生的黏性高出很多。此外，盒马鲜生门店不接受现金付款，消费者必须首先下载安装盒马鲜生 App，成为门店会员后使用支付宝付款。对于首次进入门店的消费者，盒马鲜生服务员以及导购将为其提供耐心的服务，舒缓消费者抵触的心理，以使盒马鲜生获得足够的线下消费数据，并促进线下流量向线上转移，为全渠道营销奠定良好的基础。

与此同时，当消费者前往传统实体门店消费时，盒马通过让消费者注册盒马鲜生 App 并通过支付宝付款收集盒马鲜生及支付宝中的消费者数据，进一步获取其在天猫、淘宝、饿了么、优酷土豆等属于阿里系平台的消费者数据，帮助盒马鲜生建立立体化的消费者画像，为经营管理决策提供有力的支持。而消费者注册盒马鲜生账号后，盒马鲜生还可在移动化、碎片化的场景中向消费者推送其感兴趣的内容，引导消费者随时随地的在线上下单，并在盒马鲜生的线下门店享受购物体验、自提服务等。

(3) 高效生鲜物流服务与配送。盒马鲜生借助了移动终端应用，保证在距离实体店 3 公里范围内，半小时将产品送到消费者家门口。而这一模式的背后是盒马鲜生采用全自动物流，通过物流传送带完成运营过程中的物流操作，仅用 10 分钟就能完成接单、打包、装箱。盒马鲜生颠覆传统生鲜经营模式，其设备应用、商圈规划以及物流配送服务远超传统生鲜零售商。一方面，高效率的配送能够减少生鲜产品在途中的损耗，同时还能满足消费者对时间的要求。另一方面，盒马鲜生全新的生鲜产品经营模式，积累了良好的口碑，为拓展自身利润空间，提高门店业绩奠定了基础。

(4) 构建新的经营理念。盒马鲜生从三个方面构建了一种新的经营理念。第一，从消费产品模式上来说，盒马鲜生的广告语为"新鲜每一刻"。相较于传统超市与电商平台的"购买一次、消费一周"的大宗采购转变为按需购买、随时随地购买。盒马鲜生的产品通常在 300—450 克之间，既能满足消费者当次使用需要，也能减少资源的浪费，避免冲动消费。对于生鲜食品的运营来说，抓住消费者购买生鲜并将生鲜食材转变为可口美食的消费心理十分关键，同时顾客在门店就餐的场景也会刺激其他消费者。因此盒马鲜生为消费者提供食材现场加工与堂食服务，让顾客实现了所见即所得，刺激了消费者的购买冲动。第二，从消费产品种类上来说，盒马鲜生主打一站式购物。盒马鲜生提供了丰富多元的生鲜产品，线下门店 SKU 为 5000—6000 个，线上 SKU 逐步扩充至 5 万个，从萝卜青菜到帝王蟹与波士顿龙虾应有尽有。为了充分迎合年轻消费群体追求便利化的需求，盒马鲜生还积极开展产品创新，推出冰盒蛋糕、冰醉小龙虾、微波炉加热菜等 3R 产品。第三，从消费产品理念上来说，盒马鲜生"让吃变得快乐"。当代生活节奏的日渐加快让大部分年轻消费者缺少足够时间与精力自己做饭，叫外卖或在门店就餐得到该群体的青睐。同时，这类群体乐于将新奇有趣的食物分享到朋友圈，盒马鲜生抓住这些特征，对菜品加工、餐具采购、门店装修等进行精心设计，并为线上购买食材自己烹饪的消费者提供指导，让年轻消费者爱上做饭。

(5) 重塑线上线下服务体验。盒马鲜生从数字体验、产品体验、场景体验、情感体验四个方面来重塑线上线下的服务体验。

第一，通过布局数字体验，盒马鲜生为消费者提供了从线上到线下自由切换的购物环境，从而辅助消费者更便捷的作出购买决策。盒马鲜生的数字体验以 App 为核心，通过其他线上渠道为 App 带来更多流量，此外 App 的功能丰富多元，便捷易操作，消费者可以直接在线购买并提供反馈意见，而且 App 会不定期推出各种活动，如为消费者提供代金券，邀请消费者前往门店免费体验特色美食等。盒马鲜生规定消费者必须使用盒马 App，使 App 丰富的功能能够在门店和线上充分发挥效果。除此之外，盒马鲜生还实现了线上线下商品的统一，所有商品都带有独立的条形码，消费者可以用盒马鲜生 App 对条形码进行扫描，如果周边 3 公里以内的顾客购买的商品较多不方便携带，可以扫描二维码线上购买，享受门店提供的 30 分钟内免费送货上门服务。通过流程创新，选择合适的线下接触点，让消费者方便快捷地购买商品、完成支付，使消费者充分意识到数字产品为其生活带来的便利，自然能够得到大量消费者的支持。

第二，盒马鲜生为消费者创造了独特的产品体验。随着消费者的购买力不断提升，他们对生活质量的追求越来越高，对新鲜事物的接受程度也有了明显提升。如何带给目标消费者更多的新鲜感，成为零售企业激发消费者购买欲望的关键所在。基于对消费者需求心理的深度把握，盒马鲜生采用了以下几种方式来为消费者创造极致的产品体验：首先，保证产品新鲜度。盒马通过让消费者亲自选购水产品并现场加工，以及在蔬菜区明示包装时间，强化了消费者对产品新鲜度的感知。同时，依托近距离配货，实现商品快速送达，进一步确保了产品新鲜。其次，为了应对运输成本高和保鲜技术不足导致的生鲜产品价格高、品类有限的现状，通过自建物流体系和依托阿里巴巴的供应链资源，扩大了门店产品的品类，为消费者提供了更加丰富多样的选择，并通过提供线上预约服务，满足消费者对个性化需求的追求。此外，随着生活节奏的加快，消费者越来越倾向于选择方便快捷的饮食解决方案，同时也不愿意妥协于饮食质量。为此，盒马鲜生提供了不同加工程度的食品，既满足了追求效率的消费者对熟食或半熟食的需求，也兼顾了愿意亲自下厨的消费者对新鲜食材的追求。

第三，盒马鲜生通过营造丰富多样的消费场景，激发了消费者的冲动购买和口碑传播。区别于传统的产品分类方式，盒马鲜生将产品按照场景进行组织，例如创设以"吃海鲜"为主题的体验区，不仅提供活海鲜，还设有烧烤区和啤酒专柜，这种做法有效促进了相关产品的联合销售并提升了客户消费额。在店铺布局方面，盒马融合了市集街的概念，通过巧妙的动线设计（设有主干道和分支，并在门店两侧设置出口），避免了消费者在繁杂的购物环境中迷路。更重要的是，盒马的空间布局并非一成不变，而是会根据市场趋势和消费需求进行灵活调整。

第四，盒马鲜生致力于为消费者塑造新鲜、有趣、舒适、愉悦的良好情感体验，让消费者在繁忙的工作之余，能够放松身心，缓解压力。

（6）构建新零售业态。盒马鲜生的供应链创新以及无条件退换货服务是盒马在零售业态的突出创新。在供应链创新方面，盒马鲜生对供应商进行严格的筛选，从源头上把控商品质量，不向供应商收取保障金、推广费等，降低商品流通成本，最大限度让利消费者，确保盒马鲜生在价格方面的优势，尽量让消费者以平价超市的价格享受精品超市的产品与服务。在无条件退换货服务方面，盒马鲜生提供在质保期内无条件退货，由于所有消费者都是线上支付，其订单会保留在盒马鲜生 App 中，消费者可以直接在相关订单中点击"退订"，在规定时间内盒马鲜生工作人员会免费上门取货。对比传统 7 天"无理由"退换货服务，盒马鲜生不需满足提供购物小票和保障产品完好的要求即可实现人性化的退换货服务，因而更加容易获得消费者认可。

案例二：永辉超级物种。

永辉超市从 2001 年创立至今，已经成长为一个以零售为主、以现代物流业为后盾、以现代食品业和农业为两翼、以产业发展为主的大型集团公司。永辉超级物种则属于永辉云创模块的业务，是顺应消费升级的新业态，也是自新零售提出以来商超商业模式转型的典型代表。永辉超市借助互联网重塑"人、货、场"的商业模式,实现了客户与企业的双重增值,并荣登《哈佛商业评论》"2018 零售数字化案例"之首。部分成熟的超级物种分店,其坪效已突破每年 15 万元,是传统超市坪效(每年 15000 元)的 10 倍;同时,其平均客单价已突破 200 元,实现了惊人的增值。

超级物种的发展大致可以分为三个时期:第一,培养时期(2015—2016 年),这一时期超级物种通过构建完整的工坊体系,将焦点主要放在提升线下消费体验上。尽管此时线上的发展尚显不足,但已奠定了进一步扩展的基础;第二,快速发展阶段,在 2017 年 3 月底推出的第二代超级物种,较之前增添了更多的网络特性,通过"永辉生活"App 把线下的顾客成功引入线上,加快了其数字化转型的步伐;第三,融合阶段,随着在线服务的日渐成熟,超级物种开始着力于线上线下深度融合,并由此建立起一套完善的新零售渠道系统。现阶段,永辉超市已经进入该融合阶段,此时期的新零售业态特征尤为显著。超级物种的运营模式是一个结合了"超市+餐饮+互联网"的综合体,它依托于永辉这个实体零售巨头平台,利用已有的品牌和资源专注于线下消费体验的同时,也积极拓展线上服务。其实体店铺以打造具有高度体验性的"场景式消购"环境为目标,顾客既可以购买新鲜食材,也可以享受即点即做的餐饮服务。在线上,超级物种围绕"永辉生活"App 展开,结合微信小程序、扫码购物等手段,并与饿了么等第三方外卖服务建立了合作,提高了消费的便利性。除了销售渠道的创新,超级物种还在门店实施了数字化改革,比如使用电子标签便于实时调整商品价格,提供多种支付选项以简化结账流程,这些措施大大提升了运营效率和顾客满意度。在通过网络平台技术的引领下,超级物种成功地迈向了线上与线下融合的新零售时代,标志着一个更为智能、便捷的购物时代的来临。

超级物种的商业模式按构成要素分类,包括价值主张、消费者细分、消费者关系、渠道通路、收入来源、核心资源、关键业务、重要合作 8 个方面:第一,价值主张——超级物种以经济实惠的价格,为顾客提供最好的食材质量和服务体验。超级物种对产品与服务的品质要求极高，希望通过其产品，为消费者提供更多的"未来生活"体验。在商品上，超级物种以提供新鲜、健康、高档、精美的商品为目标，并承诺所有食材均为当日新鲜，从源头保证食品安全与品质。超级物种非常注重产品品类的更新和丰富度，持续开发更新商品种类，以满足消费者不断升级的品质需求。在服务上，超级物种通过整合多样化的食品工坊，成功塑造了一种独特的"情境式"购物氛围，旨在为顾客营造一个温馨且舒适的购物环境。另外，在进店咨询到选购支付再到用餐过程中，超级物种均配备有专业的服务团队。同时，引入电子服务设备，如电子叫号器和自动收银系统，显著降低了顾客的等待时间，极大地提高了顾客满意度，并优化了整体的购物体验。第二，消费者细分——超级物种主要瞄准"80后""90后"这一新兴的消费人群，并致力于给他们带来更高层次的消费体验。这一批出生于1980—2000年的"千禧一代"，正逐渐成为消费的主力，他们注重生活方式，也更加注重购物的过程，光靠产品已经无法吸引他们了。"超市+餐饮+互联网"的模式，更加注重娱乐、互动、体验等方面，在很大程度上将超市的模式融入了娱乐和艺术的主题，为消费者提供了一种场景式的消费方式，打造出一种与众不同的超市、一种未来的超市，满足了"千禧一代"的求知欲与体验至上的心态。第三，消费者关系——超级物种与顾客的关系是建立在个人化、自助化和自动化的基础上的，在实体店里，超级物种会向不同的客户提供差异化的服务：一是为那些想要获得咨询帮助的顾客，以及那些想要在实体商店中享受美食的顾客提供一些私人的服务，比如为他们介绍类似产品的差异、为他们烹饪美食等；二是为那些想要进行自助式购物的顾客提供他们所需的所有渠道，例如各种各样的付款方式。"永辉生活"App和"超级物种"小程序，都是在线上运营的，他们会根据顾客的信息和购买行为，为顾客提供自动的服务，并向顾客推荐他们喜欢的商品。第四，渠道通路——超级物种将线下实体店与线上平台相结合，将自有渠道与合作运营平台相结合。超级物种的实体店让商家和消费者之间有了更多的连接，从而给"永辉生活"App带来了更大的流量。

超级物种不仅有自己的销售渠道,还通过"饿了么"App 和腾讯小程序等来招揽客户。超级物种通过实体商店、传统网店、移动终端和社交媒体等形式,加强与消费者的互动,实现全渠道零售。第五,收入来源——超级物种的主要收入来自于直接销售的高品质商品(生鲜、熟食等),其次来源于加工食品的服务费用。通过精选 SKU,并提供高质量的轻奢餐饮体验,实现收益的最大化。每一间作坊里,制作食品所获得的加工费用,也是一笔不小的收入,相对于餐饮业来说,超级物种的利润主要来自原料的出售,加工费用只占了很小的一部分。此外,合作模式、技术服务以及通过增值服务也为其创造了额外的收益渠道。第六,核心资源——在供应链层面上,尽管超级物种是一个相对独立的体系,但是其背后却有着永辉超市强有力的供应链支撑。在过去的 10 多年里,永辉集团一直在做着供应链方面的战略规划,利用先进的信息技术,对供应链各个环节进行了反复的优化,建立了一个高效的物流网络,从而打造了核心竞争优势。超级物种以永辉超市为基础,对供应链进一步优化,最终得到更加有效的供应链体系。第七,关键业务——超级物种的核心业务模式包括:供应链管理、成本控制和线上线下操作的一体化。从以上对核心资源的分析可以看出,超级物种的供应链体系是比较有效的。就成本控制而言,一个有效的供应链体系可以大大地减少成本。另外,生鲜超市最大的困扰就是食品的损失管理,而超级物种则是通过永辉集团十多年的实体店经营经验,包括商品的陈列和现场的管理等手段,来减少生鲜超市在销售过程中的损失。除此之外,超级物种是一家以互联网为基础进行销售的餐饮超市,它还需要对线上平台的销售状况加以重视,通过实体店的极致体验,来为网络平台带来一定的客流量。第八,重要合作——超级物种的合作方包括了全球新鲜食品原产地、生产商以及林芝腾讯科技有限公司等。超级物种依靠供应商提供新鲜和快速消费品来完成自己的零售职能,从而赚取差价。林芝腾讯于 2017 年投资了超级物种,并对超级物种进行了全方位、多层次的支持。腾讯利用微信小程序、扫码购物等手段,为超级物种带来了更多的用户,为超级物种提供了更多的销售渠道。

4.2 跟进——线下实体零售的新零售变革

4.2.1 实体零售行业的痛点分析

新零售的本质是一场效率革命,可以让顾客用最短的时间、最快的速度和最近的距离,从无处不在的消费场景中,获得产品价值与全知全能的服务价值,实现"以人为中心,所见即所得"。自从新零售被提出来之后,线上电商便纷纷致力于构建新零售的商业蓝图,推动线下新零售门店、无人零售模式、社区零售类业态的建立和快速发展。然而,这些新兴业态对传统线下门店造成了显著冲击,电商新零售的商业布局不仅在线上分流了传统电商的流量,更在线下与传统门店争夺流量,给实体零售行业带来了一定的冲击,具体体现在以下几个层面。

1. 行业整体层面

线下传统门店的共同痛点是数字化程度低,关键流程节点效率低下。绝大部分的线下企业并未及时对线下零售流程及运营系统进行数字化的升级和改造,企业资源配置效率低下,与线上电商的新零售店铺形成鲜明对比。传统门店原有的连锁店、加盟店模式中的各个品牌门店的数据、系统以及流程都呈割裂状态,线下数据整合难度高,零售企业缺少全局视角和顶层设计,策略的制定和执行困难重重。这些问题都导致企业对消费者需求的应变能力下降。

2. 零售商行业

对于零售商行业而言,获客成本和流量成本越来越高,但零售商坪效却在降低。一方面,由于传统的推广渠道效率很低,再加上一线、二线城市的传统商圈已经发生了转移,即便是使用了传统的打折促销、扩大投放、门店装修等手段，都不能为店铺带来更多的客流量，相反，还会提高成本，降低利润。另一方面，面临着线下门店日渐减少的困境，虽然也有零售商尝试对线下门店展开体验化、场景化、服务化的改造升级，但因为社区型零售业态以及大型城市综合体的快速发展，零售品牌的经营面积和发展空间都被挤压，其坪效迅速降低，盈利能力和资产收益率仍在持续下降。

3. 快消品零售企业

对于快消品企业来说，新零售变革的供应链管理压力大以及线上线下的不合理布局是其主要痛点。快消品行业消耗量大，在仓储、物流、管理等环节上会产生海量的数据，导致企业线上全部环节数据的收集和分析处理难度高，给企业的供应链管理带来了巨大的挑战。疫情防控期间，众多快消品企业的上游产业链的生产环节被迫停工，产生库存危机，与此同时下游经销商面临库存挤压与资金周转困难，这些问题的暴露导致快消品零售企业需要对经销商网络结构进行重组，而这进一步加剧了供应链的管理难度。此外，快消品企业为了获得竞争优势，开展线上布局业务，但是缺乏合理的规划，线上线下的渠道数据割裂严重，线上线下成为两个独立布局，相关问题仍未得到有效解决，导致企业投资成本高，效能低下。

4. 服饰零售企业

对于服饰零售企业来说，消费需求与公司战略发展方向不匹配，分销模式落后。传统的服装行业对自身品牌的清晰定位不足，随着潮牌等新兴市场的发展，面对行业内市场发展的多样性和复杂性，许多服饰品牌亦步亦趋，缺少独立思考能力，盲目发展线上线下门店，增加了企业财务危机。同时，由于传统分销模式的限制，冗杂的分销商网络使产品销售信息不能及时反馈给服饰企业，由此形成的大量库存直接造成了服饰企业订货量逐级增加，最终导致在生产层面大量库存挤压，而分销商也不具有传递消费需求信息的习惯，使服饰企业的订货只能依赖分销商的判断和经验，对市场需求判断产生偏差，与市场潮流脱节，无法满足消费者追逐美和时尚的需求。

5. 餐饮企业

对于餐饮企业来说，主要包括两个问题，一是消费者黏性低，季节性盈利特征明显。同质化竞争严重、消费者的忠诚度较低是行业共识，对于餐饮企业来说盈利性不确定性高。受疫情影响，堂食业务的关闭使餐饮旺季直接变成淡季，众多餐饮企业倒闭。因此如何与消费者保持高度互动，了解市场需求并及时转化成餐饮企业的营销策略，是餐饮企业提高消费者黏性减少季节性影响的关键。二是线上红利枯竭。由于外卖的常态化，大量餐饮企业入驻线下，餐饮企业开始陷入价格战竞争的局面，而外卖平台佣金的逐步提高，进一步给餐饮商家造成了较高的成本压力，无暇顾及市场和消费者需求。

6. 酒店文旅企业

对于酒店文旅企业来说，游客满意度低、收入结构单一是主要问题。相比餐饮业，旅游业的季节性盈利特征更加明显，因此普遍存在景区黑导游、高消费的问题，每年中国旅游服务市场消费者投诉数量都较高，景区缺乏合理协调能力，游客对景区整体的体验感和满意度低。这也反映出酒店文旅企业的收入结构过于单一，安于现状，缺少拓展多元化业务经营的动力。

4.2.2 线下实体零售转型的关键

1. 线下实体零售转型的关键要素

（1）提升"人"的效率。"人"对应消费环节，提升"人"的效率就是提升消费环节的效率。根据消费过程，将消费环节拆解为"消费者出现、选择合适的产品、支付货款、收到货物完成消费"四个过程。销售额能直观体现该企业的经营状况,用简单的公式计算,销售额＝流量×转化率×客单价。但实际衡量企业销售的效率,是离不开成本的,在线上体现为获取流量的成本,在线下体现为门店租金,引出坪效(销售额/门店平米数)以及人效(销售额/人数)的概念,提升消费环节的效率就是提高坪效或人效。

在此基础上,进一步通过关键指标展开分析(见表4.4)。第一,流量,即消费者出现的数量,在线下表现为客流,在线上表现为浏览量。传统零售时代,流量就是通过科学的选址方式来获得尽可能多的自然客流量,在消费者活跃度高的地方,开设门店;电商时代,通过互联网的便利性,将大部分客流量转换为在线浏览量、点击量,通过低价策略、产品差异化、品牌个性化来吸引眼球;新零售时代,随着消费者需求层次提升,线下增强体验、线上便捷消费需要同时兼顾,有效整合流量,双向赋能。第二,转化率,指愿意购买产品的顾客数量占顾客数量总体的概率。其中顾客数量总体包括:已有需求的消费者、有潜在需求的消费者、多次购买的消费者,后两者是提高转化率的主要力量。传统零售时代,提升转化率靠店铺的装修风格,销售人员的察言观色来引导消费者,多次购买的消费者大多来自店铺附近或与销售人员熟络的人群;电商时代,各类打折促销策略、营销互动、"双十一"、"618"购物节等节日宣传能够提升转化率,营造浓烈的购物氛围,多次购买的消费者是出自对产品/品牌的认可;新零售时代,社交零售利用社群经济精准匹配顾客,有相同兴趣、认知、价值观的消费者抱成团,发生群蜂效应。在交易之外也能建立持续的互动关系,对产品品牌本身产生反哺。如吴晓波频道、得到App、混沌大学等利用自身产品的独特性,聚集了对该平台感兴趣程度最大的人群,即最有可能购买产品的人群,为这些人群提供更加优质的服务,建立会员制度,提高对品牌的认可度。第三,客单价,就是消费者每个订单所创造的营收数额。客单价在新零售时代开始出现显著提升,新零售以互联网技术为基础的大数据分析,通过已购买产品的相关产品、个性化产品,消费及浏览记录等形成清晰的消费者画像，做到精准营销。比如公众号广告、小红书推荐，KOC 素人推广，首先打造爆品战略，从而引领消费者了解品牌/产品，再通过数据形成针对性营销，洞察消费者，增强体验感，增加连带率。

表 4.4　　　　　　　各零售模式消费环节差异

	传统零售时代	电商时代	新零售时代
流量	科学选址到消费者活跃度高的地方	低价策略、产品差异化、品牌个性化来吸引眼球	线下增强体验、线上便捷消费同时兼顾，双向赋能，整合流量
转化率	店铺的装修风格，销售人员的察言观色	各类打折促销策略、营销互动、节日宣传	直播销售、社交零售，社群经济精准匹配顾客
客单价	销售人员推荐	各类打折促销策略、营销互动、节日宣传	大数据分析形成清晰的用户画像，精准营销

（2）提升"货"的效率。"货"对应供应环节，提升"货"的效率就是提升供应链整体的效率，实现降本增效。零售企业的价值链组成是：D［设计］- M［生产］- S［供应链］- B［大商家］- b［小商家］- C［消费者］，分为产品创造和产品传递两个大部分（见表 4.5）。

表 4.5　　　　　　　各零售模式供应环节差异

	传统零售时代	电商时代	新零售时代
产品创造	企业独自完成设计，根据销售经验制定生产计划	企业扩大设计品类，增强个性化差异化；根据销售经验制定生产计划	根据用户反馈设计新产品；大数据分析制定预测性生产计划
产品传递	M2B 低价模式：沃尔玛	S2B 精准匹配模式：直播销售	C2B 模式：海尔

D - M 是产品创造过程。传统零售时代是从产品思维出发，由企业独自完成设计，按照销售经验制定生产计划。电商时代，消费者需求更加多元化，企业虽据此认识到产品丰富化、差异化的重要性，但其本质还是从产品思维出发，由企业增加设计的品类，丰富每个品类的产品，按照销售经验制定生产计划。由于牛鞭效应，实际的销售量与生产量始终存在较大偏差，同时消费升级，消费者对产品要求提高，企业整体效率仍有待提

升。因此，在新零售时代，企业从消费者思维出发，在大量销售数据和消费者评价中获得产品反馈，企业的产品设计以此为前提进行改进，从而更精准地对应消费者需求。同时，大数据分析还能提前预测销量，企业可以预测性地制定生产计划。数字化的生产平台，不仅大大提升了生产效率，还能实现柔性生产，应对个性化需求。

  S-B-b是产品传递过程。提高传递效率的主要办法就是缩短供应链，减少其中附加的交易成本。传统零售时代，以M2B低价模式为典型，以沃尔玛超市的发展为例，从生产方直接到大型经销商，减少了中间供应链的物流成本、仓储成本等。产品进价由于中间环节的减少而降低，之后的一段时间内，会因为低价高质量而吸引流量，从而降低交易成本，产品售价也降低。但这类模式仅适用于大型商场，销售产品一般为刚需产品。随着消费者收入增加，新的零售应该提升顾客的生活质量。电商时代，以S2b精准匹配模式为典型，出现大量直播带货形式，大的供应链平台利用云技术，智慧仓储等方案保证质量和流程高效，b（小商家）作为十万甚至百万数量级的小商家，实现精准触达顾客，减少了在百货商场的店铺租金、员工工资、销售成本等。但该模式依旧是从产品出发寻找顾客，不可避免地要承担冗余产品的库存成本。在新零售时代，为体现新零售以满足消费者需求为目的，从C（消费者）出发形成反向链条C2B模式，几乎可以将产品库存成本归零，例如海尔无灯工厂。以模块为基础，消费者订单中可以对不同模块进行个性化定制，企业接收订单后，通过数字化技术，利用中台将信息传送到生产流程中，利用柔性生产线快速完成产品制造。但这种模式也有一定的局限性，该定制模式在满足个性化需求的同时提高了生产成本，同时反向虽然可以减少商品库存成本，但是无法解决原材料库存问题。因此，该模式只有在减少的成本等于或大于增加的成本时才具有价值。

  （3）提升"场"的效率。"场"就是将人和货联系在一起的方式，可能是一个地方、一个场景甚至是一个行为。提升"场"的效率就是提高零售行为发生的效率。零售行为过程主要是：消费者出现、选择合适的产品、支付货款、收到货物。选择合适的产品需要获取产品信息，从而形成了信息流，支付货款中形成了资金流，发货到收货形成了物流（见表4.6）。

表4.6 各零售模式零售行为差异

	传统零售时代	电商时代	新零售时代
信息流	消费者在不同商店挑选产品，查看品牌介绍、对比价格；获取信息效率低，体验感强	消费者在电商平台，通过筛选条件快速缩小购买范围；获取信息效率高，体验感差	消费者线上精选产品，线下体验店体验后，决定是否购买；获取信息效率高，体验感提升
资金流	线下支付	第三方担保	第三方提供信用评级
物流	人找货；人的活动范围受到限制；选择少，速度快	货找人；网上下单，获取货物需要长时间的物流运输；选择多，速度慢	货找人；通过大数据预测用户购买行为，下单前提前准备好库存；选择多，速度快

信息流是由消费者对购买产品的了解而产生的。在传统零售时代，消费者获取信息流，要去不同的商店挑选产品样式，了解品牌介绍，对比价格，最后综合各种因素后选定商品，获取信息效率慢，但是有较强的体验感。而电商时代，消费者在电商平台通过筛选条件快速缩小购买范围，根据产品详情全面了解产品特点，能够快速对比商品差异，获取信息效率快，但是线上损失了体验感。新零售时代，为整合线上获取信息的便捷性和线下消费的体验感，将线上线下相结合，消费者可以先在线上精选产品，然后到线下体验店体验后决定是否购买，在获取信息效率高的同时，还能保证多维丰富的体验。

资金流是消费者购买产品时产生的。传统零售时代，资金流都在线下完成，从现金到刷卡，资金与货物同时交换，可信度较高。电商时代，商家为了保证买卖产品与实际到货的一致性，增加买方与卖方之间的可信度，引入了第三方担保平台，消费者向第三方支付货款，在点击收货之前有权将产品退回，货款从第三方原路返回，只有消费者成功收货后，货款才会从第三方转给卖方。花呗、天猫分期、京东白条等均由此产生。新零售时代，为了进一步加快资金流动，大数据根据过往的消费记录、交易习惯评估消费者的信用等级，等级越高，守信程度越高，货物退款的到账速度越快，在使用共享单车、充电宝等 App 时可以享受免押金服务等，为消费者生活带来极大的便利。

物流就是货物配送的过程。传统零售时代，是人找货，人的活动范围有限，可供选择的产品少，支付货款后即时得到货物，不存在物流问题。到电商时代，变成货找人，消费者在网上面对着广阔的产品市场，下单后货物到达消费者需要长时间的运输。商品的选择变多，物流速度减慢。新零售时期，顾客消费更加多样化，在选择的多样性不可牺牲的前提下要尽量提升物流速度。因此要促进企业数字化转型，通过分析大量消费行为，数字化智能评估，聚焦重点品类，可以做到提前备货，例如亚马逊的"预测式出货"，还有京东在不同地区设置自己的厂房，自己配送，线上线下结合就近取货，快速送达，形成了全链路闭环，在保证消费者选择多样性的同时还加快了配送速度。

2. 线下实体零售转型的关键

新零售下的新商业，是一个全新的竞技场，零售"人""货""场"三要素之间不再是界限清晰的分割状态，其原有的边界在互联网技术下被洞穿，效率被重构，这也是实体零售转型的关键和重要逻辑。

第一，打破人的边界，重构"人"。互联网的发展拉近了企业与消费者之间的距离，并通过大数据、数字化等技术匹配多样化的供给与需求。消费者构成的市场不再按数量决定，细分市场的粒度精细到每一个人，由大众市场转向个人市场，每个人都可以构成一个市场。消费者对价值观的认同力超越了品牌，对品牌溢价的额外付费也过渡到消费者对产品情感溢价的付费。这也意味着，在新零售的背景下，企业的发展逻辑是为不同兴趣取向、行为偏好和价值主张的"个体"提供个性化解决方案，研究并挖掘消费需求和欲望，告别格式化零售模式，实现基于大数据的定制化、品质化的转型。

第二，打破货的边界，重构"货"。实体零售转型对货的要求不仅是性价比，更多的是性价值比，提升品效优化成本。其中，便利性作为性价值比的重要标准，成为消费者衡量商品价值的重要参考因素，包括接触的便利性、决策的便利性、交易的便利性、购物后的便利性等。同时，打造内容性产品，赋予产品故事和趣味，将是实体零售转型的重要方向。传统市场上，同类产品基本功能都能满足消费的需求，但是缺乏品牌灵魂即内容，导致同类产品难以区分，而打造内容性产品能够赋予产品本身更多的属性和意义，给消费者带来鲜明的身份标签，满足消费者的心理和精神层面的需要，获得情感上的共鸣。当内容植入产品，便具化为实体社交工具，实现用户与产品最直接的第一道互动，从而形成品牌黏性，进行二次乃至更多的复购。

第三，打破场的边界，重构"场"。新零售不仅是零售革命还是一次场景革命，抢占的不仅仅是消费者本身，还有消费者 24 小时的分配权。因此提升坪效，打造极致场景对于实体零售而言极其重要，实体零售必然要提升线下场景效率和线上场景效率，最终实现全场景效率的提升，这也意味着"场"的布局需要被重构。实体零售基于自身的特点和属性，定人、选货、建场是转型的首要条件，在此基础上创作内容，吸引流量并扩充场景、激活场景是实体零售新零售布局的必要工作。"眼到手到"的新消费模式也在不断强调实体新零售全场景战略布局的重要性，其主要目的是通过打通 N 种触点、N 种渠道，让消费者随时随地可以接触商品信息并产生购买行为，提升场景效率。

4.2.3 线下实体零售转型的新零售模式

1. 场景体验式新零售模式

"场景体验"是实体零售的一个天然优势特征，而场景体验式新零售模式便是依托实体零售的线下场景体验优势与线上运营工具结合，实现线下顾客线上引流，赋能线下裂变用户提高 GMV。场景体验式新零售模式的重点在于体验和协同营销，即线下门店的主要功能不仅是销售，还扩展了场景化的体验、服务、协同销售和本地化营销等功能，促进实体零售在互联网零售、O2O 平台成型的线上成就。线下门店相较线上零售的升级方向在于能够发挥承担服务周边人群、互联网和用户交互的重要作用。线下实体零售的场景化变革意味着实体零售不仅是为用户提供产品，还为用户提供体验内容、生活和服务。而在面对线上渠道的选择时，企业有多种方式自由选择，可以是依托平台的线上旗舰店或私域流量的自建 App 或小程序，也可以是多渠道的共同选择，但最终目的是要打造用户便利的数字化购物方式和确保精准的营销推送，以场景化的体验引导顾客关注和认同，以高性价比的产品和简洁便利的购物方式刺激顾客下单，增强顾客忠诚度。简单来说，场景体验式新零售模式是"线下场景体验+线上用户运营"的商业模式，将线下良好的用户体验模式与线上成熟的用户运营模式结合从而达到纵向深入挖掘消费者需求、丰富顾客购买行为的目的。

可以说，场景体验式新零售模式在一定意义上加速了品牌延伸，帮助品牌打破单一消费圈层的限制，更好地转变为能够满足多层级消费群的多业态经营模式，让消费者能够体验产品所传递的生活方式或表达的个性与艺术。因此，场景体验式新零售模式的特点主要包括两个方面：一方面，加速品牌细化与独立、助力企业业务广度的拓宽，便于形成品牌产品生态圈或重塑消费者产品认知。另一方面，打通线上线下壁垒提供极致购物体验。场景体验式新零售模式要素分析如表 4.7 所示。

表 4.7　　　　　　　场景体验式新零售模式要素分析

客户细分	主要是面向大众市场的注重产品或服务的体验价值并对产品或服务有品质化、个性化需求的 "80 后" "90 后" 年轻消费客群。这类消费客群的消费能力强，对商品的品质和服务的要求都相对较高。
价值主张	所想即所得、所见即所得；强体验，不以产品购买为唯一目的，重构商品和服务，如 "餐饮+超市" "餐饮+家居" 等沉浸式购物。
渠道通路	通过线下实体门店提供真实场景体验；通过线上 App/小程序、电商平台提供 VR 虚拟场景体验或仅作为下单购物以及引流的交付平台和运营平台；通过与线下物流配送合作或自建仓配物流交付商品完成购物闭环，保证整个购物环节的流畅和舒适。

续表

客户关系	作为顾客的贴心助理,为用户量身打造品质生活所需的商品和服务;作为顾客的智能助理,场景体验下仅在顾客有需求时提供咨询或介绍服务,其余内容可通过线上互联网技术完成。
收入来源	场景内围绕消费需求展开的丰富商品品类收入、业态组合后的组合收入,以及忠实顾客的会员费。
关键业务	以用户实际需求为主的场景打造、场景内商品的选择、线下门店的选址、物流配送。
核心资源	技术赋能,通过物联网、云计算、大数据、人工智能、VR等技术手段支撑商品、渠道、用户体验的改造,给用户带来高效、便捷、流畅、有价值的购物体验;能够利用大数据采集与分析顾客信息,优化运营策略、利用VR技术辅助线下场景体验,完善线上场景体验的不足、利用云计算,优化流程,降低运作成本、利用物联网促进线上线下的融合,实现消费与物流的无缝对接。
重要伙伴	技术服务商、KOL媒体资源、品牌方/供应商、业态/生态伙伴、物流合作方等。
成本结构	实体场景固定成本费、场景维护费(软硬件购买、技术开发、升级、平台运营等)、合作推广投入。

整体来看,将零售与场景体验消费结合的新零售模式适合每种零售业态,涵盖不同行业。例如对于受制于整个行业自身消费品频次低、线上线下渠道难协调和传统业务模式获客成本高、流量转化难的家具行业,场景体验式新零售模式为该行业顾客重塑了全新沉浸式体验家居购物场景,在升级顾客消费感知的同时也为家居行业开辟了新的流量入口。其中,作为家居新零售探索代表的居然之家联手阿里,正全力探索集娱乐、吃喝、家居为一体的场景体验式新零售的转型方式,如使商城内餐饮场所满足顾客吃喝放松和提供良好沉浸式购物体验的双重需求,通过场景体验刺激用户感知产生购买行为。具体来说,即居然之家的餐饮场所亦是购物场所,餐饮环境内的任何产品都对应匹配相关二维码,当顾客在就餐过程发现感兴趣的家居用品时,通过扫码便可线上了解产品详情或在3D虚拟样板间中模拟布局预览组合效果,并对满意的产品完成App线上自助下单和选择自提或发货到家等配送方式。不难看出,居然之家希望通过借助阿里的线上互联网运营、VR技术,打通线上线下场景,实现用户全渠道购物愿景。

2. 强供应链自营优选新零售模式

实体零售是一种完全依靠传统的渠道进行线下卖场交易的一种销售模式，在该模式下的零售本质是以合理的成本赚取成本差价获取利润，这也导致了实体零售在很长一段时间内被经销商、代理商以发展终端为主要方式来完善零售业态。因此，实体零售普遍存在缺乏绝对竞争力优势的问题，一方面缺乏品牌竞争力，因为顾客对产品的认可来自于品牌商，而零售商仅仅作为品牌的经销商，难以培养顾客对其的忠诚度；另一方面缺少自营主动权，其经销能力的强弱与其是否能决定产品价格并自由运营产品之间没有必然条件，零售商无法决定来自品牌方的产品价格；此外还缺少成熟渠道和完整分销网络的构建。而随着互联网技术和经济社会发展，大众消费趋势向多向性、多元性、动态性变化，顾客对产品功能需求的买单意愿下降，随之而来的是消费需求的变迁，顾客对购物体验、便利、服务、便宜、品质、决策简单等多重因素的要求提高。这些新群体（新中产、都市蓝领、都市银发、精致辣妈）针对新增长（新品牌、新品类、新产品、新体验）提出的消费需求也给零售商带来了新挑战——高成本、全渠道、小趋势。其中对某些零售业态而言，新零售背景下面临的新挑战是优化成本并提高体验，即在控制成本增长的同时贩卖更多的体验。毫无疑问，这种新零售模式的要求是要在占据更宽的零售渠道的同时集成更深的供应链。基于此，强供应链自营优选新零售模式（见表4.8）在实体零售转型新零售的试错探索过程中被总结而出。

表 4.8　　　强供应链自营优选新零售模式要素分析

客户细分	主要是面向大众市场偏向年轻化的消费客群。根据企业类型和行业性质划分不同类型消费客群。一般而言，对高品质有要求的消费客群多为白领、中产阶级；对便宜、性价比有要求的消费客群多为年轻消费者，如学生、低收入者。
价值主张	自产自销、品质保障、高性价比。
渠道通路	线上线下同步发力；线上App/小程序发展私域流量，会员绑定，培养忠实客户；线下自营优选品质保障，口口相传。

续表

客户关系	自营优选精心挑选SKU,为顾客提供品质保障的产品、服务和生活;品类助理;社群关系。
收入来源	优选产品收入、人力资源收入、加盟收入。
关键业务	供应商合作关系维护、营销与供应链的触达消费者运营、自营优选选品的宽度与深度、全渠道商流与供应网络的打通、风险控制、供应链网络全数据治理;智能组货、精准营销、导购、供应链选品等有关线下商品与门店关系的挖掘与分析;商品全生命周期管理。
核心资源	通过数字化消费需求趋势分析进行品类结构优化、商品运营和商品力挖掘、商品智能化营销,提高单品效率,实现业务增长;供应链网络的协同确保产品、需求、生产、周转有序进行。
重要伙伴	物流服务商、品牌商/生产商、经销商。
成本结构	线下门店成本费、供应链数字化管理服务费。

顾名思义强供应链自营优选新零售模式,其核心是强供应链,其次是自营优选,强供应链是能够实现自营优选的基础,保障以合理的成本提供更好的贩卖体验。在该模式下供应链的构建目的是打通从商品端到市场端的整个连结过程。从企业视角来看,首先要具备商品力,让商品在供应链的协同下达到最高效;其次需要具备网的能力,在新零售的发展浪潮中,供应链不仅是一个链条,还是一个综合的网络结构,包括仓储网络、配送网络以及前端的服务能力和对消费者洞察的能力;最后还需要商业能力的串联确保供应链的高效运转,除了零售商的战略寻源和采购外,更重要的是商业关系的梳理和各种商业生态关系的建立,这也是供应链建立的核心环节和难点。从满足顾客需求的视角来看,该模式需要从可靠性、响应度、柔性、成本、资产管理五个方面构建供应链体系网。可靠性是为消费者提供稳定的体验,如产品品质、有货率、服务时效的承诺;响应度则是确保对消费者的诉求提供快速的响应,包括交付短(快速备货和到货)、信息短(信息系统互联打通)、支付便捷(随购随走无需排队)、供应短(经销商整合);柔性则是能够在市场的变化与差异中做好配置应对,如爆款产品的快速补货、长尾商品的库存水平和到货成本控制;成本则是在仓储&运输、生产&原料、人工&税收以及损耗的成本上最大限度优化和

实现标准化；资产管理则是能够有效配置资产和利用资产，做好仓库规划、供应与需求辐射对应、库存水平设置、运输资源利用率的管理工作。可以看出，在新零售模式下供应链不再是一个被前端驱使的环节，而是成长为驱动零售发展的角色。

值得注意的是对供应链的优化程度将根据企业的类型、模式、策略、行业而有所区别，并非一概而论。在强供应链的支撑下，商家对商品来源、品质的管控力得到提升，为自营优选提供了有力保障。自营优选是众多线上电商品牌的发力点，力图在自营优选的基础上打造品牌生态圈，如小米、盒马。显然在这一新零售赛道上，实体零售落后一步。实体线下零售实体店中，屈臣氏是自带自营优选基因的实体门店，但屈臣氏的盈利模式或者说重点却未落脚自营优选，而在于对上下两端的利润攫取，一方面赚取品牌方入驻的高额进场费，另一方面通过会员和推销提高进店成交率，这样一来即使门店销售收入结果不乐观，也有来自品牌方缴纳的入场保底费。屈臣氏过度衡量企业的盈利平衡，拒绝风险，尽管在一段时间内确实占据了"个人护理"市场的头把交椅，但其在面对销售额的持续下降问题时不断削减自营产品，白白浪费了自营优选基因。屈臣氏的问题在于供应链管理而非阉割自营优选基因，因此在很长一段时间内屈臣氏陷入上游供应商意见频频，下游顾客体验糟糕的困局中无法抽身。

新零售背景下，自营优选的基础是供应链，核心是顾客。基于顾客消费需求，创建品牌或严格选品。在农产品生鲜方面，自营优选突出严格选品特性，在日用消费品方面，自营优选可创建自营品牌。例如名创优品，采用"平台+个人"模式，获取源源不断的产品设计供应，确保自营品牌的持续创新力。通过发展战略级合作商，改变品牌方和供应商之间的博弈状态，共生共赢。在保持稳定的订单供应前提下又与物流合作商共建物流仓储，专门为其服务。供应链环节环环相扣源源不断为用户提供新产品，挖掘新需求，但同时其"自营"又非"自营"，通过借力整合资源构建了名创优品的强供应链自营优选新零售模式。

4.2.4 线下实体新零售探索的典型案例分析——以名创优品为例

2013年,是电商蓬勃发展,实体店袭来关闭浪潮的一年,这一年名创优品悄悄诞生。仅仅到2015年,名创优品就已在全球开了1400多家店,可以说在新零售诞生之前,名创优品就已经成为一匹黑马,而新零售的发展更是为其插上翅膀,直冲云霄。2016年,受各方影响,在中国零售业整体走向衰败的同时,名创优品依然屹立不倒,并作为中国新零售业的典范而脱颖而出。2020年,名创优品在纽约正式敲钟上市,创始人叶国富提出,名创优品要做一家数字化驱动的新零售型平台公司。2021年,名创优品提出X—战略,致力于打造一个新零售平台,孵化更多子品牌。

1. 细节处的消费者体验——环境、服务、设计、质量

新零售的核心是以消费者为中心,而名创优品正是将消费者体验做到了极致,在细节上处处考虑消费者的感受。

第一,名创优品为消费者打造了良好的购物环境,"无服务""无推销""无压力"。对于消费者而言,销售、导购的某些"服务"给消费者带来了较差的购物体验,消费者到店消费不自在,购买不能随心所欲,而名创优品店内店员仅在顾客有需要的时候出现和提供帮助,不会向顾客推荐具有高额提成的产品并强制购买,坚决秉持"三无机制",让每一位消费者都能够愉快地到店消费,喜欢名创优品。

第二,名创优品将服务渗透到细节中,将服务做到了润物细无声。每款产品的摆放及位置都会根据当下大部分消费者的实际需求进行调整,如季节性产品护手霜、身体乳、防晒产品等摆放在顾客最容易看到的黄金位置;将货架高度由原本的1.7米调整至1.4米,让每一位消费者都能够无障碍购买产品。

第三,名创优品从环境到产品的设计都遵循着极简主义,追求完美,公司拥有 200 多名员工，来自日本、韩国、北欧、中国等，其中拥有 100 多名独立设计师。名创优品已形成了自己的产品风格，诞生的每一款新产品都能让消费者知道这是名创优品某个系列的产品。

第四，在名创优品的店铺里，有 3000 多个种类的商品，将近 10000 个 SKU，平均单价以 20 元为主流，少数电子产品 99 元，也远低于同行业价格。名创优品抓住了消费者追求方便、价格便宜的需求心理，提供的产品也基本上是大多数消费者认为并非某个品牌才能使用的产品。此外，名创优品十分注重店内产品的质量，追求性价比最大化。这源于名创优品对渠道的缩短、大批量采购和有力的供应链监管。其中，渠道缩短指的是名创优品将中间进货流程压缩到最小，从供应商那里直接采购，并利用有效的信息系统和仓储物流系统，节约了流通环节的成本。所谓的大批量，就是以数量来决定价格，而名创优品和供应商的合作，则是采用了"货物买断"的方式，签订战略合作订单，这样不仅可以摊薄平均生产成本，还可以缓解供应商的库存压力。有力的供应链监管是指名创优品与合作的供应商达成协议，一旦产品质量出现问题，供货商将永远被列入黑名单，有权拒绝支付货款，并对供货商进行法律制裁，如果供货商的价格比其他供货商高，则有权终止与供货商的合作，就是这种经营方式，保证了"名创"产品的质优价廉。

2. 品牌新零售而非渠道新零售

名创优品的新零售是将产品放在核心位置，运用互联网和人工智能等新技术，为消费者带来更高质量的购物体验。同时，它还可以将研发、设计、生产、物流到终端的价值链进行纵向整合，从而创造出更大的价值，提高运营效率。也就是说，作为线下实体起家的名创优品，在拓展线上渠道时，已经真实地认识到，电商对于实体店来说是分流而非增长这一现象。那拓展线上渠道的目的是做什么？做自媒体。名创优品的新零售线上线下模式是：线下门店＋线上自媒体宣传。在线上，通过关注微信公众号送购物袋的方式来积累最初的流量。在此过程中，认真地做好内容和自媒体,扩大口碑营销的范围,从而打造出自己的品牌,而通过自媒体为其他合作品牌提供广告渠道,实现名创优品粉丝再次变现,例如2017年名创优品为BD合作品牌创收5.8亿元。当然,名创优品的自媒体的营销内容、活动也同时吸引更多消费者到店消费,线上优质内容为线下引流,真正实现了线上+线下多渠道的有效结合。名创优品的线上自媒体运营与产品设计的思路如出一辙,欢迎各种形式的异业合作,只要合作方有好的方案就有机会与名创优品进行强强联手。在这些有效的运营手段下,名创优品在快速向新零售转型的同时保障线下实体也有未来。另外,名创优品也有自营电商,而自营电商在这里扮演的角色是候补队员,当消费者不愿去商场购物,又想获得名创优品的商品时,就可以通过线上商城获得,这样名创优品就建立了一个完整的线上线下渠道,尽最大可能满足消费者需求。

3. 全流程数字化,提高前、后端运营效率

名创优品推行全流程数字化的目的是基于利他思维展开的,向前方便供应商货物的提供和库存管理,向后有利于一线直营店员提升结账效率、管理会员,也有利于及时了解顾客需求。名创优品以数字化中台向外赋能,在前端,以产品的消耗为依据,来调整店面的活动路线,基于数据的算法,名创优品只会保留3000个左右的SKU,对于排名后100位的产品将被自然地淘汰掉,只有完成一定周转率的商品才会被名创优品列为经典畅销款,成为每个店铺不可或缺的一部分,而其他产品则根据每个地区的数据,选择性供货,实现千店千面。

在前端,名创优品可以实现对大数据的可视化,可以清楚地呈现出动态SKU图谱,在大量数据的积累下,名创优品可以清楚地知道什么样的风格、什么样的产品、什么样的客单价才是最受顾客欢迎的产品。同时,这些大数据又具有连续性和连带关系,能够通过大数据看到哪些产品的设计师和供应商更具合作力。在后端,大数据管控系统继续对门店库存进行实时监控,当某一款SKU出现存货不足的时候,名创优品的物流部门就会从对应区域的仓库中调拨出新的 SKU，在进行配送的时候，将新的 SKU 与需要补货的 SKU 一起发出，这样可以降低物流成本，从而达到快速周转的目的，从而提高零售的效率。名创优品的数字过程改善了前端和后端的管理，这又使名创优品可以专心做产品和管理，因而形成了一个全流程运营的闭环，环环相扣。

4. "X—战略"构建新零售平台型公司

2021 年，名创优品全面推进"X—战略"发展计划，即根据公司多年沉淀的线下流量和能力打造平台，再依靠平台的能力孵化细分领域的子品牌，走多元化发展经营的模式。目前，名创优品的子品牌"潮玩集合品牌 TOP TOY"已取得良好的业绩。广州正佳广场首店坪效益已达到 TOP 级别，同时带动了所在商场周围店铺的营业额增长。2021 年春节期间，天津天河城 TOP TOY 的入驻，使商场整体销售相较于 2019 年增加了 79%。区别于以往公司发展多元化业务，名创优品子品牌将会在名创优品的技术中台、营销中台、人力资源中台和财务中台的支持下，极大降低子品牌发展的成本，提高了运营能力和效率。

4.3 创新——新零售的新商业社区新零售

4.3.1 社区新零售产生背景

1. 蓝海市场具备吸引力

目前零售业态正处于改革动荡期，逐步实现重点由实体零售模式到电商模式再到实现线上线下相结合新零售模式的转变，在零售业态不断变革创新的基础上，企业家开始不断思考目前亟须开发的需求，以此达到事半功倍的效果。因此"第三代店"这一新业态引起了人们的注意。

以新零售发展过程为轴进行市场分析，新零售发展初期，其主要服务对象为线上消费者，但在经过长时间的发展后，线上市场已被淘宝、京东、拼多多等商业巨头瓜分，所存商机利用价值逐渐降低。基于零售轮转理论，零售业态演化呈现出"低成本、低价格、低地位"与"高成本、高价格、高地位"的"轮回"。在新零售企业刚刚起步的时候，主要是采用打价格战攻占消费者心智，而在新零售不断发展的新常态下，线上产业相较于线下产业的成本优势不断被削弱，零售业态必定会实现"由低到高"的轮转结果。因此在2017年新零售逐渐将其发展重点由线上市场转为线下市场。在此基础上，企业家发现新零售有关社区方向的相关渗入较少，社区新零售正处于蓝海市场，有较大的市场机会。

2. 消费者需求尚待满足

目前大部分社区主要是通过便利店提供O2O服务，为社区居民解决问题。但就消费群体而言，社区居民消费者与其他消费者有着一定的差异性，他们是群居群体，消费行为之间具有较强的传播性，同时其对于同一类产品的消费频率较高，消费内容也更加丰富多样化，而这也就意味着传统的由便利店提供的O2O服务并不能完全了解并满足社区消费者的需求。如今，社区新零售的兴起会采用S2C模式，在互联网技术的加持下弥补这一块空白，进一步从多方面满足消费者的需求，给社区居民带来智慧化、科技化、高效化的生活服务场景。

3. 实体商业模式受到疫情冲击

近年来数字化渠道已经通过开发自有软件等方式渗入到大卖场，以此在一定程度上带动销售额。但是仍存在着诸多问题导致收效不大，例如，大卖场受到空间的限制，无法密集布点，从而不足以满足消费者的便捷需求。

从某种程度上来讲，疫情使数字化技术更加精准。2020年疫情的爆发给大卖场模式带来了极大的冲击，居民自行居家隔离，商场全部关门禁止开放。在此基础上，疫情进一步加大大卖场压力的同时，也使数字化技术更加精准。以橙心优选为例，其原有消费者在居家隔离期间的应用使用率明显上升，使大数据对该消费者的需求、购买力、购买偏好等个性化需求更加精准，降低了随机性。总体来说，线上购物群体的消费水平大笔增幅，实现了线上与线下的快速融合。

4. 技术手段不断加强

现如今，互联网技术的蓬勃发展一方面加大了人们对于线上购买生活必需品的需求，另一方面由于居民对居住社区的依赖程度较高，居民的消费行为逐步向"最后一公里"的方向发展。与此同时，社区新零售可依托诸如微信小程序等多方软件系统形成流量闭环的社交生态。此外，当前我国已经开发出了 MVC 模式、SSH 框架、Struts、Hibernate 和 Spring 等相关技术以及 MySQL 数据库，这些都为设计与实现订单履约系统打下了技术基础。总体来说，线上线下相融合的社区商业服务必定成为新零售的新发展趋势。

4.3.2 社区新零售的内涵

从社区新零售的发展背景来看，社区新零售无疑是新零售转型过程中的重要一环。新零售起源于交易渠道单一的实体大卖场店铺，后通过电商平台不断发展。但其 O2O 模式一直争议不断，传统的零售业态以大卖场为主，受到空间、金额、客流量等多方面的限制导致卖场数量不多，且对选址的要求极高。基于此现象市场自发开始更新零售业态，不断找到消费者新需求以此完善零售业态，以寻求更加满意的效果。因此，在新零售产生的基础上，社区新零售以一种新零售模式出现在消费者视野中，成为其转型节点。

具体来说，社区新零售是以社区为地域范围，以其业主为服务对象，旨在为其服务对象打造一个方便购物的服务站点。简单来说，社区新零售是以居民为中心，连接该居民所在社区周边的所有实体商家和互联网商家的一个平台。举例来说，当社区居民因种种原因不便直接购物，同时又受到线上购物的配送慢、商品质量无法得到保障、选择困难等缺陷的干扰时，社区新零售将通过整合线上及线下已有的商业资源来满足社区居民所需要的相关服务。

从社区新零售重要性角度来分析，社区新零售实质是以人为传播中心的电商商业模式，将服务范围划分于社区内部，以此将主要目标消费者群体聚焦于社区居民，从而开发以社交为传播链的新零售模式，是为了进一步提升零售效率的一种企业升级解决方案。

关于社区新零售的创新之处，主要表现在6个方面：第一，"新"的消费方式。社区新零售区别于传统的社区周边的餐饮店、超市等地的线下消费形式，将线上技术渗透到社区周边门店中，与配送业务相结合，从而方便社区新零售市场的开发。第二，"新"的消费者特征。不同消费群体所具备的消费特点不同。就目前而言，线上消费的主要消费者群体偏向于年轻化，其常购商品类型聚焦到食品类、服装类商品。而40岁以上的中老年消费者聚焦的日用、蔬菜等商品类型仍未完全打入市场，该部分市场空白很大。第三，"新"的市场环境。在计算机技术的加成下，每个社区商家负责的区域会扩大，传统的一个社区商家负责一片区域的现象会被干预，这使在同一片社区范围的同类型商家需要不断创新，增大自己的竞争优势，防止产生消费者分流的情况。第四，"新"的经营品类。随着人们消费水平的不断提高，社区市场诸如速食、糕点、水果等有关"吃"的比重不断增大，消费商品类型不仅局限于过去便利店的日用百货。第五，"新"的增量刺激。在社区新零售业态出现之前，很多社区消费者受到时间、距离的限制会放弃商品购买，在此情况下产生的社区新零售业态解决了社区消费者的"最后一公里"的问题，实行配货上门的制度，彻底激发潜在的消费者群体，激发消费者需求，进一步扩大销售额。第六，"新"的运营理念。正如上文所提，社区新零售业态的出现使市场环境发生了变化，进一步加剧了同业竞争力度，因此商家的运营理念也实现了从在店中等待顾客上门到学会数据分析、营销推广、管理消费者关系的巨大转变。

4.3.3　社区新零售的分类

自 2017 年鲜稻屋宣布获得由俞敏洪领头的 2000 万 PreA 融资以来，社区新零售的存在形式愈发多样化，整个市场涌入大量投资者，在最大程度上调动了市场活力，经过调查，可以分为以下五大板块。

1. S2C 模式下的线上到线下的过渡

随着消费者消费能力的不断提升以及出行购买商品所需付出的时间成本和机会成本的不断上涨，消费者越来越倾向于"外卖式"购物。因此，诸如多多买菜、橙心优选、每日优鲜等商家会选择通过在某一区域设立前置仓库来满足消费者的此类需求。在保证食品新鲜、产品质量可靠的前提下，通过在线下大力推广 1 分钱领优质商品的活动来扩大自己的影响范围，从而逐步扩大自己的受众范围，增加营业额。

2. 线下实体店的扩张

以百果香等生鲜店为例，这类生鲜店在电商急速发展的时期迅速打出了自己的市场，这种现象证明目前线下零售还存在着一些市场空缺需要去填补，这也为以解决消费者"最后一公里"为切入点的社区新零售在实体商店的落地提供了一个样本。与此同时，像钱大妈、新鲜传奇、康品汇这样的线下生鲜连锁店也得到了京东、红杉资本、美团等机构的注资，更是让行业重新认识到社区中的线下实体存在的价值。除此之外，连锁便利店诸如全家、711 等除本身产品过硬外，也受到吃播兴起的便利店打卡挑战的影响，销量不断提高，商家数量也因此不断上涨，逐渐将服务范围扩展到社区。

3. 外卖平台的业务延伸

以美团为例，受限于市场初期的不成熟和配送体系规划不清晰等内外因素的影响，在非高峰用餐时段，配送员的利用率较低，导致运营成本上升，经济效益未达预期，进一步导致配送效率低，影响消费者使用体验。为了克服这一挑战并优化资源利用，美团开始探索新的业务拓展机会，以多业务线整合的方式，向其他服务领域（如酒店预订、电影票服务、生鲜配送、药品配送等）拓展延伸，与社区周边的生活配套服务商协同合作，既实现降本增效，也为用户提供了一站式的便捷服务，吸引和留住更多社区用户。

4. 无人货柜的升级

受疫情影响，一些零接触的售卖方式重新回到大众视野。除去线下商超、线上电商外，无人货柜也因其安全、方便等特性打破了之前无人问津的局面，成为人们生活用品的稳定购买渠道。

"在楼下"以生鲜便利柜为中心，针对解决无人零售模式中品类单一、毛利率低、扩张周期长、投放效率低等缺陷和痛点。相关运营人员指出，运营盈利主要依靠三大能力：运营力、商品力和网点布局能力。目前，无人便利柜正处于一个不断发展的阶段，利用大数据等先进技术，实时分析消费者的购物偏好，从而及时调整商品种类和服务功能，使之更贴合社区居民的需求。这一趋势表明，无人货柜正在逐步成为社区新零售领域的新宠。

5. 智慧社区的建立

智慧社区是一个以居民为中心的服务平台，主要经营的产品类型为速食、日用品等零售商品。智慧社区的销售渠道主要是微信聊天平台和小程序。在小程序下单，在线下智慧社区提货，并随时在聊天平台中沟通，回答问题或发布相关活动信息等,实现线上线下的融合,通过对大数据的分析来进行智能化管理以赢得市场竞争优势。

4.3.4　社区新零售的发展现状

当前,社区新零售模式正处于快速发展阶段。其核心目标在于解决顾客"最后一公里"的购物需求问题。因此,社区新零售的成功不仅要依靠线上的技术和资源,更重要的是实现与线下实体的有效整合,确保其能够在地面上顺利运营。对于线上销售而言,商家通过网络渠道获得的收益主要来自于电商行业的流量收益,这种模式可以吸引全国范围内广泛的消费者。然而,社区新零售所面向的特定消费群体主要是社区居民,这在数量上与传统电商的目标消费者存在显著差异,导致社区新零售难以实现规模效应。从线下实施的角度来看,社区新零售的兴起揭示了两个重要的观点:首先,从社区市场的角度出发,当前仍存在大量未被开发的市场空间和机会,这为社区新零售带来了较少的局限性和更多的切入点;其次,随着互联网技术的不断发展,线上与线下的深度融合成为未来的发展趋势。在此背景下,社区新零售面临着既定的机遇和挑战,需要结合实际情况,采取恰当的策略,以实现更准确和有效的发展。

(1)平衡运营成本和增值服务。近年来,社区新零售领域成为了腾讯、阿里巴巴以及今日头条等商业巨头角逐的焦点。这些企业通过注入大量资金,推动了商品质量与种类的显著提升,为消费者提供了更多样化的选择,但如何在运营成本控制、增值服务提供以及满足现代消费者的多样化需求之间找到平衡,从而实现持续和健康的回报,仍然是一个值得深思的问题。

(2)机会成本太高。生鲜电商属于社区新零售的开拓者,因此此类商家数量更加丰富,其运营结果也更加值得考究。就目前而言,生鲜电商所面对的主要问题是:高成本、高获客成本。因为新鲜食品是一种消费频率很高、单位价格很低的日用消费品,在寻求降低利润率的壁垒时,仍有相当多的仓储、包装和物流成本。在公司资金周转出现困难时,或是为了获得更大的利益,商家不可避免的会选择抬高价格。在这种情况下,生鲜电商在海产品市场和社区菜市场中,将会失去价格战的优势。所以,在电商平台上烧钱只能算是一种战略,如果要实现规模经济,并且快速地向下渗透,从而获得更低的毛利,首先要做的就是降低获客成本,减少库存,对物流配送和供应链进行升级。

(3)行业市场正经历一种特殊的饱和状态。目前,行业内已经形成了由线上电商平台、传统的线下便利店以及近年来兴起的社区团购等多种经营模式共同构成的竞争局面。特别是,那些在市场上已占据一席之地的传统商家和生鲜超市,凭借其在行业中的领先优势,加剧了市场竞争的激烈程度。然而,目标消费群体却是一致或相似的,其营销策略也都倾向于快速销售。这种策略的普遍性导致了市场上的商品和服务趋于同质化,最终造成了消费者面前众多平台和商家可供选择,但差异化服务和产品却不多的现象。这种供求关系的失衡,即所谓的"僧多粥少"窘境,凸显了社区新零售市场的饱和问题及其背后的核心原因,即市场竞争过于激烈且缺乏创新差异化的问题。

4.3.5 社区新零售的商业模式

经过不断发展,社区型商业模式已经从传统的以线下实体店购物为主的模式发展为 OMO 模式,即线上交易平台、线下实体店和线下物流配送的融合模式。

在此基础上,社区新零售的商业模式受到诸如社交圈流量、消费者兴趣传播链、技术配备能力等多方面因素的影响。社区新零售的商业模式具体如表 4.9 所示。

表 4.9　　　　　　　　社区新零售商业模式要素分析

社群关系	目标群体	目标消费者群体覆盖全年龄范围，但针对不同年龄阶段消费者的消费水平来看，社区新零售平台目标群体整体偏向年轻化。不同年龄阶段的消费者的侧重需求不同，40岁及以下的消费者群体更倾向于食品、日用品等方面的需求，40岁以上的消费者更倾向于蔬菜、家居用品等其他方面的需求。总体来说，男女比例基本均衡，整体需求偏向于日常生活所需。
	消费者关系	社区新零售主要依托微信和QQ等聊天平台、小程序、应用软件进行消费者关系维护。企业与消费者之间关系不再局限于普通的买卖关系，因而找到了与网络营销、线下促销、消费者传播有关的关系切入点。
产品/服务	价值主张	将出售商品此项工作下沉到解决顾客"最后一公里"的问题，为顾客节约时间成本、机会成本，注重商品质量，丰富种类，通过打出"好口碑"形象来达到销量提升的目的。
	经营品类	总体来说，受大环境影响目前社区新零售发展势头较好，经营商品内容丰富性程度高，涵盖了饮品、速食、蔬果、日用品等商品种类，居民消费频率高，对于产品时效性要求也很高。
仓储管理	库存周期	鉴于居民消费者对于产品时效性的高标准要求，社区新零售平台的库存周期较短，周转率较高；将线上平台技术与线下消费者管理相结合，实现高效同步的销售产品渠道，提升销量，降低库存量。
	物流配送	在新技术支持的S2C模式下，社区新零售实现了物流一体化。社区本身开放的商超除自有商品外，还与其他知名品牌进行线上合作，在线下建立配送收货点，一方面合理利用了现有技术和品牌商誉，另一方面节约了设备构建费用，一举两得。
营销方式	产品策略	重点突出产品或服务的优质性以及全面性；注重产品包装的完整性以及规格的严谨性；对提供的产品或服务提供保证。
	价格策略	通常情况下，社区新零售平台出售的产品都属于薄利多销的类型，因此产品的基本价格相较于市场价不会有明显偏差，甚至很大程度上会进行价格折扣。
	渠道策略	总体分为三个渠道：一是线下实体店本身具备的销售渠道；二是线下实体店与线上配送资源的合作渠道；三是线上平台为解决顾客"最后一公里"问题而主动建立的配送渠道。

续表

营销方式	促销策略	通过熟人经济来扩大消费者基数；明星代言效应；定时开展抢红包、零元购等优惠活动；会员享有折扣力度更大；拼团；游戏领红包等多种促销方式。
盈利模式	成本投入	所售商品的成本、员工培训费和工资等支出、平台消费者的稳固费用（包括投放的红包、折扣等）、技术的使用费用等。
	收入来源	主要收入来源为社区新零售平台所售商品的净利润，平台投入广告的收益，个性化推荐的内容收费，会员注册费用等。

4.3.6 社区新零售的典型案例分析

案例一：每日优鲜——线上购物+线下配送。

每日优鲜是以老百姓餐桌为核心的生鲜O2O电商平台，经营涵盖水果蔬菜、海鲜肉禽、牛奶零食等全品类，并在主要经营城市建立了"城市分选中心+社区配送中心"的极速达冷链物流体系，为消费者提供"2小时送货上门"的极速达冷链配送服务。作为"线上购物+线下送货"的新型社区零售平台，每日优鲜拥有如下优势：

1. 会员制营销模式

每日优鲜在销售上采取的营销模式主要是实行会员制，每日优鲜主要通过推行会员制营销模式来进行销售，与普通消费者相比，会员消费者将享有诸如会员价折扣商品、一小时极速达等特殊服务，极大程度上提高了消费者体验感，虽会打击普通消费者的积极性，但在某种程度上来讲有利于吸引优质消费者，建立消费者黏性，从而进一步提高消费者复购率。而社区新零售主要是以消费者关系为中心，因此每日优鲜采用的会员制营销模式在消费者黏性达到一定程度后能给平台带来极大效益：一方面，每日优鲜通过会员制积累了大量优质消费者，该类消费者的消费频率和消费水平较高，能在正常情况下保证平台的可观收入；另一方面，已与平台建立稳定关系的消费者也会推销该平台，为平台提供稳定的成员收益。根据数据显示，会员平均每年都有超过60次的消费，而每一次消费平均都超过10件产品，对平台的营收贡献超过60%。

2. 全品类精简SKU的经营战略

通常情况下，像京东到家这样的大型生鲜电商，其SKU都维持在3000—5000个品种。在此大背景下，每日优鲜贯彻"全品类精选"策略，区别于寻常生鲜电商，打造出了专属于自己的差异化之路。将SKU精简为500—1000种，与全球商品渠道相连接，实现商品全球直接采购的商品获取方式，保证商品的质量。同时建立"前置仓两小时送达"的配送渠道，尽全力为消费者提供便捷优质的全品类生鲜产品。

3. "城市分选中心+社区配送中心"的仓储配送模式

每日优鲜采取了一种独一无二的仓储配送模式，建立了一种明、暗仓，在主要业务点建立了一级仓储中转中心（成为明仓），并按照订单密集度建立了两级社区的微仓（成为暗仓），以此来达到加快物流配送效率的目的。经过一段时间的发展，每日优鲜的布仓规模逐步扩大，不断完善其基础设施，从而保证了每日优鲜配送服务的高准确率。

4. 升级微仓，提升运营种类

从2019年开始，每日优鲜就在进行微仓技术的升级，并将其占地面积进行了扩大，对微仓布局进行优化，新设立了咖啡区等品类，为消费者提供更加丰富的商品种类，从而不断为企业可持续发展助力。

案例二：京东到家——电商平台的落地发展。

京东到家是京东于2015年推出的一个O2O平台，以"两个小时"为核心，为消费者提供所需的新鲜食材和与其合作的超市商品。京东到家研发了专属App平台，从而将包括食品、果蔬、日用品在内的多种线下商超资源整合在一起，方便消费者通过该款App完成商品选购。据了解，目前京东到家整合的线下门店资源已超过10万家，配送范围也在不断扩大之中，能满足消费者的各类需求。但由于电商平台运营惯性的影响，京东到家也在积极转变运营逻辑，在关键环节作出优化和调整，借助电商资源及技术优势，逐步作出更接地气的社区新零售，具体而言分为以下三个方面：

1. 营销模式契合社区新零售业态

京东到家平台初步建立时定位为"本地生活平台"，主打品类为生鲜零售，但也将家政、按摩等线下店铺纳入麾下，把为消费者提供更加全面的服务为主要切入点。同时，京东到家于2020年与达达集团达成合作，组成"CP到家"营销方式，通过对伙伴资源的合理利用实现资源互补，提高品牌之间消费者和订单的相互渗透，以此来进一步激发更多潜在消费者，以达到降低成本，增加效益的作用，这与社区新零售以居民为切入点的重要特性相符。

2. 扩张重点逐步转移，加快布局下沉市场

自京东到家平台上线以来，已与多家大型超市、便利店合作，建立之初销售重点放在一二线城市，销售额已达到一定规模。目前，京东到家的扩张重点已完成了由一二线城市到三四线城市的转移，正在逐步实现全范围覆盖，业务效益明显。同时，京东到家在2019年启动了"百城万店冰爽季"的夏季推广，涵盖了100个城市；与达达集团举行"618"促销活动，2021年6月18日当天刷新平台单日销售额记录，成为众多零售商家、品牌的增量场，整体销售额大幅增长。

3. 与线下店铺共同管理库存，实行即时配送

京东到家作为电商推出的平台，很注重与线下商超的合作，直接使用线下商超的店面库存，与之达成良好合作关系。同时将其重点放在了优势仓储管理和配送能力的运用，经过不断的试错与实践，目前京东到家已经形成了较为完善的管理体系，并将这种体系与不同地区消费水平相结合，不断应用到业务新扩展到的区域,起到良好效果。另外,京东到家在与达达平台合作后不断优化自己的配送体系,让"1小时内送货上门"变成全国各地皆适用的福利,而非大城市的专属。

4.4 裂变——新零售的新商业社交新零售

4.4.1 社交新零售的内涵

社交新零售是指以社交赋能的新零售模式,其目的是通过社交关系、社交圈子进行底层消费者之间的裂变和传播,提高零售效率。社交新零售的社交工具自带流量,使企业最终能够建立属于自己的私域流量池,更好的服务消费者,与消费者保持黏性,提高顾客复购率。具体来说,社交新零售是一种以网络平台为媒介、通过对商品内容的分享传播引导消费者进行消费的新兴业态模式,是社交与电商的结合,在消费者层面上具有更强的消费者黏性、互动性、消费者细分精确化等特点。在商业层面,社交新零售将营销权力交给了消费者和潜在消费者,每一个消费者既是品牌的传播者,又是品牌的营销者,也是品牌的消费者,因而能够以较低的营销成本和时间成本来激发更巨大的商业潜力。

可以说,社交新零售的快速发展,离不开当下频繁迭代的信息设施以及被不断强化的社交属性,而事实上,社交新零售也是数字营销的一种发展结果。在这里不得不提一下数字营销的内涵,数字营销是指使用数字传播渠道和数字技术传递营销信息进而影响受众,实现品牌宣传、销售转化和消费者沉淀。按营销目的分,数字营销可分为品牌广告和效果广告;按营销渠道分,数字营销又可分为公域营销和私域营销。其中公域营销主要是付费渠道,能够触达受众,包括抖音推荐流、微信推荐流、KOL社交流等。私域营销主要是自有渠道,实现消费者沉淀,包括官网、微信视频号、微信公众号等。当下社交新零售的趋势是从公域营销转向做私域营销,通过社交工具关系链的充分利用,建立自己的流量池,在此基础上对线上线下人际关系深刻洞察,准确挖掘和引导私域流量,为企业线上、线下多渠道赋能。

4.4.2 社交新零售的产生背景

1. 社会环境的催生

2020年初,新冠疫情爆发,商业形态再次被深深改变。相比于2019年春节黄金周全国零售和餐饮业10050亿元的销售额,2020年春节假期10天,仅仅零售、餐饮和旅游市场的直接损失超过1万亿元。传统中小企业的现金流在疫情中更是直接断裂,加之房租、利息、人员等必要成本的支出,传统中小企业没有解决办法就要倒闭。3年的时间,几乎每个企业或积极或无奈地进入了社交电商领域。如今,社交新零售已成为企业的一种必备工具,能够在社交"信任"的优势基础上实现品牌的传播,尽管各个企业的社交电商水平存在差距,但社交新零售在一定意义上是一种可以实现低成本、高转化率效果的渠道。

2. 社交需要的与日俱增

"互联网+创业创新"以及5G技术等信息基础设施的建设,使大众的社交属性不断加强,社交需求更加突出。社交电商利用社交平台、社群的流量促进在线消费者与产品的关联度增强或者加大了在线消费者与产品之间的关联,零售商与消费者之间的连接不受限制,消费者可以与零售商互动、沟通,而零售商能够及时为消费者答疑解惑,这种社交零售的方式增加了消费者的存在感和被重视性,因而促进社交新零售的快速发展。

3. 电商规模扩大,增速逐渐放缓

近年来传统电商的市场趋于饱和状态,电商获客成本增加,电商增速逐渐放缓。不论是电商平台还是企业，都面临激烈的竞争，急切寻找高效、低价、黏性更强的流量来源。随着移动社交的蓬勃发展，流量的价值重要性开始显现，因此将社交与电商进行融合的商业模式给电商企业提供了一个降低引流成本的新思路。2018年，社交新零售快速发展，众多企业在社交平台不断探索和试错，有的企业通过社交平台迅速扭转局面，有的企业则绩效平平。对比发现，只要企业能够掌握流量入口，就可以通过社交平台一飞冲天成为社交零售中的赢家。因此，以社交为切入点发展电商模式成为一种不可替代的趋势。

4. 营销模式的创新

社交电商的高效获客能力和快速裂变能力吸引了线上线下众多企业加入，社交电商行业规模快速增长。2019年，社交新零售的典型三大创新模式被总结为"圈层社交、私域流量和会员制度"。其中私域流量被越来越多的企业重视，这是由于企业建立的私域流量是企业基于品牌和自身渠道所搭建的流量池，对于企业而言等同于拥有了可以自由反复利用却又无须付费的专有渠道，并且这一渠道突破了时间和空间限制。在这一环境下激发了每个企业摸索社交新零售的模式和出路的动力。

4.4.3　社交新零售的特点

1. 社交互动性强，内容视频化

社交新零售的营销内容传播形式以直播和视频为主，这种形式产生的消费门槛低，与品牌相关的营销内容的呈现可以更为丰富，以直播为例，直播的实时性和互动性极大地提高了主播与消费者之间的信任。并且随着内容供给的饱和以及内容消费的碎片化，营销内容分化出精品和快消品两种主要内容特性，精品内容具备品质感、互动性，能够引起共鸣，适合企业在朋友圈、长视频、电梯间长期投放品牌广告，影响消费者心智，塑造品牌价值。而快消内容具有刺激性、简短化、信息浓度高等特点，适合在短视频平台投放广告效果，短期迅速引爆，最大程度曝光与转化。

2. 获客成本低，产品品质要求高

目前，传统电商零售的中心化获客成本高，而社交新零售通过消费者分享等方式获得新流量的经济成本则远低于传统电商零售的获客成本。尽管获客成本相对于其他方式低，但是通过社交方式聚合的消费者之间的交流和沟通则更加便利，因此品牌商必然要加强对产品质量和效果的把控，否则社交新零售非但无法成为企业转型发展的利器，还会成为杀剑。

3. 顾客利益输送，裂变能力强

社交新零售平台的裂变能力强，这是由于消费者不再仅仅是产品的需求者，还是产品的分享者、受益者，零售商通过后台的分销机制，在同等条件下给予消费者分销佣金，享有产品的时候还能获得零售利润。传统零售将产品卖给消费者，消费者之间最多可能有互相交流使用感的互动，而社交新零售将产品卖给消费者，消费者之间除了分享还有转化和裂变，通过社交的分享快速创建零售商的流量价值洼地。

4. 在线口碑更具价值和参考性

社交新零售将消费者纳入到零售环节中后，消费者分享和裂变的前提是对产品的认同，因此一个能够快速裂变和发展的企业，必定是具备一定口碑和声誉的企业。因此，消费者对于该产品以及该品牌的信任度越高，在线评论的参考性更强，这在一定程度上也避免了刷单、刷好评行为的产生。当然企业转型社交新零售模式的同时，要避免打传销擦边球，踏踏实实做产品，认认真真做口碑。社交新零售的商业模式的本质是分享产品和服务，而不是圈钱，这需要企业提供物美价廉、重复消费的产品，社交新零售不仅仅是收集和获取流量，更多的是回归产品。

5. 触点多，以信任为核心售前售后都重要

与付费媒体、曝光导向的广告或以销售终端为主的传统零售单一渠道相比，社交新零售的触点数量多，从激发兴趣到驱动决策再到持续喜好保持忠诚，都可以通过社交、社群反复刺激，且全渠道布局消费触点的成本低，主要目的是培养消费者信任。因而社交新零售的媒介在购买的前后重要性不变，是运营消费者长期关系的核心渠道。

4.4.4 社交新零售的商业模式

社交新零售模式是 S2B2C 的会员制/分销制。S2B2C 模式是通过整合供应平台 S（Supply platform）向 B（Business）端赋能，最终更好地服务 C（Customer）端客户群。S 端是指超级平台（中心仓）或者具有强大整合能力的商家，而 B 端不再是传统意义上的零售商和企业，是需要有自带社交流量属性，更偏好于具有独立意志和行事自由的个体，C 端是指客户端但不仅限于个体消费者。B 端会员作为流量入口进行分销传播，实现流量和业绩的倍增，且 C 端客户被 B 端特质吸引而来并有机会向 B 端转化，进行裂变。传统模式下的 B 端与 S 端之间是交易关系，S 端不与 C 端接触。但在以消费者为中心的新零售时代，S 端除具备采购、产品设计、生产、金融、物流、数据处理等一系列供应链服务能力外，还需对 B 端赋能，与 B 端共同服务于 C，以使 B 端更为专注地发挥其触达和服务客户 C 的能力。此时，S 与 B 之间的关系是协同关系而非管理关系。

第一，大中台、小前台构架。S2B2C 模式对 S 的要求较高，一般情况下 S2B2C 模式的 S 端为亿万级平台，构建的是"大中台、小前台"的组织机制和业务机制。S 端需要作为技术中台、业务中台、运维中台、数据中台向 B 端赋能。作为技术中台为小 B 端提供开展业务的基础工具，通过 App、SaaS 服务为 B 端运营提供有力的规范化业务和终端支持；作为业务中台，S 端的大量级能够以较低的成本帮助 B 端完成上游供应商的集成采购，获得更好的价格和服务，同时筛选更优质的产品，增加 SKU 种类，帮助 B 端随意挑选和组合自己的具有品质保证的 SKU，打造一个坚固的云端服务能力后台；作为运维中台能够更好地辅助 B 端为服务海量的 C 端提供全方位商业支持，包括仓储配送、客服、技术、培训等方面，降低 B 端经营一个门店的门槛；作为数据中台，S 端能够利用数智化提供智能决策和偏好分析。在 S2B2C 模式下，每个 B 端的数据都最终在 S 端沉淀并积累，而海量的数据在 S 端强大的数据分析引擎下，又能够为各业务分析系统提供完善的支持，实现快速精准的市场反应。

第二，B 端会员制/伙伴制分销。传统分销模式是一种通过上下级分销获得差价利润，以发展更多的下级市场为目标的模式，相比销售额的增加，上级分销商更希望发展更多的下级作为主要业务目标。而会员制/伙伴制的分销模式，仍以顾客为中心，以体验—自用—分享—创业为出发点，形成具有组织化、管理化的运营模式，B 端可以是消费者转化而来，也可以是合作伙伴的形式，但都统一借力 S 端的赋能，以自身社交流量，对用户进行互动和服务，来促进用户的消费和复购，持续性较强。另外，通常情况下根据 S 端主体的形式，B 端可以自由选择会员制/分销制。一般而言，作为品牌或企业自身，主体可以选择通过合作伙伴的方式，将传统中间商内化为品牌或企业自身运营的一部分，其目的是整合数据和资源，更好地在满足消费者需求的同时提高顾客满意度，此时在一定程度上顺应了去中心化的趋势。而对于具有成熟运营的大平台来说，用会员制的 2B 方式，能够提高用户转化率，人人皆可作为 B 端，购买商品的同时以公众号、自媒体、直播等社交工具向潜在用户或意向用户精准投放，大大降低了平台线上线下渠道的开拓和布局成本。

4.4.5 社交新零售的典型案例分析——以云集为例

1. 搭建 S2B2C 模式，赋能 B 端、C 端

云集是社交电商中典型的 S2B2C 模式代表，也可以称作"云集模式",其中S端是云集集合而成的一张大服务网络,通过精选式采购和平台化支持以及大数据赋能,为B端、C端解决供应链、仓配物流、IT系统等问题,提供内容、培训、客服等资源。通过云集的服务网络支持千万个小B端,即店主获得赋能的前提下,利用自身的各种社交工具和社群渠道传播商品信息,凭借个人信用,服务于C端即消费者。值得一提的是,云集的店主不是云集产品的品牌方,而是原本的消费者。摆脱传统电商平台的经营模式,云集的产品就是每个店主的产品,每一个店主可以是任何职业的消费者,有传统中小分销商,有商场导购员,也有全职妈妈。通过降低经营门槛的模式,让原本C端的消费者成为B端,最大化地释放个体C的价值。

2. 线上社交+线下智能仓储

云集的线上社交电商本质是由社交驱动的会员电商,每一个店员都是消费者,每一个店员的消费者都是会员,每一个会员也可以成为店员,这种社交裂变模式下,每款产品都有机会凭借脉冲式流量优势快速成为爆款,比如2019年4月19日罗莱家纺25个SKU上架仅用12小时产品销量便超过1200多万元。这种超强的社交裂变模式,给云集的仓储带来极大压力,为此云集着力打造线下自有智能仓储中心,这一智能仓储中心是云集社交新零售自动化、智能化、数字化的关键,能有效提升电商物流服务效能。云集的自营仓网体系集成了物流领域中的众多先进"黑科技",其中已有的40余台智能化仓储机器人能够依靠二维码视觉+惯性导航,自动充电、24小时运行,确保货物的快速分拣和发货,并保证货物的安全,降低差错率,极大地提升仓储管理效率。同时相比于传统的地面多对多方式,云集所建造的智能仓降低了50%—70%的人工成本,也通过智能货架密集型存储提升了50%以上的库容利用率。

3. 用户运营,释放私域流量价值

对于云集而言,私域不只是流量及流量运营,更多的是用户运营。云集的产品定位多为女性群体。在大数据分析的基础上，云集能够精准地构建消费者用户画像，根据消费者的兴趣、爱好、收入情况等不同维度，将每一位消费者数字化，根据数字化标签分类消费者，分析其分享行为，再通过人与货的双向匹配，为消费者提供更好的商品和服务。而服务好消费者的云集很快便获得消费者信任，最终实现用户运营。云集的社交零售模式就是用户运营、会员运营，区别于其他电商平台，云集是集分享、自购于一体的社交电商平台。云集的大数据能够确保准确分析每一位付费消费者、会员的平台成长路径，其留存、转化、购买行为被纳入到消费者的全链路成长体系中。每一位用户在云集大数据的精准定位下都能自动匹配适合自身需求的货物，实现了"货"与"人"的完美匹配。此时，再由云集平台内的 KOL 对产品进行种草，安利给云集的会员，会员通过自身社交娱乐渠道的口碑裂变给产品带来井喷式销量。这种用户运营的方式，才会真正实现私域价值的低成本、高效释放。

4. 极致精选供应链，产品＋需求＋内容走向上市

洞察用户需求和心理是云集社交新零售成功的关键因素，但极致的产品性价比追求是云集社交新零售成功的基础。没有好的产品的支撑，云集的这种社交新零售便成为微商、传销模式，正是具备丰富的 SKU 且每款产品具备品质保障，才支撑着云集走到了上市，估值 20 亿美元。云集CFO 提出打造差异化的供应链是确保云集稳固的护城河，这就是云集"极致精选"理念的背景。云集极致精选方式是由社会化推荐、社会化选品、社会化购买和社会化评价四个部分组成的漏斗模型。首先产业带对云集输出大量的商品，通过产品合伙人从中筛选出具有爆款品质的商品，再通过生态内 KOL 的选品、购买和评价，淘汰口碑较低的商品，最终选择评价好的商品面向消费者。云集的漏斗模型层层筛选机制使每款产品都具备优良的品质，这也是云集品牌引入的步伐较慢的原因，云集在会员、消费者之前就替其节省了选择时间成本，追求极致性价比。

4.5 共通——数字化新零售

4.5.1 数字化新零售产生背景

1. 数字经济发展助推

作为世界第一制造大国，我国传统企业信息化水平较低，数字鸿沟仍然存在，数字红利尚未得到充分释放，而数字经济作为融合性经济，对于传统产业优化资源配置、调整产业结构、实现转型升级具有巨大的推动力。《中国数字经济发展白皮书（2020）》显示，数字经济正成为我国经济高质量发展的新动能，2019 年其增加值达到 35.8 万亿元，占 GDP 比重达 36.2%。目前我国数字经济的数字产业化、产业数字化、数字治理和数据价值化的"四化"框架已初步形成，发展数字经济，助推实体经济与传统产业数字化转型是时代所趋，也是推动经济增长的主要动力源泉。

2. 数字技术与应用场景的融合

随着数字经济的发展，数据的应用场景越来越多，特别是在疫情的影响之下，包括零售业态在内的许多行业，在进行线上营销渠道的布局时，都会遇到更多的机会和挑战，所以，如何利用好数据，也就成为企业营销人员最需要进行长期投资的一项能力。而在营销数据的应用上，数字技术所能发挥出的价值也在持续扩大。从单纯的数据分析，为营销决策提供参考，到以营销数据为基础，进行用户数据资产化的沉淀，如今，数据资产化已成为数字时代下企业发展的重要需求。

4.5.2 数字化新零售的发展动因

从新零售的整体发展趋势来看，任何企业、平台、业态的新零售转型都需要数字化的支撑。从具体的商品、交易、数据、服务、供应链到消费需求的挖掘都离不开数字化的升级迭代。可以说，新零售变革也是数字化的新零售变革。但目前，我国零售数字化还存在较为普遍的基础性问题，成为阻碍零售业新零售转型的痛点，也是推动数字化新零售发展的主要原因，具体包括五个方面。

1. 数据采集颗粒度粗糙

全部数据采集实现全量全要素的数据连接是数字化转型的理想状态，但对于传统零售企业而言，传统分销模式建立的分销渠道复杂，获取数据存在一定的门槛，且获取的数据质量较差，数据不具备实时性和全面性的特点，因而给企业进行数据分析造成了较大的困扰，如何尽可能多的获取法律允许的数据仍是难点问题。

2. 数据洞察分析能力较弱

尽管目前许多企业引入 saas 服务平台或通过组建 IT 数字化部门，完成了企业内容的数字化构建，具备了全链路生态系统，但是数据来源庞杂，数据清洗的困难程度极高，渠道数据打通存在阻碍，如通过客服 ASR、聊天记录、销售记录等抽取数据进行客户画像、客户意图的准确性差、渠道的分层能力弱，无法为企业提供综合的数字化营销、运营指导，这就导致尽管企业具有数字化平台能力但无法通过数字化挖掘数据背后的价值，数字化转型变成了信息化，难以精准触达消费者，违背了实现个性化需求和体验升级的价值和初衷。

3. 数据决策智能度低

数字化转型不仅包括系统的数字化，还对数据智能决策提出了要求，无论是千人千面智能推荐、用户行为预测还是决策等功能都要求数字智能化的优化完善，真正做到数字营销活动的量化反馈，能够反哺企业做出智能化决策，但显然这仍是绝大多数零售企业数字化转型的一大障碍，同时也对数字化转型工作职责提出了新要求。

4. 网络边界模糊，用户隐私及安全的保障问题

在数字化发展中，企业更多地获得了数字化的用户信息。企业从用户角度获得用户的信息越多，数据越有效，营销越精准，而相应的用户在企业面前越透明。同时随着个人设备、办公环境物联网设备等的增加，企业需要面对不断模糊的网络边界，而这种模糊化的结果是数据云端存储，因此保护用户的隐私及安全，是企业数字化转型必须要考虑的问题。

5. 数字化转型道路不明确

伴随着数字化转型进入深水区，一些重要的标准规范缺失，行业监管体系不健全，解决方案不完备等问题日益突出。一方面，企业的数字化转型需求是模糊不清且庞杂的，缺少关键的标准和实施指南，这会导致一些企业因为对自身的发展阶段和战略规划没有清晰的认识，所以在企业内部的数据还没有被打通的情况下，就盲目地进行数字化转型，从而造成了转型的结果并不理想。另一方面，由于缺乏一种能够有效地反映转型价值的评价模型，使企业不能准确地计算进行数字化转型所能带来的投入产出效益。

4.5.3 数字化新零售升级的主要路径

对于零售企业而言，数字化转型的目的是提升获取用户价值的能力，因此实现零售企业数字化升级需要涵盖底层运营逻辑到战略层布局的方方面面，具体包括战略的升级、业务创新、洞察预测、高效运营以及卓越技术五个方面，这也是零售业应着重探讨与建设的问题。

1. 战略升级——转变流量思维，评估、划分和挖掘客户生命周期价值

不管是传统实体零售还是线上电商，原有营销的主要目的是获取流量，提高流量转化率。但随着市场的饱和，流量红利摊薄且获客成本高，传统的广撒网买量策略的流量转化率降低，且带来较低的用户忠诚度，因此如何抓住已有用户评估、划分和挖掘客户生命周期价值（CLV），进行最大化杠杆的资源有效利用愈加成为企业关注的重点。当前数字化技术的发展为评估、划分和挖掘 CLV 提供了便利条件，在新零售以用户为中心的时代，CLV 导向注重于持续和扩展用户在他们的整个使用过程中所获得的全部价值。其中 CLV 的构成 = 会员数 × 活跃时长 × 各阶段价值 × 品类/服务 × 需求/场景。构建优质的 CLV 体系不仅是营销层面效果的提升，更是零售企业价值考量的重要参考标准。

2. 业务创新——布局新场景，加强用户深度运营能力

新零售背景下用户对产品、内容、体验提出了更高的要求，对产品的需求除了满足基本功能之外，还需赋予更多的内容和互动来满足其他层次的需要。零售企业能够在企业整个链路的每个环节中展开业务场景创新，具体内容包括：数据 & 洞察、创意 & 内容、媒介 & 渠道、服务 & 体验、定制 & 生产等方面，如运用大数据进行内容匹配，帮助企业实现千人千面的内容匹配，提高对用户个性化的吸引力。通过对不同业务的数字化赋能，来利用大数据实现从内容吸引用户、从多渠道触达用户、从产品满足用户、从服务延伸用户，最终帮助企业实现用户价值提升并获得数据反馈反哺生产，实现用户—生产的深度运营闭环。

3. 洞察预测——挖掘新需求，深化用户资产的全面洞察

从 2020 年艾瑞通过 CMO 训练营调研获得的数据显示，在中国广告商看来，准确把握用户需求与市场动向是其首要任务，而对用户数据进行分析与处理也是其首要任务。可见企业新零售数字化转型不仅需要具备数字化系统和搭建数字化平台，更重要的是对数据的提取和分析，并给予正确的反馈以指导企业进行高效营销策略的落地，目前企业对用户数据资产的构建及有效信息的提取与期待效果仍存在较大差距，特别是千人千面的精细化运营,对从群体画像到个体用户画像的升级、从静态标签到动态标签的运用都提出了较高的要求。零售企业的数字化升级需要对企业用户洞察力投入更多的资源和精力,打造出一个具有灵魂的数字化企业。

4. 高效运作——建立数字运营系统,提升使用者的运营效能

在推动数字化转型的同时,零售企业也要建立一个完善的数字化运营体系,来提升企业的用户运营效率,从而更加高效、灵活、敏捷地进行相关工作。一般来说,要想构建一个成熟的数智化运营系统,必须要做好以下三个方面的准备:第一,要以企业自身的数字化进程为基础,对组织架构进行更适合的调整,从而提升整个企业的灵活性;第二,制定企业各接触点的数据收集标准,提升数据利用的价值,并提高数据收集的效率;第三,要对各个业务场景的数据进行有效的指导与训练,提高用户的数据利用率。

5. 卓越技术——夯实数字基础,构建数字生态圈

零售企业想要进行数字化升级,必须要有充足的用户数据资产,之后才能对用户数据展开分析和处理,并把它们运用到各种具体的营销场景中,从而达到更高质量的营销效果。其中,以数据中台、CDP、DMP为代表的数据平台是企业营销数据的底层基础架构,对参与方的数据进行采集、整合与加工处理,几乎所有的Martech应用都要在数据中台、CDP、DMP的基础上才能得以实施与落地。所以,对于零售企业来说,通过正确的方法,将底层的基础设施做得更好,也是为未来构建完整成熟的营销数字化生态矩阵提供更优质的成长土壤。

总的来说,零售企业在数字化转型升级的探索中,应当规避盲从,绝非为了数字化而数字化,需要顶层设计的缜密判断,掌握战略层面的认知变化和目标迭代,以零售企业的属性和特点落实数字化升级。

4.5.4 数字化新零售生态布局的主要路径

从更细致的方面来看，各零售企业在全链路数字化的要求上有一定的差异，但总体而言对于零售企业，数字化生态布局的实质是以消费者运营为核心的全链路数字化，提高对消费者的洞察能力，包括供应链管理、营销管理、物流管理、交易管理、客服管理、用户数据分析等全链路数字化布局。

1. 成熟品牌的数字化生态布局路径

在新零售中，结合线上线下多渠道的优势，可以实现从"人""货""场"三个方面的效率提升，这也是零售企业全面数字化生态布局着手的基本框架。首先，从"人"来看，数字化内容主要作用于用户运营层面，在此基础上，通过对顾客需求的深入分析，可以帮助企业针对顾客的变化，动态地优化整个供应链的运营效率，从而达到对顾客的精准营销。比如，可以利用企业自身数字化数据积淀或借助平台提供的品牌数据银行获取品牌消费群体画像，获取消费群体偏好，再借助用户人群筛选工具实行精准营销提高转化率。其次，从"货"来看，数字化内容主要包括以消费者偏好为中心进行品牌打造、产品创新或确定 SKU、售后服务、销售营销等方面内容，重在提高顾客满意度、留存率和商品流通效率。如在新产品研发或运营过程中，通过品牌数据深入洞察消费者，适当调整品牌生产策略和新产品研发方向、在供应链数据管理系统中，根据库存周转率改造提升制造效率，降低成本，节省资源。最后，从"场"来看，数字化内容主要是渠道管理，针对零售企业全渠道运营，打通库存、会员管理等体系，提升线上线下多渠道一致体验，并通过数字化实现渠道的拓展分析，确定多渠道开发策略。

2. 白牌企业数字化生态布局路径

对于白牌企业而言，尽管其品牌能力弱，但具有实现去中心化的 DTC

模式运营优势，因而应当绕过中间商分销商等环节，通过与用户的直接沟通，提高产品的性价比，在 DTC 的基础上，建立起数字生态系统。数字化赋能的侧重点集中在产品开发和线上线下渠道拓展两个方面，白牌企业可以利用线上和线下的多个渠道，来获得消费者的喜好信息，并将这些信息直接用来指导他们的产品生产，进而在制造、物流和供应链等环节上，实现数字化的提升。

4.5.5 数字化新零售生态构建路径的主要内容

在数字化技术加成下，零售行业各大平台和巨头开始打造自己的新零售生态圈，跨产业的生态模式成为常态。相比新零售初期生态圈的建立而言，新零售数字化生态圈的范围更广，跨界幅度更大。这一方面是由于数字技术及数据具有较强的通用性，故而即使存在不同的业务逻辑，但其共同的技术场景和价值使企业可以借助数字技术超越本身的资源禀赋，从更广阔的视野思考建立或参与生态圈构建的可能性，打破价值链上下游的壁垒，实现跨界跨层共融、共发展；另一方面，不同业态借助数字化技术所搜集、储存、分析及运用的数据可以互相借鉴和相互复用。如保健品行业搜集到的用户数据，做成客户画像可以被不属于保健品行业的医药、保险产业重复利用，通过对保健品客户数据分析获得自己业态所需要的客户数据，从而在产品设计、营销等各业务环节加以利用；再如基础技术可以在不同业务逻辑下被共享使用，如定位、人脸识别等数字化技术，其效率更高、效果更强。数字化生态战略的共享逻辑能够帮助各个业态降低运营成本，节省数据及技术场景开发的费用并提高获客的效率。数字化扩大了生态圈的范围，增加了用户全旅程的触点，并在每个触点上具备更强的客户满意度提升能力，能够在深耕 CLV 的同时，扩大客户群体。一般而言，数字生态圈的跨度越大，消费者群体数目越多，对消费者的研究就越深入，从而可以得到更好的结果。

1. 达成数字化生态战略共识

新零售企业需要根据自身特点,联合上下游企业一起共同确定数字化生态圈战略,明确通过生态圈发展的能力及各自发展路径。新零售数字化生态圈可能有一个也可能有多个,新零售企业要明确自身在各个生态圈中的定位和角色,分析可能获取价值的合作方式,实现互生共荣。

2. 积极参与生态圈的发展

新零售企业与生态圈内的所有企业是关系更为密切的利益相关者,因此需要积极参与各生态圈的发展,利用数字化技术优势创造更多利于新零售数字化生态圈的协同点,并善于加以利用,助力生态圈的数字化提升,促进交叉销售,实现战略性指标和经济性指标的双丰收。

3. 对前沿趋势的敏感和消费者的洞察

新零售数字化生态圈的打造和升级需要企业保持对未来市场前沿趋势的敏感度,及时挖掘行业机会。同时在数字经济时代,人民对美好生活的需要及消费升级促使商业服务趋于便利化、标准化、品质化、数字化的方向融合和转变,因而提供数据的用户影响力才是新零售数字化生态圈成功的核心,数字化赋能是关键,但必然是一个复合型、全链路、场景式的"数字化用户生态圈"。因此要构建一个业态齐全、功能完善、布局合理的新零售数字化生态圈仍要在以用户为中心的逻辑上协同发力,以用户需求为导向的创新和数据积累,进而通过生态系统扩展数据维度,实现协同增效。

4. 构建生态圈效果评估体系

随着数字化经济的不断发展,生态被认为是未来的最强武器,企业都希望构建或重构生态环境,通过建设生态架构体系支撑 E2E 生态环境,借助群体竞争优势获得行业话语权来增强企业活力,延长企业生命周期。

因此在确定生态圈的构建后,生态环境内的领导者和协作者应积极将协同点推进落地。生态圈的构建对各个环节的利益协调沟通提出较高的要求,它要求构建一个生态圈效果评估体系,定期评估生态圈的效果,充分衡量战略性指标如客群数量、活跃度、留存率,经济性指标如盈利能力、CMV等确定生态圈的效应,分析协同优势和问题,改善生态圈数字化运营缺陷。

4.6 交融——线上线下多渠道整合的新零售

4.6.1 线上线下多渠道新零售的定位

本书从新零售产生的根本内核——消费升级这一视角入手对企业新零售进行了详细的剖析和分类,以期阐明新零售发展的来龙去脉(见图4.2)。总体而言,新零售的商业模式主要包括了场景体验、自营优选、社区、社群、社交、生态联盟、物流供应链、数字化、智能化等要素,不论是线上电商还是线下实体,都可以根据现有行业特点搭配不同的商业要素。回顾新零售发展的5个年头,实现线上线下一致且无缝隙的极致体验零售是新零售的一个美好愿景和目标,而这一目标的实现必然会催生不同的新零售商业模式和路径,零售企业发展新零售必须结合自身的特点和资源去选择适合的模式。线上线下多渠道整合新零售的本质是更高效率的零售,不同类型的企业应当对标不同的新零售商业模式,各就各位,各司其职,在此基础上共同为消费者打造一个线上线下无缝隙的购物环境,满足消费者需求。

4.6.2 企业线上线下多渠道整合新零售转型关键

关键一:大数据、技术赋能。

从我国当下的社会环境来看,零售行业数字化是大势所趋,且受疫情

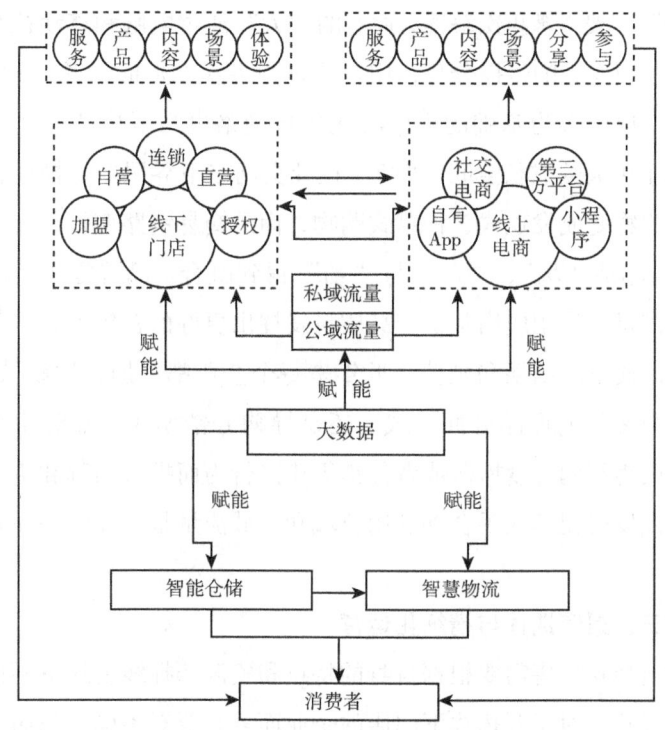

图 4.2　线上线下多渠道新零售路径图

的影响，数字化进程被加速了至少 3—5 年。疫情的相关约束在某种程度上来说培养了消费者在线上生活消费的能力，强制推动了线下零售向线上布局发展，这也进一步扩大了在线消费者人群面积。疫情对线下行业产生了巨大冲击，其中相对突出的一个问题就是线下人员的闲置和线上服务的缺失，对于零售行业而言找到其中的平衡点是发展的一个关键。但总体而言，不管是盒马鲜生这种新零售业态、社区拼团购新零售还是社交新零售，都离不开大数据和技术的赋能，这是零售行业发展的重要工具和趋势，零售企业必须有大数据意识，走数字化转型的道路，才能与行业水平保持一致，更好的挖掘消费者需求、提高零售上下游管理效率，赋能物流供应链，为消费者提供优质的产品、服务和内容。

关键二：公域私域流量的合理使用。

随着互联网、移动社交网络媒体的发展，新零售时代下被重构的"人"

"货""场"三要素被再次解读。原有的"人"通过电脑和移动社交网络媒体，实现了裂变式的传播分享，用户既是购买者也是推广者；"货"除了爆品之外，以个人为基础的去中心化传播网络也为不热销产品（长尾产品）创造了更大的成长空间。"场"在社交网络下界限变得模糊，消费者从搜索式购物变成发现式、种草式购物，商品交易链路变短，转换效率提高，"人"亦是"场"，"人"与"场"得到融合。品牌零售商对公域流量和私域流量的使用应当基于产品质量发挥出更好的营销效果，而流量变现则是产品质量的结果和延伸。近年来每个企业都更加关注私域的转化，不论是用户参与的商品分佣模式，还是导购分销模式，都要注重内容营销，避免因为利润过度摊薄或者传销等违法行为而损害品牌和零售商的利益，从长期发展视角入手合理利用公域和私域流量是企业转型新零售的重点问题。

关键三：渠道选择与精细化运营。

企业转型新零售需要根据自身的特点和资源选择线上线下不同渠道进行精细化运营。对于开拓线下门店的企业而言，要对不同的门店进行数据分析，划分不同门店效果的等级，根据不同门店、不同开拓时间制定运营策略，对于表现优秀的门店应当赋能更多的资源和投入，并适当拓展新模式；对于表现较差的门店，要分析客户群体、评估开店地址以及管理能力等因素；对有潜力但暂时效果较差的门店给予扶持，否则应当及时减少损失。对于开拓线上渠道的企业而言，要根据产品特性以及客户复购率、需求度分清企业当下的需求是什么，要以最低成本获取最大的价值，而非盲目开拓。对于零售商而言，除了拓展渠道，产品的精细化运营也十分重要，注重把控SKU选品，保证推送最适合消费者的产品，如网易严选从最初的ODM模式，主打高品质、高性价比选品到如今推出12000+个SKU，严重超出供应链承载能力，尽管表面看来其模式还是高效模式，但本质却与京东、天猫一样，网易严选相较于初创时期其产品精细化运营理念产生了偏差，这是企业发展后期通常会犯的问题。企业转型新零售选好渠道，确保精细化运营才能够保证新零售模式是成功的，而非新瓶旧酒。

关键四：创建零售商自主创新模式。

对于传统零售企业而言，线上渠道的拓展不能全部依赖平台，要结合自身的线下资源、社交资源开拓自主创新模式。单纯开拓线上线下渠道仅仅只能满足部分客户线下体验、线上体验的需求，对于企业而言，以用户为中心的前提是企业生存，企业为消费者提供服务的同时，实现企业的发展是关键。消费者消费能力有限，需求有限，某种产品的需求导致消费者在特定时间内不会从线上线下购买双份产品，因此企业要优化整合分散的销售通路，消除内部利益掣肘，避免企业内部各自为战的数据孤岛现状，打造一个各类销售通路、各类消费者接触管道相互融合交错的新零售网络，以多样的交易模式实现盈利。

第5章

逻辑——新零售企业线上线下多渠道整合服务实施路径

茶の本

5.1　战略——多渠道整合战略设计

企业的渠道整合是相对于线上渠道和线下渠道可以共同利用的企业资源而言的，如共用的物流体系和经营运作、共有的营销资源和市场地位。Herhausen 等（2015）认为渠道整合有两种基本方法：一是线下—线上渠道整合，在实体店内访问和了解网店；二是线上—线下渠道整合，在网店内访问和了解实体店。因此，整合可以从线下到线上，也可以从线上到线下。有一些零售商实施了从线下到线上的整合，例如，IKEA 和 John Lewis 将线下实体店的地址、营业时间、产品种类等信息公布在它们的网站上，这些信息有力地降低了消费者对网店的感知风险。我国学者范小军等（2008）从消费者效用最大化角度考虑，认为企业应考虑消费者在不同购物阶段的差异化需求，有针对性地设计渠道，为我国零售企业渠道整合战略设计提供了一定的理论指导。事实上，成功实施多渠道整合战略的关键在于建立同一性的战略思维模式，从企业角度出发建立统一的分销渠道，以使不同渠道间的相互关系密切连接。

本书主要从数据融合、组织结构、供应链网络以及绩效评价四个部分内容来解析零售商多渠道整合的战略设计，同时对多渠道整合情境下的消费者和竞争者进行分析，以更好地指导多渠道零售商整合战略的实施（见图 5.1）。

5.1.1　数据融合

已有文献强调了数据融合是多渠道整合和执行的核心（Bell 等，2015；Li 等，2015），因此应该将数据融合管理作为企业战略的最高优先级。数据整合的基本定义是："整合不同来源的数据，并为用户提供这些数据的统一视图"（Lenzerini，2002）。作为多渠道整合核心的数据管理和整合

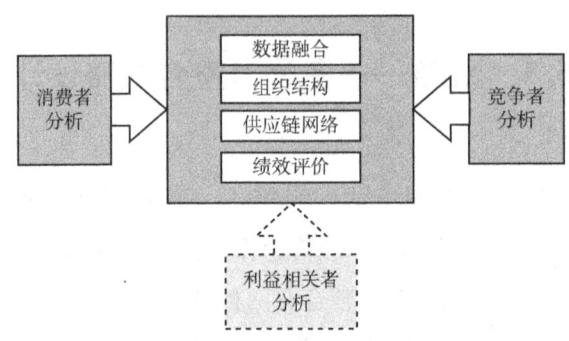

图 5.1 多渠道整合战略设计框架

资料来源：作者绘制，图中虚线部分为现有研究未关注的内容。

（Li 等，2015）要求生成产品数据的实体（如制造商）和使用产品数据的实体（如营销和零售团队）必须对数据应用相同的结构和格式，并使用兼容的数据交换系统（Mirzabeiki 等，2020）。学者们重点研究了数据融合的以下方面：网站、商店和制造企业之间的数据共享（Li 等，2018）；关于库存、客户、交付和价格的线上和线下数据的可用性（Park 和 Kim，2019）；渠道选择广度、渠道服务透明度以及内容和流程的一致性（Shen 等，2018）；渠道之间的保密性、与第三方物流公司频繁沟通物流信息、信息使用机制以及与第三方物流公司的保密性（Song 等，2019）。数据融合的关键特征包括：连接组织和渠道（Cao 和 Li，2015）；让客户参与购物和履行流程（Lim 等，2012）；同步运营模式，使公司的所有渠道都保持一致（Schramn K，2011）并相互影响（Zhang 等，2010）；为客户提供便利的购物体验（Blazquez，2014）。

在此背景下，多渠道零售商需要搭建一套可掌控的数字化体系。Vahid 和 Mirzabeiki（2020）对多渠道整合情境下的数据管理和融合进行了较为透彻的分析，并指出缺乏在所有渠道中捕获和共享数据的标准化方法、产品数据存储缺乏集中化是实现全渠道数据整合的主要障碍，而产品追踪及追溯数据的可用性、产品数据采集和共享的自动化则可以通过提高时间和成本效率减少渠道间数据的不一致，进而促进数据融合目标的实现。捕获和共享数据的标准化方法要求在多渠道供应链上的零售商和物流公司使用与制造商相同的标签来识别产品,例如同一产品在三者系统中使用一致的 SKU（Stock Keeping Unit）数值。此外,统一所有渠道中产品的条形码和 RFID,这也保证了更高水平自动化和读取准确性的实现。产品数据存储集中化要求创建一个标准数据库,通过该数据库,全渠道的合作伙伴均可访问所需数据,并且确保产品数据的实时更新和准确性。集中化的数据仓库可以有效打破多渠道之间的"数据筒仓",使各渠道之间实现数据资产的链接和传递（Neslin 等,2006）,进而开展精准化运营,提高经营效率。因此,建立集中化的数据仓储功能也成为多渠道数据融合的关键环节。以标准化数据捕获和共享协议为主导的组织,其产品追踪和追溯数据处理的耗时和成本都将降低,而且有效的追踪和追溯数据可以在产品形式及其转载单位发生任何变化时及时修正信息,例如展示食品的可追溯性信息,以控制流转过程中可能存在的安全风险。自动化数据处理可以减少输入数据所花费的时间,并规避与手动记录、复制、解释和共享数据相关的人为错误因素,改善多渠道成员的运营效率。自动化数据处理的一个例子是将订单跟踪整合到 ERP 系统中,使该信息系统自动生成信息,大大改进管理流程。此外,关于数据整合的范围,Vahid 和 Mirzabeiki（2020）表示,将物流服务及其相关数据纳入多渠道整合数据管理,根据客户的购物需求和产品物流对数据管理进行调整,同时将数据管理扩展到制造商及其内部信息系统,以实现全渠道数据融合（见图 5.2）。

除了产品数据管理,另一个需要多渠道数据融合重点关注的是客户数据管理,以得到更为精确的用户画像为目的（见图 5.3）,进而使精准营销成为常态。企业需要在客户旅程的不同阶段了解与每个客户的所有互动信息,包括考虑公司与其客户之间的沟通,客户在收集信息、进行购买、产品履行、退货和购买后服务时与公司（或其合作伙伴）互动的活动（Haitao 等,2021）。客户数据库的集成使零售商能够更多地了解消费者行为,并对客户有一个单一的综合视图,以便在正确的时间通过正确的渠道向正确的客户群体提供正确的产品或服务（Cao,2019）。Chen 等（2001）指出,

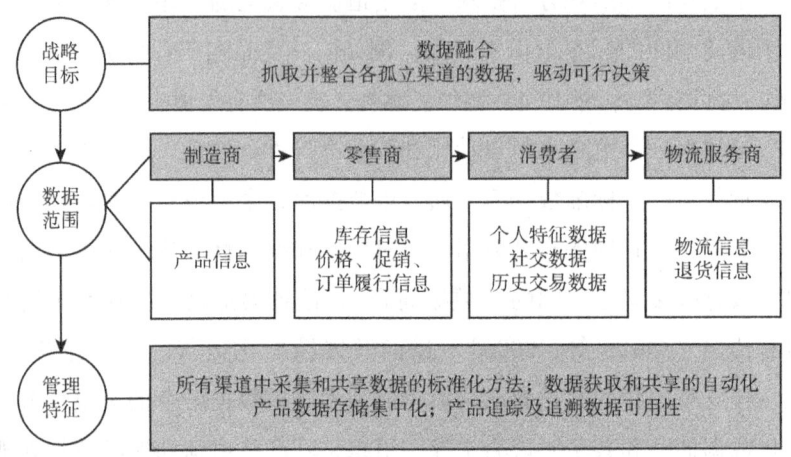

图 5.2 线上线下多渠道整合的数据融合框架

资料来源：在 Vahid 和 Mirzabeiki（2020）的基础上绘制。

客户数据的管理是企业竞争优势的来源，而正确评估和有效实施多渠道战略的一个关键要求是获得每个顾客如何使用每条渠道的全部数据（Neslin 等，2006），并有能力分析这些数据（Mirsch 等，2016）。Verhoef 等（2010）认为以客户为中心，从统一和整体的视角对消费者的购买数据进行整合，是构建有效使用历史交易数据来维护客户关系和实现资源合理配置模型的关键。Kalakota 等（2004）提出要收集消费者的线上和线下交易信息，并综合管理这些信息，在增加可用信息丰富性的同时，提升可提供服务的质量（Payne 和 Frow，2004）。Zhang 等（2010）表示建立以顾客为中心的信息技术基础设施，将消费者在所有渠道的购买数据进行收集和管理，主要包括个人特征数据、未来需求数据、历史交易数据、多渠道购物"动线数据"和个人社交数据五类（赵纲，2013）。这样一来，多渠道零售商可以实现跨渠道追踪交易信息，跟踪消费者需求的演变，推出针对性的营销计划，为公司提供"360 度客户视角"和引入新的增值性服务的机会，例如个性化推送，利用消费者的历史交易数据，为其提供定制化的建议，以减少未来购买时的工作量并真正获取多渠道顾客的全部价值（Straub 和 Watson，2001）。例如，将每个消费者在不同渠道（实体店、网络店铺、社交媒体、数字货架等）形成的包括购物记录、搜索和浏览记录等在内的数据集进行整合，实现对消费者的无缝观察（Mirsch 等，2016），并绘制出适用于每一渠道的精准消费者画像，使其真正获得一致购物体验。此外，还要关注整合信息访问，即为客户提供从一个渠道获取另一个渠道信息的途径。例如，企业可以在网站设置集体数据库，以便消费者从中搜索实体商店的可用商品（Bendoly 等，2005）；也可以通过实体店的信息亭帮助顾客从网站上搜索有用的产品信息和商店位置（Gulati 和 Garino，2000）；库存信息可以在线实时获取，这样顾客就可以在线上得知产品没有库存的信息，从而节约了到店询问的时间（Prasarnphanich 和 Gillenson，2003）。

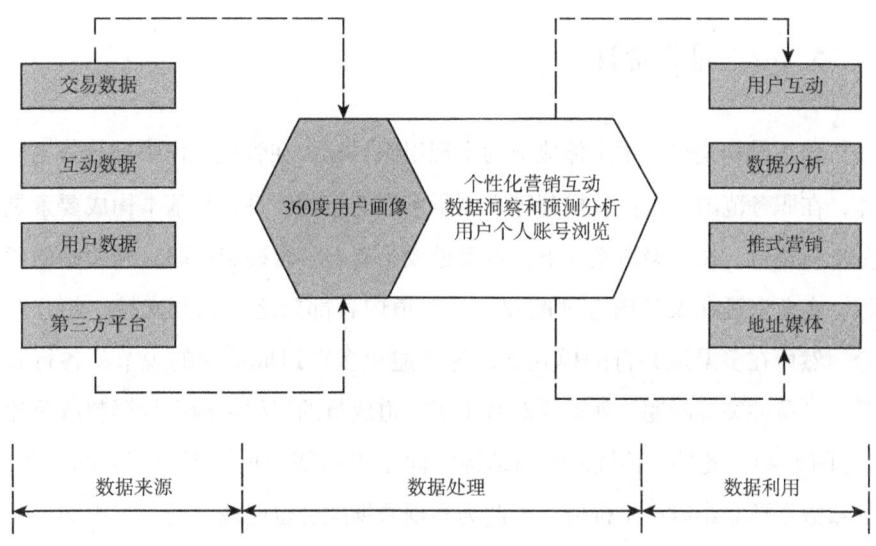

图 5.3　线上线下数据联动构建 360 度用户画像

资料来源：Runwise 咨询分析。

此外，随着技术加速数据的收集和存储，隐私成为当前更加突出的关注点（Haitao 等，2021）。由于多渠道整合情境下要求客户数据可以在不同渠道合作伙伴之间进行共享，这就会与消费者隐私保护协议产生冲突，从而引起隐私保护者的不满（Venkatadri 等，2019）。因为客户可能不愿意让多渠道公司跨设备传递数据和接触点收集、解析和同步他们的数据以用于营销,同样也不愿意其与合作公司共享这些数据。而已有文献也表明,改善消费者对数据的感知控制可以很好解决这一自然隐私问题(Tucker,2014)。另外的挑战在于这种客户数据的收集、同步和共享行为可能不被监管机构所允许。例如,欧洲拟议的一般数据保护监管立法旨在监管(而不是根据现行立法直接监管)受法律管辖的数据的性质和类型,并惩罚任何违法者。由于本提案适用于处理欧洲个人数据的所有公司,因此所有全球公司都必须注意这一点。研究人员必须跟踪可能影响任何数据相关活动的此类发展(Thorne,2018)。因此,多渠道零售商还应确定详细的数据收集规则和机会,以帮助研究人员朝着正确的方向前进。

5.1.2 组织结构

组织结构是组织中全体成员为实现组织目标,在管理工作中进行分工协作,在职务范围、责任、权利等方面所形成的结构体系,其基本构成要素是分工与整合。在单渠道模式下,各渠道成员有着各自确定的职责和明确的职权,企业资源在渠道内合理配置,且渠道内各部门之间相互支持、相互配合。然而在多渠道并行的模式下,为了避免多渠道成员间的脱节、各行其是、利益冲突等问题,就需要对基于多渠道成员的组织结构进行调整或重建(见图 5.4)。此外,传统的组织结构倾向于不同部门负责不同部分的业务,导致数据孤立难以产生价值,因此为实现数据融合也应该改变组织内部孤立的管理结构。

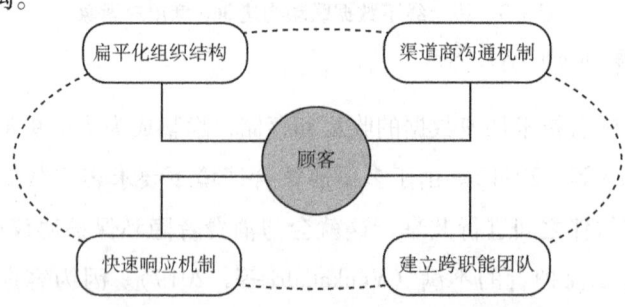

图 5.4 多渠道整合战略下的组织结构变革

然而创建适应渠道发展的组织结构是多渠道零售商所面临的最大挑战。多渠道零售商最普遍的做法是分散管理各渠道，例如在每个渠道都分别设置独立的库存管理、研发、营销、销售、物流、供应和财务等部门（Zhang等，2010）。虽然分散化的组织结构有其自身优势，比如：（1）可以关注到每个渠道的独特竞争情况，更具灵活性；（2）每个渠道可以分别设计服务于不同细分市场的零售组合；（3）吸引和保留对特定渠道有丰富经验的高管（Gulati和Garino，2000）。但是随着互联网技术的不断进步，以及在顾客期待获得多渠道无缝购物体验的环境下，分散化结构会导致团队重复设置，业务流程低效率以及跨渠道的内部冲突，并且缺乏协调的营销活动等问题日益凸显，最终导致客户难以获得一致消费体验（Zhang等，2010）。虽然现有文献中关于多渠道零售商如何构建最有效的组织结构的研究较少，不过大量的咨询公司与零售实践者的经验早已证明一个事实，那就是拥有独立组织结构的零售商能够取得快速的增长和利润回报；相反，缺乏独立组织结构的多渠道零售商会导致组织低效与顾客困惑或混乱。

因此，为实现渠道整合，企业必须首先打破组织上的小圈子，树立全渠道的思维定势和整体使命（Mirsch等，2016），构建以顾客为中心的扁平化的组织结构。Gulati和Garino（2000）提出多渠道零售商需要根据自身的历史发展情况、当前的管理模式、品牌战略和各渠道的兼容性、信息系统在渠道间的可迁移性，以及吸引外部投资和专业人才的需求来设计公司的组织结构。对于建立最有效的组织结构，企业应该关注长期的成功而不是短期的增长，德勤咨询公司提出零售商可以建立一种非正式的组织结构，例如跨渠道指导委员会，以形成跨渠道领导和专家网络对零售商多渠道整合战略的实施进行指导，这是一种半整合的组织结构，同时又能保证各渠道一定的独立性（Deloitte，2007）。阿拉伯丁集团（Aberdeen Group）的零售研究主管Paula Rosenblum认为，要想使多渠道的概念在当前分散的组织结构中被接受，最简单的方法是设立合适的薪酬激励制度（Schuman，2004）。而针对研究性购物的销售收入则可以根据各渠道销售人员的实际贡献按比例进行分配。此外，还有一些专家如 Schuman 和 Evan（2004）提出在当前分散渠道组织结构的背景下，设计合理的薪酬激励机制是一种整合多渠道的最容易的方式。显然，不同渠道合理的激励机制设计能够很好地降低渠道冲突，促进跨渠道的组织合作和渠道之间的交叉销售，现有研究在通过设计激励机制促进渠道之间合作方面相对较少，对于不同类型的多渠道零售企业组织结构设计的研究也较缺乏。

其次，建立快速响应机制取代流程化。新零售环境下，企业有必要提升自己的及时反应能力，即根据市场变化做出合理决策，适时转变发展战略。因此，企业可以建立专业部门，负责对门店的消费变化进行数据收集、深度分析，并据此提出应对方案，在外部市场发生改变后，使门店经营能够及时应对，避免与市场需求脱节。同时，企业需针对不同门店的市场商品变化，提高及时应变能力并形成相应机制，通过改革品类结构、添加新品布置等使门店经营更符合市场发展规律。此外，为了提高企业的工作效率，加速整体运转，企业还需对采购、日常运营、产品推广、数据收集及分析等各个环节提高及时应变能力并形成相应机制（Yang 和 Zhang，2020）。此外，部分零售商（如沃尔玛、梅西百货等）正朝着更集中的组织结构发展，并建立跨职能团队（Cao，2019）。沃尔玛将其在世界各地的电子商务活动整合为一个全球电子商务部门，其结构还整合到每个运营部门和每个国家，以确保及时响应客户的多渠道购物需求。跨职能团队有助于跨渠道的知识共享，这对于零售商从其整合战略选择中实现协同非常重要。新的投资集中于新技术，包括店内体验和在线技术，这些技术帮助零售商改善顾客购物体验。利用现有资源和能力通过新兴渠道开展业务同样也可以增加零售商销售业绩。而跨职能团队的构成需要同时具备传统和数字商务能力的人才，一方面为零售商经营决策出谋划策以更好实现多渠道整合战略，另一方面，专业的工作人员会增加消费者对零售商品牌的信任。因此，雇用具有媒体专业知识和供应链管理技能的高技能人才可以确保积极的客户体验，而无需考虑客户对实体或网店渠道的偏好（Cao，2019）。

最后，建立渠道商沟通机制。渠道商在他们的业务范围内是绝对的专家，他们比任何人都更了解本地区和消费者的特点，也更了解消费者对于产品的看法，以及整个市场的竞争态势。企业与渠道商的关系在很大程度上决定着业务的发展，企业要经常去拜访渠道商，去了解他们对于渠道政策、与企业的关系、产品的特点、消费者的需求趋势以及市场竞争的意见和建议，所有问题都要详细记录，对渠道商反映的每一个问题都要认真调研，予以解决，并要给予反馈。企业对渠道商了解越全面，对他们反映的问题处理越及时，越能更好地把握市场，越有利于建立牢固有序的渠道商关系。企业要建立与渠道商的定期沟通机制，不断优化渠道政策，解决渠道商关心的问题，提升他们的工作主动性。企业可以帮助渠道商成立"渠道商委员会"，定期与"渠道商委员会"沟通，大家共同来分析讨论问题，征求、调和多方面的意见，从多种角度剖析问题，提供更全面的解决方案（李志斌，2018）。

5.1.3 供应链网络

多渠道整合的重点在于客户体验，但在幕后，由于供应链流程与客户之间的直接联系，这种现象将零售商的供应链组织置于客户管理的中心（Wollenburg 等，2018）。例如，配送仓库现在可以直接向客户发送订单，而商店已经承担起了一个新的角色，即作为小型履行中心，向本地客户快速交付在线订单（Gibson 等，2018）。这一转变从根本上改变了零售供应链，因为面向商店的物流流程和电子商务流程融入了一个新的结构，整合了企业内不同的销售和分销渠道（Fleischer 等，2020；Taylor 等，2019）。本书重点讨论物流管理整合以及数字化供应链两部分内容。

（1）多渠道整合服务的成功实施取决于渠道间物流系统的整合（Hübner 等，2016），因为它能够向消费者提供综合一致的物流服务。尽管已有文献提及了整合物流的好处（Cao 和 Li，2015；Chatterjee 和 Kumar，2017），例如，Cao（2014）强调，整合和优化的物流网络可以支持商品交付，并管理在线和离线库存和装运。Lewis 等（2014）建议重新设计物流基础设施，以促进渠道间物流系统的整合。但关于物流问题，特别是物流整合的研究数量有限。Song 等（2019）建立了零售商的物流整合能力、供应链整合与全渠道绩效关系的模型，认为零售商物流管理需具备信息整合能力、流程整合能力和组织整合能力三大能力（见图5.5）。首先，基于资源基础理论视角，卓越的信息整合能力允许企业在供应链合作伙伴之间共享信息，并促进协同运营（Liua 等，2013）。在有关全渠道零售的文献中，一些研究人员（如 Chopra，2016；Blázquez，2014）表示，物流相关信息的整合重塑了物流流程并提高了组织内的协调效率。因此，整合信息系统是克服渠道整合问题复杂性以及管理组织内和组织间业务流程的先决条件（Rai 等，2015；Larke 等，2018）。此外，渠道和供应链合作伙伴之间应采用频繁的沟通机制，以更好地交换物流信息并做出联合决策（Kim 等，2006）。然而，信息共享的一个障碍是对信息安全的关注。因此，信息使用和保密规则决定了组织职能部门和供应链合作伙伴交换重要业务信息的意愿（Kim 等，2006）。其次，同样基于资源基础理论，业务流程的整合能力是企业从共享信息中获取知识并在供应链合作伙伴之间制定兼容流程的关键资产（Sahin 和 Robinson，2005；Mellat parast 和 Spillan，2014）。现有的全渠道整合研究认为，物流流程整合增强了零售商的竞争优势，因为它提高了订单履行的灵活性，从而带来了跨渠道的卓越客户体验（Murfield 等，2017）。一些研究人员（Hübner 等，2016；Prajogo，2016）也声称，整合和标准化的物流流程是促进业务整合和实施整合战略时最小差异的关键因素。此外，为了建立一个完美整合的物流系统，一些研究人员（Zhang 等，2015；Marchet 等，2018）强调，在设计订单履行流程和外部物流服务提供商整合渠道时，应考虑所有物流子流程，从而形成一个有凝聚力的供应链（Saeed 等，2005；Chang 等，2016）。最后，资源基础理论认为，企业可以发展其关系能力，以协调职能部门和供应链合作伙伴之间的供应链活动（Lewis 等，2014；Cuijpers 等，2011）。全渠道相关研究表明，通过组织内和组织间整合处理物流，在线和离线渠道都可以更有效地运作，因为每个渠道中都没有独立的管理。为了促进组织整合，渠道之间的内部协作和沟通能够实现部门间的互动，将各种职能整合到一个具有凝聚力的组织中，以获得更高的长期效率（Mellat 等，2014）。此外，供应链整合的主要举措之一是将业务活动与关键合作伙伴的业务活动联系起来。因此，应组织一个跨部门、跨组织的工作团队，关注客户需求（Zhang 等，2015）。此外，文化和态度是组织整合的重要考虑因素。跨渠道成员的企业文化兼容性是必要的，而管理层对信任供应链合作伙伴的承诺对于组织整合的成功同样至关重要（Lambert 和 Knemeyer，2004）。

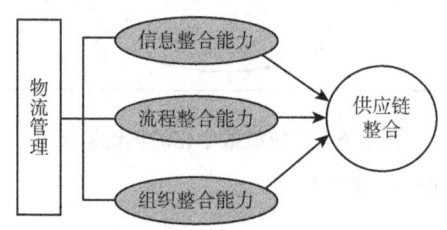

图 5.5　基于物流管理视角的供应链整合

资料来源：参考 Song 等（2019）。

（2）Ishfaq 等（2021）认为为满足全渠道时代的需求，零售商需要重组其供应链结构，包括利用技术和先进分析对供应链进行数字化改造（Fleischer 等，2020；Saenz 和 Cotrill，2019），图 5.6 提供了一个供应链数字化的理论框架。研究通过访谈法进行归纳式研究，得到数字供应链转型的三个关键特征：数字意识、数字生态系统和数字转型。

首先，数字意识要求公司的执行领导层对组织中的数字化变革具有战略眼光，同时强调关于理解"我们为什么要发展数字能力"（即数字愿景）和"它将为我们做什么"（即数字价值）的重要性。数字愿景支持领导层和整个管理团队对不断变化的组织战略有一个清晰和共同的理解（Wooldridge 等，2008）。数字价值确定了数字化对人们与技术、流程和彼此互动方式的影响（Yeow 等，2018）。

其次，数字生态系统包括三个特征：非线性交互、相互依赖和结构重构。交互包括相互依存的不同公司之间以及零售企业内部组织实体之间的

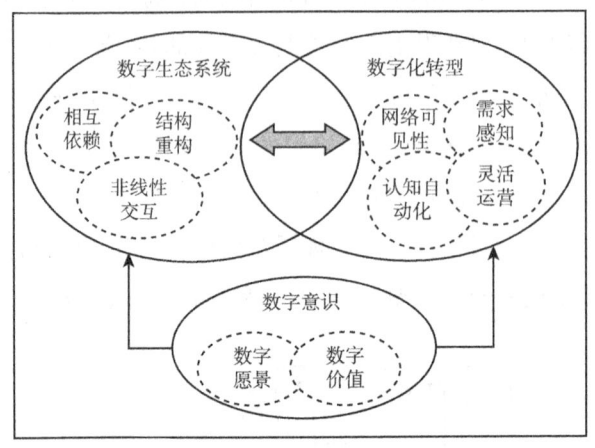

图 5.6　供应链数字化的理论框架

资料来源：参考 Ishfaq 等（2021）。

交互。组织内生态系统描述了企业内的供应链互动，这种互动通常以新颖的配置生成产品流，绕过顺序链接的组织实体的传统安排。例如，零售数字供应链功能允许供应商绕过门店，直接向客户发货，并促进在零售门店处理在线订单的跨渠道退货（Jacobides 等，2018；Skipper 等，2008）。因此，零售商供应链的内部生态系统有助于组织实体之间的非线性互动，从而提升客户价值。在商业环境中出现的三种类型的相互依赖中，传统的供应链网络系统依赖于整合和顺序的相互依赖，而数字生态系统则侧重于互惠的相互依赖（Thompson，1967）。相反，在全渠道零售业中，商品销售、供应链和商店组织相互交织，在这些组织实体之间循环物流规划和流程。这些相互依存关系促进了实体之间的内部协作，并产生了综合规划和共享执行责任。这种动态导致零售商的供应链在整个企业的决策中有更高的参与度，从销售计划到商店库存分配，再到基于商店的订单履行过程。零售供应链中数字生态系统的第三个主题是结构重构。重新配置供应链结构的目的是将供应链流程整合到新的配置中，从而产生卓越的客户服务。这些供应链配置被研究参与者强调为物流资产的灵活安排，以随着客户需求的变化改变产品流。例如，零售商可以通过将库存从库存过剩的工厂重新部署到库存短缺的地方,从而对市场需求的变化做出反应,将库存重新部署到较小的单位负载(例如,单位数量与案例数量)。这种较小的单位负荷配置还允许零售商克服预测短期需求波动的困难,并在仓库补货中使用较小的单位负荷自动化。

最后,数字转型过程中包含四个关联的主题:网络可视性、需求感知、认知自动化和运营灵活性。网络可视性要求零售企业来自库存、物流和资源能力的信息在整个供应链中集中、一致且可见(Waller 和 Fawcett,2013)。需求感知整合来自各渠道的需求信号信息,包括点击流数据和社交媒体流等新来源,同时由于检测和响应客户需求的时间缩短,数字供应链中需求感知能力的重要性更高(Chong 等,2017;Hofmann 等,2018),这有助于零售商建立识别客户行为变化的能力,并安排供应链流程以快速响应。认知自动化强调使用数据自动化供应链决策,即与特定业务情况相关的可能场景由分析应用程序自行评估,以选择最佳决策,而无需任何人为干预(McCrea,2019)。前面三点要素为零售商提供了整合供应链灵活执行的必要要素。网络可视性提供了公司资源的实施评估(即,我们拥有什么、拥有多少以及在哪里拥有),需求感知提供有关预期客户需求的信息(即,他们需要什么、需要多少以及他们在哪里需要)。反过来,零售商使用高级分析将动态需求信号与实时供应选项相连接,通过认知自动化确定一系列最佳执行计划。同时,运营灵活性还要求零售商的物流能力,即能够随时随地部署资源,有效使用库存并快速移动库存,以及快速重新部署的能力。

5.1.4 绩效评价

多渠道零售商面临的一大战略挑战是如何最大化每个渠道的经济效益。因此,对多渠道零售商开展绩效评价显得尤为重要(Cao 等,2019)。为了衡量零售供应链绩效,应考虑财务和非财务绩效(Anand 和 Grover,2015)。Ayers 和 Odegaard(2018)建议使用服务、运营和财务指标,这些指标必须符合零售商的战略目标。虽然一些研究使用单一指标来表示零售供应链绩效，但事实上需要多个指标（Appelqvist 等，2016）。先前的研究已经确定了零售供应链中供应商和零售商之间绩效测量过程的不同活动（Forslund 和 Jonsson，2007）：选择绩效变量、定义指标、设定目标、测量和分析/行动。准时交货、服务水平、完整订单、高效处理退货和缺货已被确定为典型指标。

过去的研究已经确定了多渠道电子履行系统中的五个经济绩效（Economic Performance，EP）和四个顾客期望（Customer Expectation，CE）标准（Lang 和 Bressoloes，2013）。EP 标准考虑了 Straube 和 Lueck（2000）定义的履行系统（仓储、拣选和包装、配送和交付以及退货）中包含的流程步骤，以及履行系统的基础设施和投资方面（Agatz 等，2008；de Koster，2002）。五个 EP 标准里，库存和库存效率，表明仓储过程的绩效；领料和订单准备效率，指示领料和订单准备流程的绩效；交付成本效率，表明分销和交付过程的绩效；退货处理效率，表明退货流程的绩效；履行基础设施成本，表示履行基础设施的所有投资、租金或外包成本。Xing 和 Grant（2006）以及 Xing 等（2010）制定的四项 CE 标准被保留，用于评估多渠道零售环境下电子履行系统的 CE——及时性：交付速度、交付日期的选择、指定时间段内的交付等；可用性：确认可用性、替代或替代报价、订单跟踪和跟踪系统、缺货情况下的等待时间等；条件：订单准确性、完整性、运输途中损坏等；退换货：退换货和退换货渠道选择的便捷性、收集和更换的及时性等。Bressolle 和 Lang（2020）基于对供应链管理、电子物流和零售业中使用的绩效指标和 KPI（关键绩效指标）的文献回顾，确定了 30 个衡量多渠道零售中电子履行系统绩效的关键绩效指标（见表 5.1）。其中，战略 KPI 倾向于汇总相关数字和指标，以提供有关业务绩效的高级信息，运营 KPI 更广泛地用于监控部门内的日常活动（Griebeler，2012）。保留的 KPI 主要是用于监控活动的运营 KPI。这些保留的 KPI 主要与物流订单履行系统相连，并适用于以车间补货和直接向客户交货为特征的多渠道环境。

表 5.1　　电子履行的 30 项关键绩效指标（KPI）

序号	KPI 名称	序号	KPI 名称
1	仓库总投资	16	完好无损送达货物的百分比
2	存货周转周期	17	重新规划的平均交货期
3	存货储存成本	18	退货成本
4	安全库存量	19	查询回应时间
5	废弃存货率	20	履行完成平均周期
6	订购到交货时间	21	按时交货百分比
7	拣货错误率	22	订单完成率
8	每订单收入	23	缺货率
9	每位员工的提货率	24	缩减
10	每位员工运送的单位	25	订单输入准确性
11	订单输入时间	26	保修索赔
12	平均交货时间	27	损坏索赔的数量
13	运输成本与产品价值之比	28	发票准确性
14	装运精度	29	退款时间通知
15	每批货的成本	30	平均回报率

多渠道整合战略迫使企业的绩效评价体系发生两个层面的转变：一是从传统的基于单个渠道的绩效评价转变为基于渠道整合视角的评价；二是从基于企业自身绩效的评价指标转变为基于顾客关系管理视角的绩效评价。随着互联网以及社会媒体等主体对一些渠道的广泛使用，以及多渠道整合战略的逐渐深入，传统的绩效指标，例如适用于实体店的每平方英尺的销售额和毛利率，适用于目录的每平方英寸的销售额和毛利率，以及客单率、转化率和销售增长率等指标，都无法用来衡量新兴互联网渠道的绩效，也难以准确衡量某一渠道的价值。此外，客户群的稳定性、销售预测的准确性和风险情况等因素在不同渠道之间表现出不同特征（Zhang 等，2010）。

因此，迫切需要制定和实施新的绩效指标体系来基于多渠道整体视角对整合服务进行评价，以有效激励各渠道间的合作，提升公司的整体绩效水平。Neslin 和 Shankar（2009）认为可以将跨渠道弹性矩阵作为跨渠道决策支持系统的一个关键元素。另外，随着消费者普遍通过各种接触点与零售商进行互动，还应从带动消费者与零售商互动并促进消费的角度进行绩效评估。林炳坤等（2016）认为多渠道零售商线上线下协同绩效是零售商线下实体门面和线上电商店铺的协同运作，使消费者总体上感知到渠道一体化的程度。顾客感知与零售商线上线下渠道营销策略之间的一致性决定了整合带来的是协同效应还是替代效应。因此，对企业绩效的研究离不开多渠道消费行为的研究。多渠道整合生态系统中的每一条渠道不仅要实现销售功能，而且承担着与消费者建立关系、接受消费者意见反馈和与消费者实时互动的使命。因此，渠道成员建立和维护与消费者的关系，以及建立和提升顾客忠诚与顾客信任的行为，同样可以作为衡量绩效水平的标准。并且对渠道行为的考核可以避免将功劳分配给错误的渠道，能够更好地激励渠道成员（齐永智，2017）。另外，Rapp 等（2015）的实证研究调查了消费者展厅现象对店内销售人员绩效的影响。他们的关键发现是，当意识到消费者正在逛商店时，销售人员选择降低服务质量。为了鼓励多渠道整合以实现协同效应，零售商还应重新审视并修订当前的薪酬体系，设计一个与线上和线下销售挂钩的激励体系，这种激励计划下的薪酬水平相比其他技术公司薪酬应该是很有竞争力的（Cao，2019）。

5.1.5 消费者分析

随着人口变化、移动技术的突出、可支配收入的增加、对真实性的需求、环境意识、社会联系、对体验而非产品的偏好、精通技术消费者的崛起、个性化内容推送等因素的不断发展（Kumar，2018），客户面貌正发生着巨大的变化，不同平台上购物者旅程形态的高度多样性和复杂性对营销研究人员和零售商提出了挑战（Harris 等，2018）。多渠道零售情境下的消费者需求更加多元，可以从多个渠道获取商品或服务的信息，购买渠道的选择更加自由，移动互联网和电子商务的普及也使其购买行为更加多样（Zhao 和 Deng，2020）。例如，消费者可以通过商品目录、网店、实体店，特别是各类热门的社交平台（微博、小红书、快手、抖音等）获取商品相关信息。由于我国国民人均可支配收入进一步提升以及智能技术飞速发展，消费者爆发出文化、娱乐、体育、健康等新消费需求，各年龄层段的消费者间的消费诉求也愈发多元化、精细化。此外，除了传统的实体店和网店以外，消费者甚至可以在社交平台完成购买，也可以通过线上搜集信息，线下完成购买等。

与此同时，消费者的这些变化导致了渠道迁徙行为和跨渠道"搭便车"行为的出现，引发学术界和实践界重点关注（见图5.7）。Tesler（1960）最早提出消费者"搭便车"行为的研究，随后众多学者就这一问题展开深刻探讨。其中，Chiu（2011）根据消费者从搜索到购买的过程中是否更换零售商和改变渠道两个维度，将多渠道环境下的顾客购买行为划分为四种类型，包括渠道内迁移，指消费者购买决策过程中使用相同渠道，但在某一

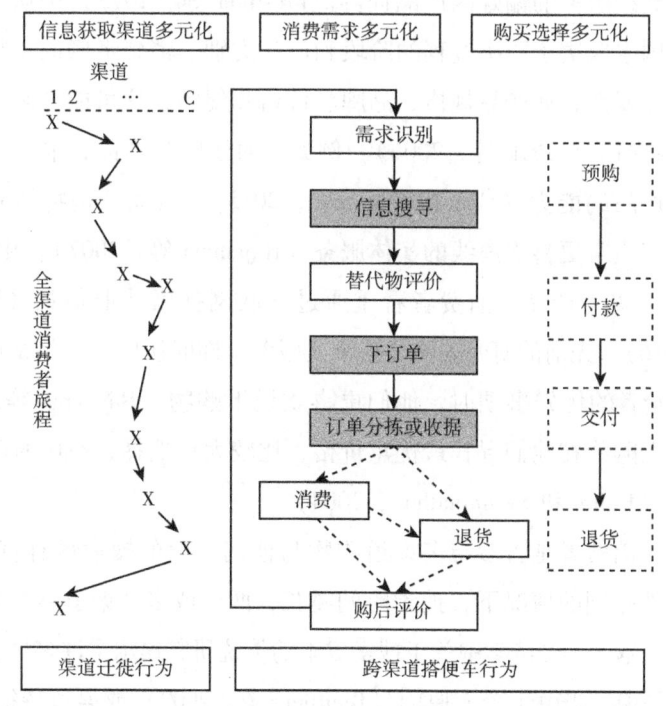

图 5.7　多渠道整合情境下的消费者分析

环节更换零售商；渠道内保留，指消费者始终使用同一零售商的某一渠道完成购买；跨渠道"搭便车"，指消费者同时更换了购物渠道和零售商；跨渠道保留，指消费者在购买决策的不同阶段使用同一零售商的不同渠道。消费者除了跨渠道购买行为以外，还表现出一些其他特征。例如，多渠道消费者往往比单渠道消费者花费更多的时间，购买次数也更多（Venkatesan 等，2007）。也有研究指出，与单渠道消费者相比，多渠道顾客更可能在零售商或渠道之间进行转换，因而忠诚度更低（Lee 等，2010）。消费者所表现出的复杂特征也要求学术界寻找预测和衡量他们对多渠道零售商的满意和忠诚的方法（Rangaswamy 等，2005）。

为制定综合多渠道战略，在不同的渠道接触点满足客户的需求，并为他们提供价值，营销人员需要了解在渠道选择多样且竞争激烈的多渠道环境中，是什么驱动了客户的渠道选择（Grewal 等，2009）。首先，消费者对在线和离线服务的偏好因产品而异。Frasquet 等（2015）确认，渠道使用的驱动因素取决于购买过程的阶段和产品类别。消费者倾向于从不同维度关注产品属性，如产品规格、品牌、价格和促销，这可能会影响他们的多渠道购物行为（Park 等，2006）。例如，对于时尚产品，消费者看重触摸和检查产品的能力（Cho 和 Workman，2015）。因而在购物体验的每个阶段，他们通常更喜欢离线的实体服务（Rajamma 等，2007）。相比之下，对于电脑等实用产品，消费者看重通过互联网搜索获取信息（Parker 和 Wang，2016）。先前的研究表明，当个人服务、即时访问、产品试用和避免交换是消费者的优先事项时，他们更喜欢线下购物（Rajamma 等，2007）。另外，网上购物在他们寻找最优惠价格、比较大量选择、空闲时间有限时受到青睐（Rohm 和 Swaminathan，2004）。

其次，消费者是否参与多渠道购物与他们一般的搜索量有直接关系。在其他条件相同的情况下，搜索时间越长，两个或多个渠道参与采购过程的可能性就越大。经济学中关于搜索成本的传统研究揭示了许多这方面的见解。也就是说，当由于个人原因（Blattberg 等，2009）或渠道特征（Ghose 等，2012）导致搜索成本较低时，消费者搜索更多，导致多渠道使用的可能性增加。例如，时间机会成本较低的消费者和价格敏感的消费者搜索更多（Murthi 和 Rao，2012）。这些发现主要基于快速消费品（FMCG）市场和其他耐用电子产品（Fox 和 Hoch，2005；Murthi 和 Rao，2012）。此外，零售商所采用的沟通策略以及与消费者的关系质量也会影响消费者渠道选择。Park 和 Lee（2017）验证了沟通策略对消费者在线购买渠道选择行为的影响。Gao 和 Su（2017）验证了"在线购买和店内提货"在两个方面影响消费者的选择：一方面，向消费者提供有关库存可用性的实时信息；另一方面，该方法降低了购物的麻烦成本。Polo 和 Sese（2016）发现，与沟通相比，购买渠道的选择更具惯性，受态度（即关系质量）的影响更大。Herhausen 等（2015）阐明，线上线下渠道整合直接提高了网店的感知服务质量。当在线杂货店购物增加时，在线商品的吸引力和忠诚度在选择在线商店时也会增加（Melis 等，2015）。Neslin 等（2014）提出的框架肯定了品牌和渠道选择是紧密交织在一起的。

最后，在多渠道整合环境下，客户的渠道选择会考虑欺诈和安全等问题。Facebook 和贝恩公司的研究表明，在东南亚虽然有54%的线上消费者通过社交媒体做出购买决定，但33%的人会在购买之前查看商家的实体商店。传统零售商仍然具有相关性和价值（Van Rensburg，2014）。顾客仍然青睐实体店，尤其是在检查产品和付款方面。特别地，移动渠道在消费者中越来越受欢迎。移动渠道的采用增加了消费者的购买量（Huang 等，2016）。Wang 等（2015）报告称，随着消费者采用移动购物，订单率增加，他们建议消费者利用移动设备，因为该技术提供了方便的实时访问，保证了整个购物过程的安全性。

消费者购买决策过程被称为"客户增值之旅"（Wilding，2003），在销售点之前就开始了，并会在之后持续很久。这一过程中的价值可以由代理商提供，也可以由客户和代理商共同创造（Kowalkowski 等，2012）。客户的增值历程可分为四个主要阶段：预购（Pre-purchase）、付款（Payment）、交付（Delivery）和退货（Return）。一旦客户需要某个产品，他/她就会开始收集有关该产品的信息。对产品更了解的客户则需要购买决策的支持（例如，购买哪些功能/型号/选项，以及从何处购买）。客户的增值过程在付款阶段继续，在付款阶段，各种付款方式可以使购买更加方便、安全、快捷和灵活。客户将在付款之后收到产品，不同的产品交付方式可能会为客户带来不同种类/级别的价值。当客户决定退货时，他/她可能会继续进行增值过程。同样，根据产品的可用性、便利性、成本或速度，不同的退货方式可能对客户具有不同种类/级别的价值。值得注意的是，客户增值过程中每个阶段的渠道类型和代理都不相同。例如，在预购买阶段，客户可以通过社交媒体、比价网站、目录和商店等不同渠道类型收集产品信息，付款阶段则可以通过电话、商店或在线频道实现（Chaffey 等，2012；Frambach 等，2007；Lamb 等，2014）。齐永智（2017）认为整合服务视角下消费者的购买决策过程变得更为复杂，除了包括传统的消费者购买决策过程中产生购买需求、搜集产品信息、信息比较并确定产品和零售商、决定购买与下单、支付、提货，以及售后服务支持外，还包括消费者与零售商之间的深度互动与个性化信息接收，这也就意味着零售商有更多的机会在消费者购物决策过程的任何环节，以及与顾客发生关联的任何接触点，有针对性地开展营销信息推送，实现与消费者的深度互动。Rai 等（2019）则基于消费者搜寻、测试、购买、收货和退货五个购买阶段，确定了六种全渠道消费者类型。其中，在线购物者和传统购物者均在单个渠道完成购物的全过程；又根据购前活动和接收方式的不同，分为了先逛店后网购族（Showroomer）、研究型购物者、线上下单线下取货者（the Click–and–Collect Shopper），以及店内发货购物者（the Ship–from–Store Shopper）四种。

在消费者分析中还要重点注意的一个问题是：消费者的信息安全和隐私问题。特别是通过互联网渠道获得的消费者信息，虽然有助于零售商提供更好的服务，但是应该注意维护消费者的隐私，使其对企业产生信任，以减轻消费者顾虑（Zhang 等，2010）。例如，Veritas 公司在其 2018 年发布的《全球消费者数据隐私报告》中指出，如果企业没能保护好消费者的个人数据，来自中国 57.7% 的受访者表示将停止从该企业购买产品和服务，而如果企业能够保障个人数据的安全，则有 90.5% 的受访者表示愿意加大自己在该企业的消费投入（谢毅等，2020）。

5.1.6 竞争者分析

通过整合不同的渠道，组织能够获得相对于竞争对手的竞争优势（Wakolbinger 和 Stummer，2013）。在多个零售商进行线下竞争的市场中，任何零售商采用多渠道策略都会因客户渠道迁移（Ansari 等，2008；Li 等，2017）而造成该公司新的在线渠道对其自身线下销售的蚕食。但也有经验证据表明，增加一个在线渠道并不会蚕食其他渠道的销售（Neslin 等，2006；Zhang 等，2010）。然而，这种研究忽略了零售商之间的竞争。新的在线渠道可以通过多种方式影响公司的竞争对手。例如，在新引入在线渠道只吸引那些不使用任何线下渠道购买的消费者的情况下，首先进入线上"跑道"的公司会增加其市场份额，从而损害其竞争对手。对于没有开拓线上业务的竞争对手来说，情况可能更糟糕，因为新的在线渠道也会吸引走部分线下客户（Karray S 等，2020）。除了同类蚕食之外，零售商之间的渠道间竞争和渠道内竞争也会对价格造成进一步的压力，不同渠道的价格可能有所不同（Neslin 等，2006）。

Karray 等（2020）通过建立线下零售商的三种多渠道竞争演化模型（见图 5.8），对多渠道情境下零售商渠道间及渠道内的价格竞争情况进行深入分析，试图回答"一个线下零售商应该在一个行业中采取多渠道零售的先行者还是跟随者？""有竞争力的多渠道零售商应该如何跨渠道定价？"以及"当线下零售商可能采用或不采用多渠道策略时，均衡渠道策略是什么？"几个问题。在图 5.8 中，在第一个模型中，多渠道竞争演化被视作离线竞争（OC），两个离线对称零售商在价格上竞争。在第二种模式中，被视为离线和部分在线竞争（OPOC），除了像 OC 中那样在线下销售产品，两家零售商中的一家还在网上销售产品。第二种模式允许线下和线上产品之间的渠道间竞争。特别是，新的在线渠道可以蚕食公司自己的线下销售，并从竞争对手的线下渠道吸引客户。在最后一种模式中，被视作离线和在线竞争（OOC），这两家零售商同时在线下和线上销售。因此，每个公司的线上渠道都可以蚕食其线下销售，从竞争对手的传统线下渠道吸引客户，但两种线上渠道之间也存在价格竞争。在 OPOC 和 OOC 中，我们允许这两家零售商在不同渠道之间区分价格。这代表了广泛的多渠道定价策略，零售商可以通过不同渠道标准化他们的营销变量（例如，在线和线下收取相同的价格）或选择不这样做（Van Baal，2014；Karray 和 Sigué，2018）。

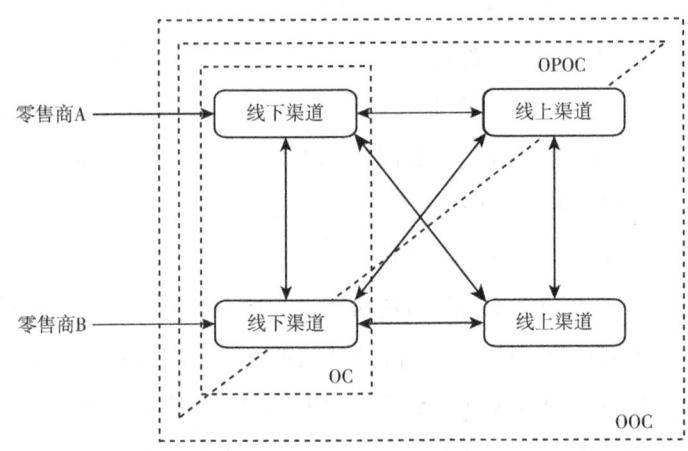

图 5.8　多渠道零售商竞争演化模型

博弈分析结果表明，多渠道零售中先行者的盈利能力取决于在线市场基础规模和可用渠道之间的交叉价格效应。在线市场规模相对较小时，无论渠道之间的价格竞争水平如何，零售商最终都会在在线渠道上失利，因此先行者不应进行在线扩张；而网络市场规模较大时，网络渠道的扩张会增加先行者的利润；当在线市场规模处于中间水平时，是否进行线上扩张取决于其自身渠道之间的交叉价格效应，事实证明，零售商 A 作为在线市场的先行者也是单一利润最大化者，他可以控制自身两个渠道之间的竞争水平，并设定不损害其整体盈利能力的价格，但是这建立在多渠道整合管理的基础上。另外，零售商之间的价格敏感性也决定了其是否进行在线扩张，价格敏感性高的零售商通常为了避免与其他零售商展开激烈的价格竞争而放弃在线市场的扩张，相反，如果消费者对其新的线上渠道和竞争对手的线下渠道之间的价格差异不太敏感,零售商则应该进行在线市场的扩张。这可能意味着零售商 A 应该选择差异化的在线商品,以避免主要针对竞争对手的线下客户群。零售商 A 引入新的在线渠道会蚕食其自身的线下销售,并加剧两家零售商之间的价格竞争。在这种情况下,零售商 A 的 OPOC 利润的任何提高都应归功于通过新的在线渠道实现的销售增量。因此,采用多渠道零售的先发地位取决于线上渠道产生的增量销售额能否弥补由于激烈的价格竞争造成的单位利润损失和由于同类相食造成的线下销售减少。而当零售商 A 单方面进行线上扩张时,零售商 B 的利润和销售额都会恶化,因为增加在线渠道会加剧价格竞争,竞争对手的单位利润率下降,且零售商 B 的需求也会下降。如果此时零售商 B 作为追随者进入在线市场,这将对零售商 A 不利,因为它进一步加剧了两家公司之间的价格竞争。然而对其自身有利,因为它将与竞争对手分享在线需求。在这种情况下,获得竞争对手的在线消费者产生的增量销售额使零售商 B 在 OOC 中获得的利润比在 OPOC 中获得的利润更高,相比之下,零售商 A 在 OOC 中的盈利能力要差于在 OPOC 中的。

关于多渠道竞争下如何跨渠道定价,Karray 等(2020)指出,在两家线下零售商中只有一家开展在线销售(OPOC)的情况下,价格歧视都是比价格完整性更好的策略。均衡时,线上和线下同时销售的零售商会收取较高的线上价格,从而在这个市场上享有相对的垄断地位。相反,在零售商在线销售和线下销售(OOC)的情况下,价格完整性和价格歧视都可能是最优的。跨渠道价格是否相同的决定因素是在线和线下市场的相对规模。如果这两个市场是相同的,两家公司在网上和线下采用相同的价格。否则,市场上的消费者基数越大,价格就越高。

那么,多渠道零售商究竟如何选择均衡渠道策略呢?即两家零售商均在线下(OC)竞争时,该如何发展多渠道战略。在这种情况下,竞争的零售商进行了两阶段博弈。在第一阶段,零售商决定他们的渠道策略,这意味着每个零售商选择是在线下运营的基础上扩大线上业务,还是只在线下销售。在第二阶段,零售商根据第一阶段选择的渠道策略做出定价决策。纳什均衡结果表明,当零售商采取类似的多渠道策略时,线上渠道的增加并不会对竞争对手有利,因为它会产生对其线下渠道的同类相食效应,尽管每个零售商的总单位销售(需求)在 OOC 扩张,公司的线下单位利润率的下降最终导致利润下降。因此,渠道博弈的均衡解取决于网络市场规模,当市场规模较小时,两家零售商都没有提供在线渠道的动机,因此最好都只在线下销售(OC);在线市场规模足够大时,每个渠道都有动机以先发位置(OPOC)单方面提供在线渠道,这最终导致每个零售商都采用多渠道战略(OOC);而对于在线市场规模的中间水平,根据价格竞争激烈程度,两家零售商或采用线下销售(OC),或采用线上线下同时销售的多渠道战略(OOC)。然而在多渠道整合情境下,上述情况可能会发生一定变化,即增加线上渠道会对零售商有利,因为众所周知,新渠道的增加会吸引多渠道消费者,而多渠道消费者通常会比单渠道用户购买更多(Zhang 等,2010)。从企业的角度来看,多渠道零售也提供了进行跨渠道促销和传播的可能性,Karray 和 Sigué(2018)以及 Zhang(2009)已经开发了在线上渠道进行商业活动以刺激线下销售的模式。在这种情况下,同类相食的影响被减轻,在线渠道的增加可能变得更有吸引力。

  总的来说,多渠道整合之前,多渠道零售商将竞争对手定为单一渠道零售商,例如,零售商的网络渠道将单纯的网络电商视为竞争对手(Verhoef 等,2015)。然而,在竞争环境中实施多渠道整合面临着一个根本性的难题:多渠道营销是否只是披着羊皮的囚徒困境,企业 A 被迫增加新的渠道,仅仅是因为企业 B 拥有它(Neslin 等,2006)?如果多渠道营销不是建立竞争优势的途径,那么将使多渠道零售商陷入高成本的囚徒困境(Neslin 等,2009)。Booz 等(2012)指出跨渠道整合正迅速成为竞争的必要条件。同时,由于整合资源的相互关联性,零售企业应基于渠道整体制定竞争战略,以增加模仿的难度,并且竞争对手会更难分离出企业成功的因素(King,2007)。Oh 等(2012)提出的研究模型认为,渠道整合的程度会影响零售企业竞争力的发展。Zhang 等(2010)认为适当的客户信息以及能够为消费者提供无缝体验的隐性知识可以建立客户忠诚度并降低成本，形成零售商独特的竞争优势。互联网渠道为零售商提供消费者交易的历史数据以及在线搜索行为数据，有利于多渠道零售商开发顾客的专有信息并进行针对性的营销活动。整合多个渠道相关的隐性知识，为消费者提供渠道间无缝接口的能力，竞争对手无法轻易进行复制。

5.2　策略——多渠道整合协同营销策略

多渠道整合战略的成功与否离不开渠道间的营销策略协同（谢毅等，2012）。部分学者就零售商实现多渠道整合的营销策略协同的影响因素展开了研究。Yan 和 Ghose（2010）发现，产品性质、零售商成本、竞争对手的策略和市场竞争强度可以影响企业在渠道协同策略时的选择，这使零售商多根据自身情况灵活转变不同类型的多渠道营销策略布局。汪旭晖和张其林（2013）研究发现，决定企业线上线下协同营销策略的关键因素在于消费者特性、商品成本、生命周期、竞争强度、互补性和规模经济等因素，其中企业自身状况和外部环境因素起着调节作用。本书综合考虑以上影响因素，从产品策略协同、价格策略协同、促销策略协同、订单履行协同、整合客户服务以及整合物流服务六个方面对多渠道零售商如何实施整合协同营销策略进行探讨（见图5.9）。

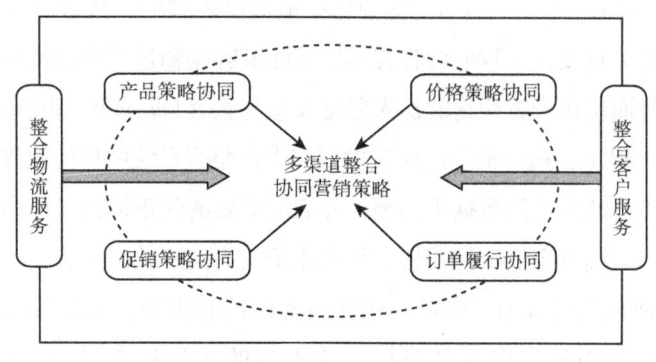

图5.9　多渠道整合协同营销策略

5.2.1 产品策略协同

多渠道整合情境下如何实现产品的整合，目前学术界存在两种相悖的观点。一种观点认为整合产品信息应保证线上线下多渠道间产品信息的一致性，甚至要配有纠正措施以应对信息不匹配的状况（Soroosh 等，2017）。例如，Zhang 等（2010）表示整合产品信息意味着所有渠道的产品信息提供商、组织者和分销商应确保向全渠道系统的所有成员以及消费者分发相同的产品信息，产品信息可能包括产品说明、技术数据以及库存状态。Moriarty 和 Schultz（2012）认为有效整合营销传播的核心原则是跨渠道的信息一致性。因为关于产品的不一致信息将会使客户感到困惑和沮丧（Hsieh 等，2012；Matt，2016）。Oh 和 Teo（2010）建议零售商应保持渠道间的形象一致性，指的是在所有渠道中应当使用一致的商店品牌名称、标识、口号和色彩搭配。为确保形象的一致性，实体店的环境要素，例如徽标、色彩、音乐和整体氛围也应与网站和移动应用程序的排版、图形和颜色展示等保持一致（White 等，2013）。新产品的发布也应该在多渠道间保持同步，这就要求多渠道零售商开发足够的整合信息系统，以确保通过不同渠道与客户交换信息的一致性（Beck 和 Rygl，2015；Joseph，2015；Li 等，2018；Sousa 和 Voss，2006），即每个渠道都能访问相同的产品范围和相同的产品数据。Cox（2016）表示零售商跨渠道提供内容的一致性对于打造无缝购物体验至关重要，一致的内容有助于消除顾客购物过程中的摩擦，缩短交易过程，进而优化顾客购物的投入程度及参与感（Lexmark，2016）。Soroosh 等（2017）提出，这一整合还应该发现多渠道整合系统中任何地方的任何错误、不匹配或缺少产品数据等问题，并启动必要的纠正措施。多渠道间产品策略的协同是提升企业整体销售业绩和竞争实力的有效保证。

另一种观点则认为，应最大化利用各渠道的优势，为每条渠道制定合理的产品品种宽度，而不是坚持一成不变的产品品类组织方式。例如，Zhang 等（2010）表示不同的渠道可能拥有不同的目标市场，因此要根据消费者偏好选择独特的商品，即产品分类搭配的组织和呈现。同时，还要考虑到不同渠道的商品储运成本差异很大，比如零售商在电子渠道中可以拥有更具深度和广度的产品品种，而如果同样的产品量放入实体店渠道的话，则由于单个商店的容量限制以及更高的成本限制使产品品种的拓宽变得更困难。因而，多渠道零售商需要考虑如何给每一条渠道制定一个合理的产品品种宽度，同时又能保持渠道的竞争力。而 Oh 等（2012）则认为要确保不同零售渠道产品的一致性，这可以通过整合产品目录和确保产品描述、产品类别等在不同渠道中保持一致来实现（Daniel 和 Wilson，2003），这种做法确保了过程之间信息的透明流动，并减少了由于信息不一致而引起的混乱（Rangaswamy 和 Van Bruggen，2005）。Choi 和 Bell 研究认为，实体商户可以通过电商平台销售的长尾效应来推广利基产品，缓解线上线下的渠道冲突，实现二者的有机融合。这样设计的原因在于利基产品的目标消费群体小众，客户对利基产品的价格敏感度较低。蒋欣和张武康（2013）提到对于一些空间占用较大费用昂贵的大型商品，可以在实体店仅展示样品，允许顾客在店里查看体验产品，并通过线上渠道订购。此外，对于产品的呈现方式，不同的学者也进行了研究，例如在一些电子渠道中，顾客可以按照自己喜欢的方式如按价格高低、销量高低、评分高低、地点偏好等查询产品或服务，这样的方式更符合顾客的认知结构。反观一些实体渠道，往往只能采用一成不变的产品品类组织方式。Meuter 和 Bitner（2005）提到当多渠道零售商能够采用与消费者认知结构一致的产品分类方式呈现产品时，消费者对信息处理更容易，并且信息接收类型更大，满意度也越高。多渠道零售商试图在所有渠道产品同质化的连续统一体中寻找最佳平衡点，同时考虑每个渠道的强度和体制，以满足不同渠道消费者的独特需求（Cao，2019）。

　　总的来看，现有研究尚未指出产品协同营销实施的具体营销规划，特别是多渠道零售商如何利用不同渠道特点和优势协同产品与库存，以及如何以更符合顾客认知的方式在线上线下一致呈现等问题尚未得到深入探讨。

5.2.2 价格策略协同

多渠道整合增加了零售商之间竞争的新维度，定价整合是多渠道零售商实现整合绩效的关键（Chen等，2015）。对于同一多渠道零售商的不同渠道间针对同一产品如何定价的问题，学术界形成两种不同的观点：价格完整性和价格歧视性。价格完整性是指同一产品在各个渠道中使用相同的价格，并且其修改（例如，折扣）对消费者和多渠道整合系统中的其他成员均是可见的。正如 Aberdenn（2012）所认为的，渠道间的价格不一致将是全渠道旅程落实的最大障碍，因为消费者发现企业采取不同渠道多价格策略时会觉得不公平并难以理解，从而进一步展开搜索和比较以消除疑惑（Duncan等，2006），这就增加了时间成本支出。这种不一致性甚至会破坏消费者与品牌间的信任关系（杨敏，2015）。齐永智（2017）认为线上线下渠道销售同类商品可助力相同或不同渠道间实现协同，线上线下高度契合的商品会降低消费者购买过程中的感知不一致性，从而提升其购买体验和购买意愿，同时为企业带来销售额的增长。

价格歧视性是指不同渠道可以设置差异化的价格，以更好地响应每个渠道的消费者（Neslin等，2006；Verhoef等，2015）。Neslin等（2006）基于线上消费者价格敏感性低于线下的经验证据，认为多渠道零售商应该在网上收取比线下更高的价格，并提出了三种在线上线下收取差异价格的方法：一是多渠道零售商在不同渠道中定价相同，但在实体店可以采取一些优惠措施，从而形成价格差异。例如在 Pan 等（2004）的研究中，由于不同渠道的价格差异会导致客户的困惑和怨恨，以及渠道间的相互蚕食和冲突，因此公司通常会对不同渠道的产品实施相同的标价。但是公司可以通过对特定渠道进行价格促销或者设置运费和手续费以有效地在不同渠道之间收取不同的价格。但是这种收取额外的运费和手续费做法的可行性还取决于消费者的价格敏感程度。二是零售商定价相同，但可以采取某些渠道收取附加费的形式形成价格差异（Yan R,

2011）。比如在一些渠道需要人工服务时可以同顾客说明需要另外收取相关费用。三是在不同的渠道中销售不同的产品和服务，或者销售相似但不完全相同的商品，顾客无法做出直接价格比较，这种做法称为品牌变体营销（Marketing of Brand Variants）（Bergen 等，1996）。另外的学者则认为线下应收取高于线上的价格。经验证据表明，互联网上发布的价格比传统商店的价格低 9%—16%（Brynjolfsson 和 Smith，2000）。线下卖家享有商品可供检查和立即交付的优势，但由于操作、储存或展示成本的原因，通常会收取更高的价格（Ancarani 和 Shankar，2004；Burke，2002）。Zhang 等（2010）认为考虑到在线渠道的运营成本主要由可变成本构成，而线下渠道的运营成本主要由固定成本主导，零售商在线下应该采取更积极的定价策略。然而，当考虑运输成本时，特别是当竞争激烈时，在线卖家会提供价格优势以补偿所涉及的运输成本（Grewal 等，2010）。此外，两个渠道之间有效的促销方式存在差异，也会导致价格差异。例如，忠诚促销和定制促销在网上商店更赚钱，而竞争性促销在线下效果更好（Zhang 和 Wedel，2009）。

事实上，不同渠道究竟采取同样的定价还是不同的定价，应该根据实际情况而定。正如 Grewal 等（2010）提到企业应在顾客对不同渠道价格预期与每一类渠道的成本结构之间取得一个微妙的平衡。只要跨渠道定价机制能够协同，以及顾客对不同渠道的价格差异能够认同与理解，同样的产品就可以在不同渠道收取不同的价格，这也有利于企业的整体盈利。从实现方式上来看，不同渠道可以实现表面价格一致，但实际收费基于不同情况进行打折或附加收费。显然，这样的方式是一种在企业采取多渠道高度整合战略之前的过渡措施。如果从更长远的角度来考虑，若将多渠道高度整合作为一个整体，以顾客为中心，以为顾客提供渠道间无缝跨越购物体验为目标，最终应将不同渠道的价格进行统一，避免价格不同造成消费困惑、降低消费体验感知，而较好的体验感知代表多渠道零售企业未来的持久竞争力。此外，当零售商在多渠道配置中竞争时，以前主要基于成本结构（Zhang 等，2010）或消费者价格敏感性（Neslin 等，2006）的跨渠道价格策略理论解释可能不够，还应考虑其他因素，包括线上和线下市场的相对规模以及渠道竞争的对称或不对称性质。

5.2.3 促销策略协同

在考虑整合促销信息时，并非强调不同渠道间促销信息的一致和同步，而是主要考虑如何通过促销协同实现渠道间的互相促进，以及制定不同渠道倾向消费者所偏好的促销策略（Zhang 等，2010）。一方面，整合促销要求将市场数据和促销的来源、渠道和接口进行相互间的连接和同步。因此，在所有渠道类型和代理商中，理想情况下必须共享所有促销数据源，产品/品牌的名称、标语和标志应保持一致，并且一个渠道的宣传可应用于其他渠道。实际上，每个渠道都应该被用来积极地交叉推广其他渠道，从而提高客户对品牌的认知度，创造一种无处不在的品牌认同感（Avery，Steenburgh，Deighton 和 Caravella，2012；Weathers，Swain 和 Makienko，2015）。Bahn 和 Fischer（2003）认为可以通过一个渠道对另一个渠道进行广告宣传，并鼓励现有渠道的客户在企业的其他渠道进行购买，以提高其对不同渠道的认识。例如，实体店可以通过小册子、收据、购物袋和海报作为宣传网站的广告媒介（Berman 和 Thelen，2004）。同样，该网站可以提供与实体店相关的信息以宣传店内的促销活动（Otto 和 Chung，2000）。Oh 和 Teo（2010）支持这一观点，并指出整合促销信息是指通过一个渠道实现对其他渠道的广告和营销，以推动该渠道客户向其他渠道转移，同时提高两个渠道的知名度。例如在线商店可以提供实体商店的位置信息，从而为线下商店带来流量（Steinfield 等，2002）。当促销活动的相关信息保持跨渠道整合一致时，消费者会感知到更高程度的信息质量（齐永智，2017）。

另一方面，促销产品的品类、时间、力度等方面实施过程不恰当可能会导致消费者在选择购买渠道上作出无序转移，这往往会不利于品牌形成正面形象，因此零售商应根据消费者偏好和整合的客户数据制定线上、线下或整合的促销策略。Verhoef 等（2010）研究表明顾客更喜欢使用线上渠道而不是线下渠道去发现价格促销策略，因此建议企业采取协同促销策略，比如在线上渠道提供的优惠券可以在另一种渠道使用。Zhang 等（2013）研究指出忠诚促销在线上渠道能获得更高的利润，而竞争性促销在线下渠道更有效。事实上，多渠道零售商能够通过促销策略战略性地驱动顾客在希望的渠道上完成购买，而且促销能够被策略性地使用在特定渠道的产品类别销售提升，也可用来管理跨渠道需求与优化供应链。由于不同渠道对于促销策略要求不同，多渠道零售商通过不同渠道的促销协同可以更好地引导顾客在不同渠道中流动和完成购买。Valentini 等（2020）通过研究线上渠道、线下渠道和多渠道交易倾向消费者分别对零售商促销的反应，认为在设计促销策略时把全渠道视为一种细分战略而不是一种整合战略更具优势，因为渠道整合最重要的是能够按照客户想要的方式为他们服务。而研究表明倾向使用不同渠道完成交易的消费者对促销的反应存在差异，因此，需要根据消费者交易渠道倾向有针对性地开展促销活动。例如，在服装类别中，想要省钱的线下购物者被省钱和方便所激励。为了迎合这一群体，零售商可以设计促销活动，宣传这样的信息："这里八折，让你的购物更容易。"经常在网上购物的人会被探索和质量所激励，所以网上促销会说，"这里给你八折，你可以升级到你以前没有买过的高级服装"。而对于少数存在的全渠道交易倾向消费者来说，过多的促销活动可能会加剧他们的疲劳，并且关注这一细分市场带来的绝对增量利润相对较低，因此，零售商专注于线上或线下展开促销可能更为有利。此外，Hossain 等（2020）认为多渠道零售商应该利用整合的客户数据为消费者创建个性化的优惠机制。管理人员可以使用基于位置的移动营销，为访问某些购物中心的客户提供特别优惠。同样，经理可以在顾客完成店内购买后，通过电子邮件向他们发送相关的在线产品。美国运通（Amex）在与 Twitter 和其他商家联合推广时就采用了这一策略。例如，美国运通的客户使用 Twitter 标签分享他们从选定商家那里购买的商品，几天后就会得到这些商家的特别优惠和美国运通的信用卡。

总结来看，制定合理的多渠道整合促销策略的基础是对多渠道环境下消费者心理和行为的深入洞察。现有研究中结合消费者心理和行为对多渠道协同沟通策略的研究相对还比较欠缺，对促销协同的具体策略研究也相对欠缺，比如促销协同的程度、时间选择与方式选择等。

5.2.4 订单履行协同

多渠道整合订单履行是多渠道整合服务中的一个重要组成部分（Oh 和 Teo，2012；Cao 和 Li，2015）。Phan 等（2005）定义了订单履行过程中订单下达、订单准备和订单交付阶段的整合订单履行。Oh 和 Teo（2010）表示整合订单履行是零售商通过一个渠道为另一个渠道购买的产品提供后勤支持的能力，从而为客户提供无缝的订单履行体验。Zhang 等（2010）的研究中还提出了整合订单履行中的需求分析、产品设计和编码系统等组件。高水平的订单履行整合将为客户带来更高的服务水平和交易灵活度（Ma 等，2014），还进一步解决了产品、消费者、库存点、交货点和运输模式跨所有渠道的可追溯性、可跟踪性和可变性。整合线上线下的退货政策可增加顾客感知便利性（Ofek，2011）。Neslin 和 Shankar（2009）的研究指出零售商如果允许线下实体店受理线上销售商品的退货要求，零售商的销售额将增加20%。Anderson（2009）认为随着退货期权的增加，顾客重复购买的意愿加强。Zhang 等（2010）指出退货政策的整合，可扩大零售商与消费者的接触点，加强两者之间的情感联结。整合订单履行还要求电子服务质量信息系统的一致性，即确保企业使用所有服务交付渠道的导航、搜索、订购、支付和退货都保持一致的易用性（Akter 等，2016；Delone 和 McLean，2003）。线下环境中，设计、布局、查找产品的便利性和支付的便利性（Kim 等，2005；Parasuraman 等，1985），以及在线上环境中，网络或移动应用布局、功能、搜索能力、流程和支付设施的易用性（White 等，2013），都要求零售商整合电子服务质量信息系统。在多渠道整合情境下，所有渠道的信息交换、联合行动、物流和库存都实现了相互履行过程（Hübner、Wollenburg 和 Holzapfel，2016）。

Taylor 等（2019）认为订单履行流程的三个组成部分提供了明确性：采购发起、履行链接和采购接收（Croxton，2003；Gunasekaran 和 Ngai，2005）。订单流程从客户的采购启动开始，在最终客户收到采购时完成（Banker，2013），采购发起可以在零售店或在线上进行，用于完成采购的库存可以从零售店、零售商的配送中心或供应商的配送中心提取。Hübner 等（2016）将采购来源和采购接收之间的履行流程作为链接。采购发起和采购接收之间的履行链接包括采购项目（库存）、准备订单的人员以及使用的物流仓库、供应商和仓库资产。履行链接的订单流路径通常旨在为专用分销渠道提供更高效的服务，或者有意为多个分销渠道提供相对高效的服务（Bendoly 等，2005）。最后，关于采购接收，可以在零售店、客户住所或客户方便的其他地点接收或检索采购。因此，整合订单履行是为了使公司能够灵活共享与采购发起和采购接收相关的任何渠道组合的履行链接来满足客户需求。在此基础之上，Talyor 等（2019）基于采购发起、履行链接和采购接收三个环节所使用渠道的不同将整合履行策略划分为线上购买线下取货（BOPS）、线上购买转移到店（STS）、店内转移线上购买（BOSS）、全渠道配送中心（Omnichannel DC）、全渠道直运（Omnichannel Drop Shipping）以及线上购买返回商店（BORIS）六种（见表5.2）。这些整合订单履行策略已经被多渠道零售商们广泛采用。例如，CompUSA 和百思买（Best Buy）等零售商向在线订购商品的顾客提供两种选择，一种是邮寄送货，另一种是亲自到实体店取货（Prasarnphanich 和 Gillenson，2003）。顾客还可以在网站上了解产品，并在购买和提货前亲自到商店检查商品，以确认产品质量。这将降低与商店进行交易的感知风险（Steinfield 等，2002）。通过整合订单履行，客户还可以获得可在实体店或在线商店兑换的礼券。这将增加两个渠道的流量，并显著提高客户交易的便利性（Oh 和 Teo，2010）。

表 5.2　　整合订单履行策略

	线上购买线下取货（BOPS）	线上购买转移到店（STS）	店内转移线上购买（BOSS）	全渠道分销中心	全渠道直运	线上购买返回商店（BORIS）
定义	由客户的在线订单发起，客户要求在店内取货。BOPS 网络由仓库和物流仓库组成，用于完成在线订单的店内库存供应（Gallino 和 Moreno，2014）。	STS 也由客户的在线订单发起，客户请求在商店提货。用于完成 STS 的库存是由物流仓库供应完成。STS 网络由满足该订单的门店和物流仓库组成（Gallino 等，2016）。	BOSS 同样由客户的在线订单发起，客户请求发货。订单直接派送到门店完成履行。与 BOPS 非常相似，BOSS 网络由商店和补充商店库存的物流仓库组成（Bendoly，2004；Chiang 和 Monahan，2005）。	全渠道分销中心同时扮演门店补货的物流仓库和直接面向消费者的 DC 角色。物流仓库（DC）库存在两个渠道中共享（Michel，2015）。全渠道 DC 为在线客户提供服务时是一个单级履行系统，在补货商店时是两级网络的第一个节点（Liu 等，2010）。	全渠道直运中，零售商也在其自己的 DCs 和/或商店中运输供应商的产品。全渠道直运网络包括完成在线订单的供应商和零售商 DC 以及能够完成订单的商店（Khouja 和 Stylianou，2009）。	BORIS 发生在客户将在线购买的商品退回零售商商店时。该商品变为库存在商店中转售或直接从商店发货给另一位在线客户。零售商也可以将其退还给 DC 进行重新包装或做其他转售和清算准备（Bernon 等，2015）。
采购发起	线上	线上	线上	任意渠道	线上	线上
履行链接	商店	任意渠道	商店	所有渠道共享	供应商	商店
采购接收	商店（取货）	商店（取货）	线上（递送）	任意渠道	线上（递送）	任意渠道
文献支撑	Murfield 等（2017）和 Bell 等（2014）	Gallino 等（2016）	DeKoster（2003）、Bendoly（2004）和 Boyer 等（2006）	Liu 等（2010）和 Michel（2015）	Khouja 和 Stylianou（2009）	Bernon 等（2015）和 Ofek 等（2011）

资料来源：基于 Taylor（2019）研究绘制。

另外，订单履行过程中交易数据的整合也是必要的。交易数据整合可以通过不同的渠道收集客户的购买偏好、订单和交付数据,以及邮件和电子邮件地址、年龄、职业等人口统计数据,并将这些数据集成到一个中央数据库中,供所有渠道访问和使用(Godfrey 等,2011),为顾客提供精准推送信息和无缝服务(Oh 和 Teo,2010;Banerjee,2014)。整合交易信息涉及现金、支票、卡片、优惠券、礼品卡、邮政订单和电子转账等支付工具,并将其与 PIN 码、验证码和签名等授权机制联系起来(Carton 等,2012)。交易整合还可能意味着零售商和消费者自己可以通过各种渠道安全访问客户历史交易数据。无论交易是如何进行的,与谁进行的,相关数据都应该可以由全渠道中的其他方以及消费者安全地检索,信息的完整性将有助于提高整体信息质量。客户访问其购买历史的能力对于快速重新排序经常购买的商品或作为未来购买的参考非常有用。零售商可以分析通过渠道收集的信息(如顾客购买模式、顾客偏好),向消费者提出相关的购买建议。此外,可以根据收集到的信息定制 Web 站点,以便只向客户提供相关信息(Oh 和 Teo,2010)。最后,多渠道零售商整合交易信息允许客户自由选择运送和/或退货商品的渠道(Carey,2004;Frattaroli,2009)。与此一致,Aberdeen Group(2003)建议,允许消费者选择任何零售渠道,用于任何交易活动,将显著推动实体店与在线商店的流量。

5.2.5 整合客户服务

客户关系管理被广泛认为是通过为销售过程中每个阶段的客户数据创建一个单独的位置来提高销售队伍绩效的有效性(Raman 等,2006)。Neslin 等(2009)将多渠道客户管理正式定义为对渠道的设计、部署、协调和评估,以通过有效的客户获取、保留和开发来提高客户价值。有研究表示,不同的渠道获得的客户对公司来说具有不同的终身价值(Verhoef 和 Donker,2005;Villanueva 等,2008)。因此,整合客户服务在多渠道整合战略中显得尤为重要。首先,整合客户服务意味着全渠道所有成员提供相同或兼容的服务标准,无论该服务是在购买之前、购买期间、产品交付期间还是在产品退货阶段提供的（Gulati 等，2000；Willcocks 等，2001）。其次，建立一个多渠道的即时通信工具是企业客户服务不可或缺的关键之一。因为对于客户而言，跨各种渠道的综合服务至关重要，他们所需要的客户服务应该是方便的、及时的、专业的。不管选择何种渠道，在何时何地，通过任何设备，消费者都希望遇见的问题能够在最短的时间内由合格的专业人员来处理，因此，及时解决问题才是良好服务的关键。最后，选择全渠道接入的多渠道在线客服系统，利用即时通信工具重新赋能客户服务，是企业在互联网环境下提高企业客服服务水平和效率的必然要求。Hart 等（1990）和 Zemke 等（1990）指出，收集客户反馈被认为是多渠道整合客户服务中一个关键的服务补救措施。那么通过这一系统，还能便于客户从多角度向公司反馈服务过程中的相关问题。

另外，多渠道整合模式提供了服务顾客的更多可能性，不同渠道的服务特征与内容可能有一些差异，如何合理整合协同不同渠道为顾客提供无缝一致的服务也变得尤为重要。埃森哲（Accenture）的一份研究报告（Carroll 和 Guzmán，2016）指出，在全渠道零售中提供无缝的客户体验，就是要努力了解客户的新期望，包括充分了解你的客户，提供个性化的服务，协调所有接触点的客户体验。最近的研究还呼吁进一步关注提高全渠道零售服务能力的问题（Beck 和 Rygl，2015；Chen 等，2018）。Shi 等（2020）则从连通性、整合性、一致性、灵活性和个性化五个维度衡量全渠道消费者体验。其中，连通性是指跨渠道的服务内容和信息之间的深度联系和互联程度。在全渠道环境下，顾客经常从一个渠道切换到另一个渠道，期望全渠道零售商引导方向，促进渠道的平稳过渡（Joseph，2015）。例如，通过扫描实体店的 QR 或条形码，可以轻松检索在线或移动渠道中的产品信息（Beck 和 Rygl，2015）。这种联系使客户在全渠道购物时更容易找到最喜欢的方式来执行某项任务（例如，查看客户评论）。此外，研究指出，无缝的客户体验需要与其他相关渠道进行深度链接，以优化流量漏斗（Piotrowicz 和 Cuthbertson，2014）。例如，移动应用程序可以为客户提供最近的实体店的方向和营销信息，供客户试用产品（Dwivedi 等，

2017）。因此，互联网购物体验将增强全渠道购物的感知兼容性，使消费者在跨渠道购物时能够自由选择最符合自己习惯或偏好的渠道。

整合性是指客户认为所有的信息系统和服务内容在不同的渠道上得到了很好的统一和整合。渠道整合被认为是多渠道购物和全渠道购物之间最显著的区别，因为它使零售商能够保持跨渠道每个客户的统一记录（Saghiri 等，2017）。例如，一个集成的信息系统可以跨渠道识别客户的购买历史（Beck 和 Rygl，2015）。在传统的购物环境中，顾客通常被限制在一个单一的渠道，顾客数据和产品信息是高度集成的。因此，在全渠道购物环境下，也应该强调整合，以匹配顾客的购物偏好（Verhoef 等，2015）。例如，零售商可以通过发放可在下次跨渠道购买时兑换的礼券来促进销售。所有这些给顾客带来的好处会让他们觉得全渠道购物与他们的购物信念和价值观是一致的。

一致性是指客户在不同渠道中体验到的内容和流程一致性的程度。一方面，跨渠道的一致服务和信息提高了渠道透明度（Shen 等，2018）。渠道间的透明度使顾客了解并熟悉全渠道购物中提供的服务和信息，这与他们的购物信念相一致（Denis 和 Karsenty，2004）。此外，渠道之间的一致性会减少渠道转换所需的认知努力（Mosteller 等，2014），这使顾客认为全渠道购物与之前的购物体验是兼容的。另一方面，需要注意的是，跨渠道的产品质量和价格策略的一致性降低了信息不对称和感知风险（Kazancoglu 和 Aydin，2018）。此外，在全渠道购物过程中，来自不同渠道的一致反应可以降低任务歧义和渠道转换风险（Rodrígueztorrico 等，2017）。以往的研究也表明，跨渠道的信息一致性可以产生协同效应，在切换到其他渠道时促进服务连续性，从而降低全渠道购物的绩效相关风险（Lee 和 Kim，2010）。

灵活性是指在将任务从一个渠道迁移到另一个渠道时，为客户提供灵活选择和体验连续性的程度。当客户切换到不同的渠道时，他们可能会担心支付的安全性、产品的可用性和交付的性能（Kazancoglu 和 Aydin，2018）。在购物过程的每个阶段切换渠道的灵活性增强了可感知的控制并降低了风险（Juanedaayensa 等，2016）。例如，全渠道零售商可以让客户在网上了解产品，并在实体店评估产品质量，然后在另一个渠道订购和提货（Picot 等，2016）。在这方面，客户享有更多的自由，感知不确定性更少，从而降低感知风险。此外，全渠道购物的灵活性保证了渠道过渡的连续性，促进了购物的便利性，降低了全渠道购物过程中与系统故障、交易错误、自主性低等相关的感知风险（Shen 等，2018）。

个性化是指顾客在全渠道购物中获得个性化关注和个性化服务的程度。据报道，个性化被认为是数字零售中评估客户体验的最高标准（Bhalla，2014）。随着支持跨渠道管理客户数据的技术进步，零售商能够更好地分析客户行为，并提供个性化服务，如提供定制的购买建议，根据个人偏好发送促销信息，以及提供基于位置的服务（Oh 和 Teo，2010）。尽管在全渠道零售中，顾客将零售商的不确定性视为一个重大风险（Fei 和 Su，2017），个性化服务可以帮助顾客在更知情的情况下进行购买，从而减少这种不确定性。此外，个性化服务使客户相信全渠道零售商关心个人客户，这将增强信任，降低风险感知（Schramm 等，2011）。Li 等（2018）也认为，在全渠道零售中，增强零售商的信任和形象可以减少零售商的不确定性和风险感知。

然而，现有研究对于服务协同的内容、方式、时间、价格以及不同渠道中同一顾客购买决策阶段和交叉购买决策阶段哪些环节进行协同都缺少相关研究。此外，尽管多渠道便利的交叉退换货提升了顾客满意度，但也给企业带来了一些额外成本，关于最优的退换货服务政策应该如何制定，哪些商品能被允许提供交叉渠道退换货服务，是否应该收费等问题都缺少研究。

5.2.6 整合物流服务

整合物流服务是多渠道整合策略中影响消费者满意度及忠诚度的关键因素（Murfield 等，2017）。多渠道整合下的物流配送要求使客户和零售商都无法再区分渠道（Beck 和 Rygl，2015；Verhoef 等，2015），其中管理者需要确保完整的分销、物流和运输解决方案，以便零售商能够以最有效的方式利用他们的供应渠道及时将产品/服务交付给客户（Hübner 等，2016）。多渠道零售商各渠道用户数据的整合是实现物流体系变革的基础，库存可视化从物流前端着手提升零售商发货速度，仓储运营及管理的柔性化帮助企业降低物流成本，智能化及自动化的物流设备助力高效完成物流配送服务。此外，线下门店需要具有终端仓储、配送、履单运营中心的功能，使其自身成为兼具销售、体验、展示、自提、售后服务、仓储等各种功能的"超级门店"。完善"最后一公里"配送服务，是多渠道整合模式取得成功的关键要素。作为商品到达消费者手中的最后一个物流环节，与消费者的整体服务体验有着直接联系，因此可以成为零售商的营销载体（杜凤林，2017）。

整合物流与零售商提供店内产品提货和退货速度以及信息服务（如在线商店库存信息）的能力相关（Goersch，2002）。通过与客户的一个通用物流接口，可以通过门店处理远程订单，也可以通过门店内的订单送货上门（Hübner、Holzapfel 和 Kuhn，2016）。为了应对多渠道整合情境下对零售商的物流服务水平提出的更高要求，多渠道零售商往往选择与专业的第三方物流服务商展开合作，从而为消费者提供优质的全渠道购物服务体验（杜凤林，2017）。例如，率先布局全渠道的王府井百货就采用了与第三方物流服务商进行合作的方式。电商企业则在多渠道整合实施过程中，尝试与线下零售商展开合作，从而完善自身的物流服务。例如，京东同样与线下商家进行合作，使线上和线下交易信息保持实时同步，全面整合线上线下会员体系、供应链、营销推广、流量入口等各种各样的优势资源，将线下门店作为线上产品的体验中心，促进线上及线下用户流量的相互转化。全渠道模式驱动下，供应链末端的存储模式也发生转变，将更受消费者欢迎的产品储存在末端的仓库，而相对冷门的商品则存储在区域仓库中，使商品销售能够借助物流环节做出更为快速的反应。

多渠道整合情境下的物流系统同样应遵循效率原则进行设计，具体从为客户创造价值和努力降低满足客户要求所需的成本两方面对配送系统进行评估（Chopra 和 Meindl，2016）。从物流角度而言，客户价值通过交付服务创造，涉及四个要素"交货时间""交付可靠性""交付质量"和"交付灵活性"；成本可以从运营分销网络中得出，分配在五个关键的物流功能，即"运输""库存管理""仓储""订单管理"和"包装"（Pfohl，2018）。而零售基础设施则主要考虑由零售商所提供的能够满足客户订单（远距离或固定位置）需求的地点，可以细分为"配送中心"和"实体商店"（Hübner 等，2016）。研究表明，利用现有基础设施，重新设计配送中心的活动及其范围成为创建全渠道零售转型过程中的一个关键挑战和成功因素（Freichel 和 Wörtge，2018）。此外，门店的整合和设置对于为多渠道零售商创造卓越的供应链起着至关重要的作用。因此，Freichel 和 Wörtge（2018）建立了零售物流中典型的供应链网络框架，包括前向分销网络和后向分销网络（见图 5.10）。在多渠道整合情境下，前向分销网络中关注从物流视角考虑基于库存、基础设施和运营的渠道整合或渠道分离，以及远距离订单的集中还是分散履行。当多渠道零售商具备先进的基础设施、集中化库存管理（Agatz 等，2008）和其他相关流程时，整合前向分销系统是更好的选择，因为运输和订单数量规模经济可帮助降低总分销成本（Vaccaro 和 Iyer，2005）。另外，零售商必须依据双方需求谨慎选择特定的调度地点组合，正如 Ishfaq 等（2016）所提到的，从分销网络的每个点了解履行成本可能会导致最高效的分配，因为订单被分配到"最合适"的调度位置。后向分销网络中关注如何使用商店作为退货点，以及选择最佳退货处理位置。超过20%的退货率（取决于产品类型）在零售业十分常见（Asdecker，2018）。从客户视角来看，选择零售商品时，高效便捷的退货流程是一个主要的选择标准（ebay，2016）。整合逆向物流意味着逆向物流不同阶段和不同渠道之间的联系。因此，关于返回点、库存保持点和产品逆向流动的信息应该是可检索、可追踪和可更改的（Skinner 等，2008）。Bernon 等（2016）阐明，在全渠道零售中，多个退货地点的整合是提高顾客满意度的关键，并建议与 LSP（物流服务提供商）和兄弟公司展开合作，建立一个退货网络。Freichel 和 Wörtge（2018）认为，在全渠道零售中，退货便利性具有明显的竞争优势，因此零售商应根据消费者的喜好，在其分销网络中开发合适的解决方案。并且考虑到任何退货渠道在处理速度、退货效率和库存再平衡方面都有特定的优缺点，零售商还需要仔细评估不同的退货点，从而选择最佳的退货处理地点。

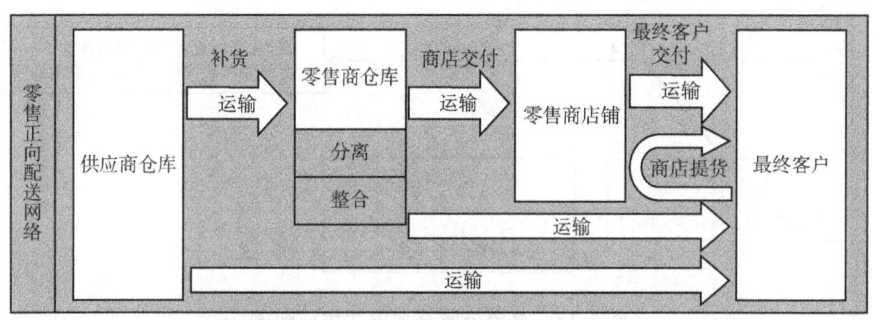

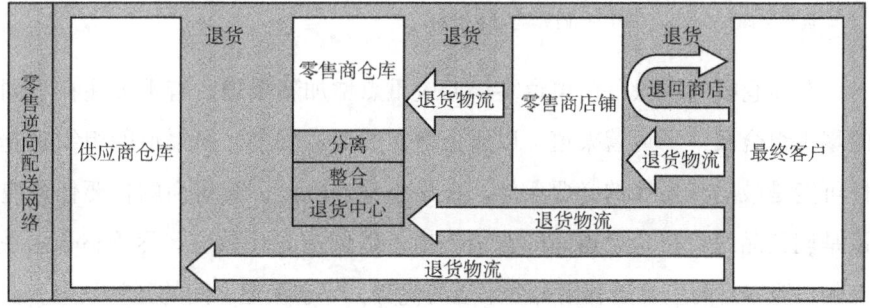

图 5.10　零售物流中典型的供应链网络

资料来源：参考 Freichel 和 Wörtge（2018）研究绘制。

5.3　路线——多渠道整合战略实施路线图

Cao（2019）从进化的角度为如何实施多渠道整合战略找到了答案，并采用零售商业模式视角作为分析框架，为零售商实施多渠道整合战略提供了四个阶段的模型（阶段1：筒仓模式、阶段2：最小整合、阶段3：适度整合、阶段4：完全整合）。零售商实施多渠道整合战略的四个阶段涉及渠道之间不同级别的协作。在每个阶段，企业都应该关注关键活动，通过遵循价值创造的特殊核心逻辑来实现其主要目标（见图5.11）。

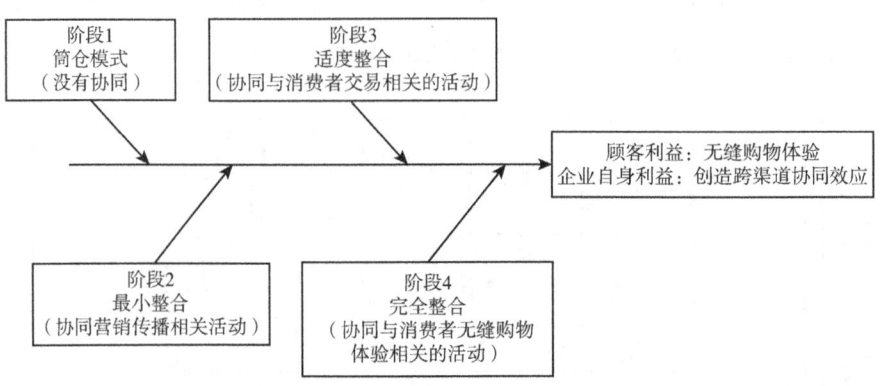

图5.11 多渠道整合战略实施路线图

资料来源：在Cao（2019）研究基础上绘制。

在筒仓模式阶段，多渠道零售商应重点增加新渠道，着重关注在不同的零售组合政策下运营渠道，以避免潜在的渠道蚕食。新渠道的组织独立性可能是鼓励其发展的必要条件。在最小整合阶段，零售商的首要任务应该是调整品牌，整合渠道间的营销传播，以创造光环效应。尽管整合水平有限，但零售商应开始利用每个渠道的优势，寻求渠道之间的互补效应。在中等集成阶段，他们应该能够简化客户订单履行程序并集成客户信息访问通道。使用多个渠道实现与消费者的一笔交易为零售商创造了交叉销售和/或追加销售机会。因此，在这一阶段，零售商必须了解各渠道的库存情况。在完全集成阶段，零售商应通过调整基本原则和跨渠道集中后台运营，进行根本性的战略变革，以提供无缝的客户体验。与此同时需要进行组织转型以加强跨渠道绘制消费者旅程图的能力，并将数据整合到整个业务运营中。结合所有渠道在整个采购过程中为消费者提供量身定制的产品和服务对零售商—消费者参与至关重要（Cao，2019）。多渠道整合战略实施每个阶段及其目标、关键活动和创造价值的核心逻辑在表5.3中进行了总结。

表 5.3　多渠道整合战略实施：阶段、目标、关键活动和创造价值的核心逻辑

实施阶段	目标	关键活动	为顾客和企业创造价值的核心逻辑
阶段 1 筒仓模式	通过尽可能多的渠道销售产品或服务，但独立运营这些渠道。	1. 涉及不同渠道：网站、目录、手机、社交媒体和呼叫中心； 2. 不同零售组合政策：不同渠道价格、品牌、分类政策以及服务均不同。	避免渠道蚕食并确保线上渠道的独立性以鼓励其发展。
阶段 2 最小整合	协同优化已建立的渠道，重点关注与消费者进行营销沟通相关的活动。	整合营销传播： 所有渠道一致使用相同品牌； 跨渠道传递一致营销信息。	充分利用每个渠道的优势，打造光晕效应（Halo Effect）。
阶段 3 适度整合	协同优化已建立的渠道，重点关注与消费者交易相关的活动。	1. 简化消费者订单履行：BORIS、BOPS 等； 2. 整合消费者信息访问：访问在线库存和门店员工完成的在线订单；允许在线消费者浏览商店中的库存；允许商店员工和消费者通过移动设备访问更多、更丰富的信息。	提高跨渠道库存可视性增加交叉销售和追加销售。
阶段 4 完全整合	协同优化已建立的渠道，重点关注与消费者无缝购物体验相关的活动。	1. 基本面的一致性：跨渠道服务、促销、价格、忠诚度计划、产品组合协同； 2. 集中化后端系统：商品规划系统整合、跨渠道物流整合、信息系统整合、跨渠道呼叫中心服务、跨渠道整合客户端数据库； 3. 组织转型：跨渠道共享知识、招聘具有零售和电子商务双重能力的人才、改变组织结构以适应不同渠道的整合、与线上和线下销售挂钩的激励制度。	绘制客户旅程图；将客户数据和消费者洞察纳入业务运营；提供量身定制的产品和服务。

资料来源：在 Cao（2019）基础上绘制。

对于企业从业者来说，该模型为零售商从多渠道零售转向全渠道零售提供了指导路线图。对于学术界来说，该模型表明，多渠道整合的实施是一个分阶段发展的过程，在这个过程中向前推进的进程与零售商的顺序承诺相关。尽管对消费者和企业价值的追求促使零售商在跨渠道整合过程中向前迈进，但顺序承诺允许企业调整其后续每一轮的投资计划。决策者应

谨慎判断其公司是否继续投资，尤其是考虑到跨渠道整合的利润回报尚不明确（Zhang 等，2010），短期内可能会下降的问题（Xue 等，2011）。因此，关于多渠道整合环境下企业战略决策、资源分配、指标和激励、设计和数据管理的研究问题可能会有所启示。

通过整合能够实现多渠道整合系统的渠道可视性。渠道可视性（Channel visibility）通常指供应链成员提供、共享或检索所需及时信息的能力（Goh 等，2009）。在多渠道整合框架下，信息可以是关于产品、消费者、库存、交付、退货等。因此渠道可视性包括以下内容：产品可视性意味着在全渠道成员和消费者之间保存和共享产品数据，包括产品的技术、实物、组成以及成份数据（Musa 等，2014）。需求可视性是关于市场趋势、需求规模、消费者品位、消费者行为和类似需求数据，以及相关全渠道方对这些数据的可访问性。例如，不同渠道需求数据的可用性有助于全渠道系统更有效地移动或保存产品（Lau，2012）。促销、交易和产品信息的整合支持需求可视性，这将导致更准确的需求预测、更好的供需匹配以及更有效的库存流（Lehtonen 等，2005）。订单或支付可见性包括向全渠道系统的相关部分提供单个消费者的支付数据，可应用于消费者和其他全渠道方。通过访问其账户，消费者可以更好地了解自己的付款和支出记录（Carton 等，2012）。同样地，其他渠道可以将支付数据用于订单履行、退货、定价和库存活动。库存可见性是指库存状态和位置信息，应可通过多渠道整合系统访问和检索。更广泛的渠道选择、产品的易腐性以及单个渠道需求的更高水平的不稳定性使库存可见性更为重要。库存可见性促进了产品的跨渠道移动，并改善了供应和运输决策（Swaminathan 等，2003；Xia 等，2010）。运输或交付可见性是关于交付条件、交付状态、装运物品位置和交付证明的透明度。运输可见性使交付更加可靠（Musa 等，2014）。供应链可见性是指消费者和多渠道整合系统各方对产品原产地和供应过程的认知。材料来源及生产过程的可视性对于全渠道的逆向物流部分也很重要，例如当一些产品需要回收、重新组装或拆卸时（Boyer 等，2013）。总之，整合和可视性协同会促进多渠道整合系统实现。

第6章

效价——新零售企业线上线下多渠道整合服务效果评价

6.1 新零售企业线上线下多渠道整合服务质量对购买意愿的影响

6.1.1 研究模型与研究假设

本部分采用文献研究与深度访谈的方法，深入探究了在多渠道整合情景下，顾客购买意愿的影响机制，据此设定相应的机制模型（见图6.1、图6.2、图6.3），并提出研究假设（表6.1）。其中，将渠道整合服务质量作为自变量，将购买意愿作为因变量，引入品牌体验和品牌信任作为中介变量，形成双中介效应模型，并依据相关理论分析提出9个研究假设。其中有三条路径可以明确表现中介机制作用，分别为：多渠道整合服务质量会通过影响品牌体验而进一步影响顾客购买意愿、多渠道整合服务质量会通过影响品牌信任而进一步影响顾客购买意愿、多渠道整合服务质量会通过影响品牌体验再进一步影响品牌信任，最终作用于顾客购买意愿。

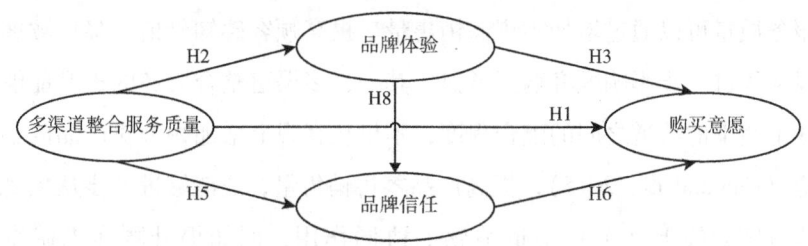

图 6.1 多渠道整合服务质量与购买意愿之间的影响机制

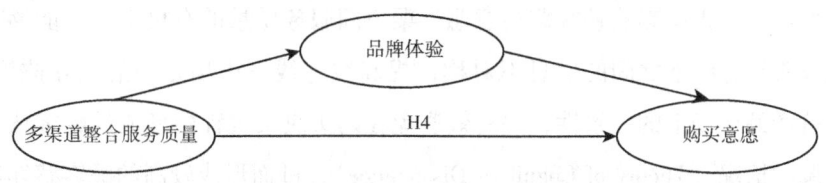

图 6.2 品牌体验作为中介变量的作用机制

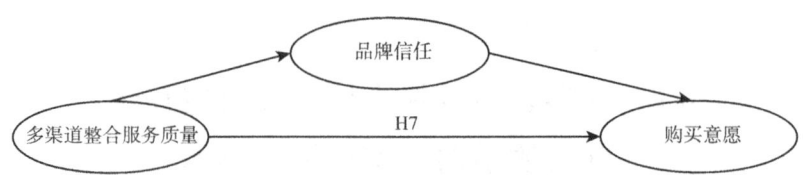

图 6.3　品牌信任作为中介变量的作用机制

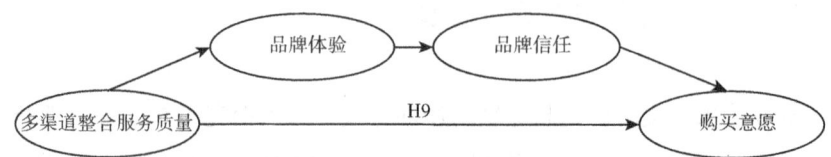

图 6.4　品牌体验与品牌信任作为链式中介的作用机制

1. 多渠道整合服务质量与购买意愿之间的影响

多渠道整合服务质量直接影响顾客购买意愿。多渠道整合服务质量是新零售模式出现之后为完善整合效益的评价体系而逐渐演化形成的,是对传统渠道服务质量的拓展,已有研究得出渠道的服务质量对顾客的购买意愿起到显著的影响(Cronin 等,2000;刘畅等,2015),具体而言,多渠道服务质量可以通过增加零售商销售量、提高顾客感知价值、降低顾客感知风险等进一步影响顾客购买意愿。其一,多渠道整合服务的提升能够提升线上线下的渠道之间的配合程度,不仅从客观上增加顾客对产品的触达渠道(Cao and Li,2015),提高产品零售销售量,还能够进一步从主观上形成顾客对线上(下)渠道情感的协同作用,例如提升顾客忠诚度等(Frasquet 等,2017)。其二,多渠道整合服务质量能够通过提升顾客感知价值进一步正向影响顾客购买意愿。渠道间服务质量的有机整合,能够有效改善线上线下之间的信息不对称,提高线上线下市场之间的相互监管,保持产品市场上的一致性,并有效避免在购买决策过程中形成的顾客认知失调的情况(Theory of Cognitive Dissonance),进而形成较高的顾客感知质量与价值。在此基础上,Grewal 等(1998)进一步发现顾客感知价值与顾客购买意愿之间存在显著的相关关系。其三，多渠道整合服务质量能够通过降低顾客感知风险进一步正向影响顾客购买意愿。一方面，多渠道整合能够通过对线上线下渠道进行深度融合，进而实现优劣互补，降低顾客感知风险。线下渠道通过面对面交易，拥有即到即买即得的优势，降低了交易过程中的产品质量风险与时间风险，能够快速构建消费者对产品的信任感。但是其固定的地理位置以及消费数据的分散性，导致企业面临的财务风险与社交风险逐渐攀升，线上渠道的拓展可以恰好弥补这些劣势。另一方面，多渠道整合能够对渠道之间的"灰色地带"产生一定的挤出效应，有效压缩了市场中假冒伪劣产品的生存空间，进而降低顾客感知风险。在此基础上，Lopez-Nicolasa and Molina-Castillo（2008）进一步研究证实了在消费者购买的整个过程中，尤其是在消费环节，顾客感知风险的程度以及顾客风险态度等因素产生着重要作用。并且根据 Philip Kotler 的顾客受让价值理论，也可以合理推出多渠道整合服务质量能够通过提升顾客感知价值或降低顾客感知风险的方式最终增加顾客的受让价值，从而形成更高的购买意愿。由上述可知，多渠道整合服务质量对顾客购买意愿起到积极的正向作用。据此提出假设：

H1：多渠道整合服务质量对购买意愿产生积极的正向影响。

2. 品牌体验在多渠道整合服务质量与购买意愿之间的中介作用

多渠道整合服务质量对品牌体验产生积极的正向影响。多渠道整合通过提升服务效率、服务质量、改变消费氛围等途径来改善顾客的品牌体验。已有学者运用扎根理论探讨过线上线下整合的服务效率会显著改变顾客的品牌体验（刘铁等，2014），这种服务效率的提升会作用于消费的每个环节，通过高效整合多渠道零售商的信息流、资金流、物流等，实现了顾客与企业之间更密切的沟通交流，短期改善顾客单笔消费体验的流畅度，长期改善顾客整体消费体验的满意度。王志远等（2018）将系统使用者和终端消费者作为研究主体，探讨发现多渠道整合的质量会对顾客品牌体验的质量产生一定的影响，当多渠道整合程度越深，渠道之间服务的一致性越强，顾客对于品牌体验会形成更加清晰的认知，从而提升顾客的体验质量。Eleonora 和 Harry（2014）也认为多渠道整合能够使顾客与企业交互的每个接触点之间保持一致，有利于形成和谐共生的消费氛围，顾客在与企业智能终端互动的过程中能够激发出全新的体验价值，并形成具有一定特色的品牌体验。

品牌体验对顾客购买意愿产生积极的正向影响。随着消费主体的变化，零售行业逐渐进入了体验经济时代，通过品牌体验来提升顾客购买意愿是目前多数零售企业为了脱颖而出选择的首要战略。极致的品牌体验能够在顾客消费行为的动机、搜索、选择、购买以及反馈各个环节中带来积极的顾客情绪，进而对顾客购买意愿产生正面影响（Gentile 等，2007；Wu 等，2014；宋明元，2014）。而顾客购买意愿是顾客忠诚度产生的前提条件，持续生成的购买意愿经过积累会逐渐转化为顾客忠诚度，因而良好的品牌体验会进一步影响顾客忠诚度（Brakus 等，2009；Iglesias 等，2011；薛海波和王新新，2009）。

综上所述，渠道是零售企业与顾客之间实现价值交互的重要环节，多渠道的扩展将传递服务价值与实现顾客价值的过程复杂化，但多渠道服务的整合则帮助顾客筛选高质量信息，减少第三方介入，就传递服务价值的过程来说，零售终端与顾客之间的深度互动能够丰富品牌体验，而就实现顾客价值的结果来看，超然的品牌体验能够更大限度符合顾客的消费预期，从而形成鲜明的购买意向（郭红丽和袁道唯，2010）。据此提出假设：

H2：多渠道整合服务质量对品牌体验产生积极的正面影响。

H3：品牌体验对顾客购买意愿产生积极的正向影响。

H4：品牌体验在多渠道整合服务质量与购买意愿之间起到中介作用。

3. 品牌信任在多渠道整合服务质量与购买意愿之间的中介作用

多渠道整合服务质量对品牌信任产生积极的正向影响。随着线上零售渠道的逐渐普及，线下与线上平台以及各类线上渠道之间销售信息产生一定差别，层次不齐的价格与质量使消费者对零售商品牌信任的稳定性较差，多渠道整合能够有效缓解信息差，提高顾客的品牌信任。现有研究中，Yang等（2008）也指出渠道整合能够有效促进信任转移，并推动顾客对零售商整体的品牌信任，其进一步引用群体理论研究表明了在渠道整合的作用下，单一渠道的信任会通过产生"晕轮效应"而逐渐转移到多渠道之间，形成更深刻的品牌信任，举例来看即顾客在线下实体店销售过程中形成的品牌信任，在线上网店的零售情景中该品牌信任依旧存在（Hahn和Kim，2009；Lee等，2011）。

品牌信任对顾客购买意愿产生积极的正向影响。根据理性行为理论（Theory of Reasoned Action，TRA），个体的行为倾向主要取决于个体对事物的感性认知，认知会通过个体的实际行为而表现出来。依据该理论，已有学者通过实证研究证明，顾客能够明确感知零售商做出的品牌承诺，并且其对品牌信任的程度会显著影响其购买行为倾向（王玮和陈蕊，2013），这种行为倾向也指顾客购买意愿（Laroche和Sadokierski，1994；Lau和Lee，1999；Morhart等，2015）。

品牌信任在多渠道整合服务质量与购买意愿之间起到中介作用。品牌信任是顾客与零售商品牌之间的核心纽带，顾客的品牌信任会很大程度上反映顾客购买意愿。社会临场理论（Social Presence Theory）指出，社会临场感的缺失会减少人对与他人联系的感知程度。作用于零售情境时，线上渠道的低社会临场感，显著减少了顾客与零售商之间的实际沟通，现场交易之中的亲密性、熟悉性、即时性、立刻性的表现减少，反而增加了交互之间的不确定性，而多渠道整合通过拓展线下渠道弥补了临场感，同时线上线下信息的一致性推动了品牌信任的提升，增加了顾客购买意愿。据此提出假设：

H5：多渠道整合服务质量对品牌信任产生积极的正向影响。

H6：品牌信任对顾客购买意愿产生积极的正向影响。

H7：品牌信任在多渠道整合服务质量与购买意愿之间起到中介作用。

4. 品牌体验和品牌信任在多渠道整合服务质量与购买意愿之间的链式中介作用

品牌体验对品牌信任产生积极的正向影响。已有学者从不同角度对品牌体验与品牌信任之间的关系进行过探讨。杨路明和马孟丽（2016）从社会临场感视角出发，采用逐步回归法研究得出，有过线下经验的顾客在网购中能够获得更高的临场感，唤起顾客在网购中的愉悦体验，顾客的品牌体验会在多次消费行为中重复积累，最终沉淀转化为顾客对该品牌的信任感即品牌信任。熊立和赵建彬（2015）从心理距离视角出发，采用实证方法验证了品牌体验对品牌信任的积极影响，品牌体验留给顾客的印象愈好，二者之间的心理距离越近，顾客重复体验品牌的意愿也越大，此时就会产生品牌信任，品牌信任是品牌体验的最终目标（Garbarino 和 Johnson，1999；Arjun 和 Morris，2001）。据此提出假设：

H8：品牌体验对品牌信任产生积极的正向影响。

H9：品牌体验和品牌信任在多渠道整合服务质量与购买意愿之间起到链式中介作用。

表 6.1　　　　　　　　　研究假设汇总

假设	假设内容
H1	多渠道整合服务质量对购买意愿产生积极的正向影响
H2	多渠道整合服务质量对品牌体验产生积极的正向影响
H3	品牌体验对顾客购买意愿产生积极的正向影响
H4	品牌体验在多渠道整合服务质量与购买意愿之间起到中介作用（见图 6.2）
H5	多渠道整合服务质量对品牌信任产生积极的正向影响
H6	品牌信任对顾客购买意愿产生积极的正向影响
H7	品牌信任在多渠道整合服务质量与购买意愿之间起到中介作用（见图 6.3）
H8	品牌体验对品牌信任产生积极的正向影响
H9	品牌体验和品牌信任在多渠道整合服务质量与购买意愿之间起到链式中介作用（见图 6.4）

6.1.2 变量测量

1. 多渠道整合服务质量

多渠道整合服务质量的测量方法,主要参考Sousa和Voss(2006)所开发的量表,该量表中包含四个维度,为了进一步贴近中国情境,辅助参考吴锦峰等(2014)在各个维度中的具体表述,分别包括服务构造透明度、渠道选择的自由度、内容一致性与过程一致性,其中具体题项共计14个(见表6.2)。

表6.2 多渠道整合服务质量测量量表(14题)

变量	维度	编号	题项	参考依据
多渠道整合服务质量(Multi-channel Integrated Service Quality)	服务构造透明度(Transparency of Channel Service Configuration)	TCS1	购物前,我了解该品牌零售商线下实体店和线上网店	Sousa和Voss(2006);吴锦峰等(2014)
		TCS2	我熟悉该零售商的线下实体店和线上网店	
		TCS3	我知道如何利用该品牌零售商的实体店和网店的不同特性来满足自己的需求	
	渠道选择自由度(Breadth of Channel Choice)	BCC1	该品牌零售商支持线上网店订货,线下实体店取货	
		BCC2	该品牌零售商支持线上网店订货,线下实体店退换货与维修	
		BCC3	线下实体店能为我在线上网店购买的产品提供服务	
	内容一致性(Content Consistency)	COC1	该品牌零售商线上网店和线下实体店商品信息一致	
		COC2	该品牌零售商线上网店和线下实体店价格信息一致	
		COC3	该品牌零售商线上网店和线下实体店促销信息一致	
		COC4	该品牌零售商线上网店和线下实体店库存信息一致	

续表

变量	维度	编号	题项	参考依据
多渠道整合服务质量（Multi-channel Integrated Service Quality）	过程一致性（Process Consistency）	PRC1	该品牌零售商线上网店和线下实体店服务形象一致	
		PRC2	该品牌零售商线上网店服务和线下实体店服务保持同等水平	
		PRC3	我对该品牌零售商线上网店和线下实体店的服务有相同的感知	
		PRC4	该品牌零售商线上网店和线下实体店在服务及时性方面一致	

2. 购买意愿

购买意愿的测量方法，主要参考 Yoo 和 Donthu（2011）所开发的量表，其中仅包含单个维度，在题项的具体表述中辅助参考了 Pavlou（2003）和 Lin 等（2011）学者的研究成果，各个题项均经过多次英汉互译修改以确保意思表达的准确性，共包括 3 个题项（见表 6.3）。

表 6.3　　　　　　　　购买意愿测量量表（3 题）

变量	编号	测量题项	参考依据
购买意愿（Purchase Intentions）	PI1	如果有需要，我打算从该品牌零售商线下实体店或线上网店购买	Yoo 和 Donthu（2001）；Pavlou（2003）；Lin 等（2011）
	PI2	我很可能在不久的将来从该品牌零售商线下实体店或线上网店购买商品	
	PI3	我希望在不久的将来从该品牌零售商线下实体店或线上网店购买商品	

3. 品牌体验

品牌体验的测量方法，主要参考 Brakus 等（2009）所开发的量表，其中包含了四个维度，为进一步提高问卷数据的有效性，辅助参考李启庚和余明阳（2011）在各个维度的具体表述，分别为感官体验、情感体验、行为体验、思考体验，其中具体题项共计 12 个（见表 6.4）。

表 6.4　　　　　　　品牌体验测量量表（12 题）

变量	维度	编号	题项	参考依据
品牌体验 （Brand Experience）	感官体验 （Sensory Experience）	BES1	该零售商品牌给我留下很深的视觉及其他知觉印象	Brakus 等（2009）； 李启庚和余明阳（2011）
		BES2	该零售商品牌给我良好的视觉、触觉、听觉等感受	
		BES3	该零售商品牌设计符合我的审美标准	
	情感体验 （Affective Experience）	BEA1	该零售商品牌能激发起我的某种情感	
		BEA2	购买该零售商品牌的产品使我感到快乐	
		BEA3	我对该零售商品牌产生了较深的感情	
	行为体验 （Behavioral Experience）	BEB1	每当该零售商品牌有新产品或服务推出时，我都会试图体验一下	
		BEB2	该零售商品牌的营销活动很吸引我	
		BEB3	我愿意参与该零售商品牌组织的一些营销活动	
	知识/思考体验 （Intellectual Experience）	BEI1	接触该零售商品牌使我获得了很多信息和知识	
		BEI2	该零售商品牌激发了我的好奇心	
		BEI3	当接触该零售商品牌时，我进行了一些思考	

4. 品牌信任

品牌信任的测量方式，主要参考 Arjun 和 Morris（2001）所开发的单维量表，为进一步提高问卷数据的有效性，确保问题的表达符合国人思维，各个题项均通过多次英汉互译与专家访谈，共包括 4 个题项（见表 6.5）。

表 6.5　　　　　　　品牌信任测量量表（4 题）

变量	编号	测量题项	参考依据
品牌信任 （Brand Trust）	BRT1	我相信该零售商品牌	Arjun 和 Morris（2001）
	BRT2	我依赖该零售商品牌	
	BRT3	该零售商品牌是一个诚实的品牌	
	BRT4	该零售商品牌是安全可靠的	

6.1.3 研究设计

1. 问卷内容

调查问卷的设计主要包括四个部分：前言、解释变量测度、相关变量测度以及控制变量测度。具体而言，第一部分为前言部分，主要内容有：说明发布调查问卷的研究者的身份、研究目的、填写问卷过程中的注意事项以及涉及保密问题的保密性承诺。为了得到更具有参考价值的数据，这部分包含一部分筛选性问题，选出在多渠道零售商具有消费经验的顾客。第二部分为解释变量的测度即多渠道零售商整合服务质量的测度，主要从服务构造透明度、渠道选择自由度、内容一致性、过程一致性四个方面进行衡量。第三部分为相关变量测度，其中包括中介变量品牌体验和品牌信任的测度以及被解释变量顾客购买意愿的测量，其中品牌体验主要从感官体验、情感体验、行为体验、思考体验四个角度出发进行衡量。为提高顾客填写问卷的真实性，在提出第二部分和第三部分的问题时，需要将被调查者引入具体的零售商线上线下销售场景中。第四部分为控制变量测度即关于被调查者人口特征，具体内容包括性别、年龄区间、学历、网购年龄、年购物频率、月可支配收入等。为了保证后续结构方程研究的顺利进行，也为了提高对消费者感知测量的精准度，需要选择与二者相匹配的李克特（Likert）7 点量表进行测量，其中 7 - 1 分别代表着完全同意、同意、有点同意、不确定、有点反对、反对、完全反对，分值越大代表着被调查者对所提出问题的同意度越高。

2. 样本选择

本研究选取的调查对象主要为 18—30 岁的青年学生群体。原因如下：首先，"90 后"作为第一批互联网原住民，完整地经历了消费从单渠道向多渠道的转变，且目前已经成为多渠道消费的主力军。依据麦肯锡发布的

《2017年中国消费者调查报告》来看,"90后"的消费潜力还有待挖掘,其增长速度上升,有望成为未来几年影响力最大的消费群体。其次,"90后"目前普遍为学生群体,其负担的家庭成本小,可支配金额中用于消费的比例较大,但同时其可支配金额较少,因而在消费行为中更趋于理性。最后,"90后"正处于培养消费习惯的阶段,学生时期的消费认知对于其进入职场之后、步入家庭生活之后的消费行为形成深远的影响。因而该问卷调查中的主要调查对象选取"90后"青年学生群体。

本次问卷调查的发放主要集中于北京、天津、武汉、太原、南宁等大中城市消费者,为了尽可能获得多元化的样本数据,在实地收集问卷的同时开启了在线收集,以保证足够的样本数据。该问卷调查最终共发放900份,收回628份,问卷调查回收率约为78.5%。剔除了部分答题质量较低的不合格问卷,共计收回有效问卷569份,有效率约为71.1%。

6.1.4 实证分析与结果

本部分研究构建了多渠道整合服务质量影响机制模型,使用SPSS 24.0及Amos 20.0统计软件,详细地分析了各个变量之间的关系。首先,通过描述性统计分析,对不同数据之间的相关性或一组数据中单个变量的特性进行理解,在该环节进一步检验了潜在变量数据是否呈现正态分布情况。其次,进行信效度分析,保证所测量的数据具有可靠性和有效性。再次,通过验证性因子分析,进一步探讨测量因子与量表题项之间的对应关系,分析得出相关指标拟合度不高的二阶潜在变量和观察变量,并剔除这类变量。最后,针对相关变量所构建的结构方程模型进行分析,将因素分析与路径分析有机结合,进一步验证本研究所提出的9个假设,并得出相应的研究结论。

1. 测量模型检验

该部分主要进行了信效度检验,并在此基础上对模型进行修正。首先通过验证性因子分析（Confirmatory Factor Analysis，CFA），对调查数据的信度与效度进行检查。信度是效度的必要条件，为确保达到更好的结论，在效度分析时，可以进一步将其分为收敛效度（Convergent Validity）以及区别效度（Discriminant Validity）进行分别检验。当 Cronbach's α > 0.7 时，表示调查数据具有较高的信度，当测量题项不超过 6 个时，Cronbach's α > 0.6 也在可接受范围之内。根据 Hair 等（2009）的经验值，收敛效度需到达以下 4 个标准：标准化因素负荷量 Standardized Factor Loading（STD）>0.7（0.6—0.7 可接受）；多元平方相关系数（Square Multiple Correlation）SMC >0.5（0.36—0.5 可接受）；组成信度 C.R. >0.7；平均方差萃取量 AVE >0.5（0.3—0.5 可接受）（Fornell and Larcker, 1981）。从表 6.6 中可以看出，研究变量的各项值均满足要求。

表 6.6　　　　　　　　信度效度分析指标汇总

变量	指标	Cronbach's α	标准化因子载荷（STD）	标准化残差（SMC）	组成信度（C.R.）	平均方差萃取值（AVE）
多渠道整合服务质量	服务构造透明度		0.387	0.150	0.785	0.498
	渠道选择自由度		0.619	0.383		
	内容一致性		0.918	0.843		
	过程一致性		0.784	0.615		
服务构造透明度	TCS1	0.729	0.763	0.582	0.748	0.505
	TCS2		0.815	0.664		
	TCS3		0.520	0.270		
渠道选择自由度	BCC1	0.757	0.647	0.419	0.762	0.519
	BCC2		0.823	0.677		
	BCC3		0.678	0.460		
内容一致性	COC1	0.750	0.629	0.396	0.752	0.432
	COC2		0.657	0.432		
	COC3		0.690	0.476		
	COC4		0.650	0.423		

续表

变量	指标	Cronbach's α	标准化因子载荷（STD）	标准化残差（SMC）	组成信度（C.R.）	平均方差萃取值（AVE）
过程一致性	PRC1	0.826	0.694	0.482	0.828	0.547
	PRC2		0.803	0.645		
	PRC3		0.770	0.593		
	PRC4		0.685	0.469		
品牌体验	感官体验		0.526	0.277	0.827	0.551
	情感体验		0.783	0.613		
	行为体验		0.833	0.694		
	思考体验		0.786	0.618		
感官体验	BES1	0.789	0.845	0.714	0.801	0.579
	BES2		0.822	0.676		
	BES3		0.588	0.346		
情感体验	BEA1	0.789	0.728	0.530	0.792	0.559
	BEA2		0.796	0.634		
	BEA3		0.717	0.514		
行为体验	BEB1	0.654	0.551	0.304	0.675	0.412
	BEB2		0.657	0.432		
	BEB3		0.707	0.500		
思考体验	BEI1	0.654	0.710	0.504	0.773	0.533
	BEI2		0.820	0.672		
	BEI3		0.651	0.424		
品牌信任	BRT1	0.783	0.679	0.461	0.801	0.509
	BRT2		0.507	0.257		
	BRT3		0.799	0.638		
	BRT4		0.825	0.681		
购买意愿	PI1	0.840	0.718	0.516	0.842	0.641
	PI2		0.866	0.750		
	PI3		0.811	0.658		

资料来源：Amos 20.0 与 SPSS 24.0 软件报告结果整理。

如表 6.6 所示：Cronbach's α 均大于 0.6，数据均具有较高的信度；组成信度 C. R. 与平均方差萃取量 AVE 均符合收敛效度要求，但服务构造透明度维度 STD = 0.387 < 0.6，SMC = 0.150 < 0.5，感官体验维度 STD = 0.526 < 0.6，SMC = 0.277 < 0.5，行为体验 BEB1 题项 STD = 0.551 < 0.6，SMC = 0.304 < 0.5，品牌信任 BRT2 题项 STD = 0.507 < 0.6，SMC = 0.257 < 0.5，这些变量明显不符合收敛效度要求，遵循变量缩减的修正原则，选择剔除这些变量。另外，内容一致性与过程一致性 4 个题项区别效度均可接受，但 CFA 检验拟合指标不佳，因此结合 STD 与 SMC 值选择剔除 COC1 题项与 PRC4 题项。将剔除服务构造透明度与感官体验两个维度，以及 COC1、PRC4、BEB1、BRT2 四个题项的数据重新进行检验，数据符合信度与收敛效度的要求。

采用置信区间法来检验区别效度。置信区间法主要是通过变量之间的相关系数的置信区间来进行判断，首先要对数据变量进行 Pearson 相关系数分析，其次对该系数的置信区间进行判断，若该置信区间内不包含 1 则说明变量之间不包含完全相关，即变量之间区别效度显著（Torkzadeh 等，2003）。除此以外，Amos 软件中还提供了三种置信区间的估计方式：点估计值 ± 2 倍标准误差（$\phi \pm 2\sigma$）、Bias - corrected Percentile Method 和 Percentile Method。本部分采用了三种方式分别进行估计，表 6.7 数据为分析结果，该分析结果是将数据 Bootstrap 重复估计 5000 次（Hair，2009）后得到，通过数据可知，在 95% 的置信水平下三种估计结果均显示多渠道整合服务质量、购买意愿、品牌体验、品牌信任这四个变量两两置信区间均不包含 1，说明区别效度显著。

2. 结构模型检验

通过 CFA 修正，删除模型中的不合理项后的模型（见图 6.5）各拟合指标表现较佳（见表 6.8）。

表6.7　　　　　变量之间相关系数置信区间估计分析

变量			点估计	点估计值±2倍标准误差		Bias-corrected		Percentile Method	
				Lower	Upper	Lower	Upper	Lower	Upper
多渠道整合服务质量	←→	品牌信任	0.454	0.336	0.572	0.331	0.566	0.332	0.567
多渠道整合服务质量	←→	品牌体验	0.547	0.411	0.683	0.410	0.683	0.410	0.683
多渠道整合服务质量	←→	购买意愿	0.423	0.303	0.543	0.302	0.541	0.298	0.537
品牌体验	←→	品牌信任	0.687	0.587	0.787	0.586	0.779	0.586	0.779
品牌信任	←→	购买意愿	0.559	0.455	0.663	0.454	0.656	0.455	0.657
品牌体验	←→	购买意愿	0.580	0.480	0.680	0.480	0.676	0.478	0.672

资料来源：Amos 20.0 软件报告结果整理。

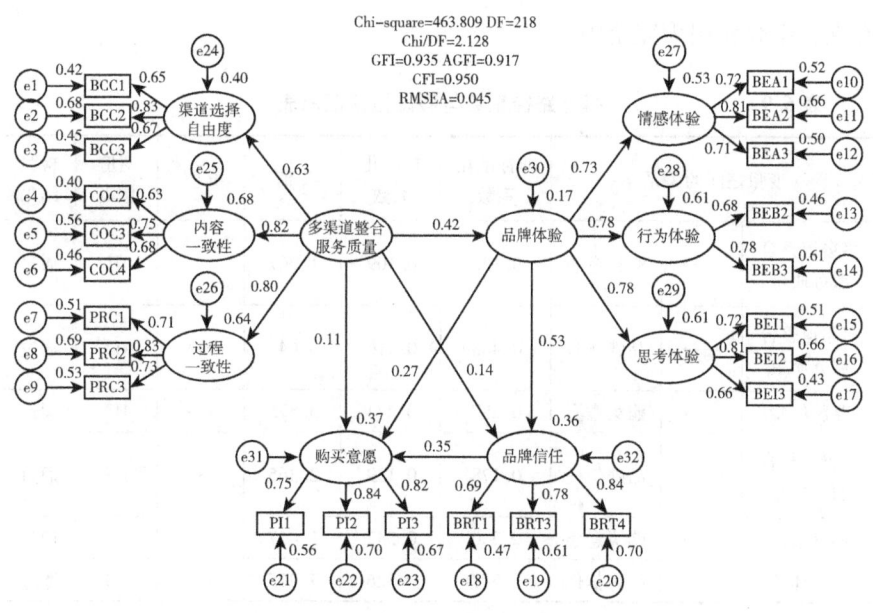

图6.5　结构方程总模型

资料来源：本图来源于 Amos 20.0 报告结果。

表6.8　　　　　　　　　　拟合指标汇总对比

拟合指标	Chi/DF	GFI	AGFI	CFI	RMSEA
拟合结果	2.128	0.935	0.917	0.95	0.045
经验值	<3	>0.9	>0.9	>0.9	<0.08

资料来源：本表数据来源于 Amos 20.0 报告结果。

(1) 假设检验。如表 6.9 所示，验证了理论论述的各潜在变量之间的关系，H1、H2、H3、H5、H6、H8 均在 95% 的置信水平下显著，假设得以验证。品牌体验与品牌信任是否在其中起中介作用，还需进一步使用 Bootstrap 的数据处理技术计算出其置信区间再做进一步判断。置信区间法在检验中介作用机制时的判断标准为，首先判断间接效果置信区间是否包含 0，若不包含 0，则间接效果存在，中介作用存在；进一步，在已经验证了中介作用存在的情况下，判断直接效果置信区间是否包含 0，若不包含 0，代表直接效果存在，中介作用为部分中介，若包含 0，直接效果不存在，中介作用为完全中介。

表6.9　　　　　　　　模型路径系数与假设检验汇总表

变量之间的关系			非标准化系数	标准化系数	T值	P值	对应假设	检验结果
多渠道整合服务质量	→	购买意愿	0.132	0.109	1.967	*	H1	通过
多渠道整合服务质量	→	品牌体验	0.485	0.416	5.642	***	H2	通过
品牌体验	→	购买意愿	0.287	0.274	3.875	***	H3	通过
多渠道整合服务质量	→	品牌信任	0.178	0.139	2.365	*	H5	通过
品牌信任	→	购买意愿	0.330	0.347	5.457	***	H6	通过
品牌体验	→	品牌信任	0.577	0.526	7.225	***	H8	通过

注释：*** 表示 P<0.001，** 表示 P<0.01，* 表示 P<0.05。
资料来源：本表数据来源于 Amos 20.0 报告结果。

(2) 中介效应检验。中介效果分析结果显示（见表 6.10），总间接效果置信区间不包含 0，作用显著，进而说明存在中介作用。分别将品牌体验与品牌信任、品牌体验、品牌信任作为中介变量的模型中，即 X_0、X_1、X_2 检验后显示的特定间接效果置信区间不包含 0，说明特定间接效果显著，验证了假设 H9、假设 H4、假设 H7 成立（见表 6.11），即多渠道整合服务质量会通过影响品牌体验进而影响品牌信任作用于顾客购买意愿的链式中介作用存在；多渠道整合服务质量仅通过影响品牌体验来作用于顾客购买意愿的中介作用存在；多渠道整合服务质量仅通过影响品牌信任来作用于顾客购买意愿的中介作用存在。进一步检验直接效果置信区间，该区间中包含 0，说明直接效果不显著。因此，X_0、X_1、X_2 中介作用为完全中介，根据数据显示中介效果的重要性虽然无显著差异，但中介效果的程度有多差别，品牌体验与品牌信任起到链式中介作用时，此时的中介作用占比约为 $0.092/0.290 = 31.7\%$，而品牌体验作为单独中介时中介作用占比约为 $0.139/0.290 = 47.9\%$，而品牌信任作为单独中介时中介作用占比约为 $0.059/0.290 = 20.4\%$。

表 6.10　　品牌信任、品牌体验的中介效应检验

变量	点估计值	Bootstrapping Bias – corrected 95% CI	
		Lower	Upper
总间接效果			
多渠道整合服务质量→购买意愿	0.290	0.182	0.449
特定间接效果			
多渠道整合服务质量→品牌体验→品牌信任→购买意愿（X_0）	0.092	0.048	0.171
多渠道整合服务质量→品牌体验→购买意愿（X_1）	0.139	0.065	0.259
多渠道整合服务质量→品牌信任→购买意愿（X_2）	0.059	0.005	0.147
直接效果			
多渠道整合服务质量→购买意愿	0.132	-0.009	0.293

续表

变量	点估计值	Bootstrapping	
		Bias – corrected 95% CI	
		Lower	Upper
中介效果差异			
$X_0—X_1$	-0.047	-0.161	0.059
$X_0—X_2$	0.034	-0.041	0.139
$X_1—X_2$	0.080	-0.032	0.216

注：MSQ 代表多渠道整合服务质量；BE 代表品牌体验；BT 代表品牌信任；PI 代表购买意愿。

资料来源：本表数据来源于 Amos 20.0 报告结果。

表 6.11　　　　　　　　中介效应假设检验汇总

	假设	检验结果
H4	品牌体验在多渠道整合服务质量与购买意愿关系中起中介作用	通过
H7	品牌信任在多渠道整合服务质量与购买意愿关系中起中介作用	通过
H9	品牌体验与品牌信任在多渠道整合服务质量与购买意愿关系中起链式中介作用	通过

3. 研究结论

本部分研究围绕多渠道整合服务质量与顾客购买意愿之间的影响机制进行探讨，研究将定性与定量分析结合起来，前期通过理论分析从定性角度探讨变量关系并提出假设，后期主要通过实证分析从定量角度对变量之间数据关系进行分析并验证假设。数据结论显示，前期的理论假设仅部分成立。具体而言：在检验问卷信效度的过程中，发现在多渠道整合服务质量的4个维度中，即渠道选择自由度（$\beta=0.630$）、服务构造透明度（$\beta=0.370$）、内容一致性（$\beta=0.825$）、过程一致性（$\beta=0.799$），服务构造透明度对多渠道整合服务质量提升作用不显著，故剔除该维度。在品牌体验的4个维度中，即情感体验（$\beta=0.730$）、感官体验（$\beta=0.526$）、行为体验（$\beta=0.779$）和思考体验（$\beta=0.784$），感官体验对品牌体验提升作用不太显著，故剔除该维度。在此基础上进一步检验整体模型时得出结论，多渠道整合服务质量对品牌体验、品牌信任、顾客购买意愿均存在积极的正向影响；品牌体验、品牌信任对顾客购买意愿均存在积极的正向影响；品牌体验对品牌信任也存在着积极的正向影响。中介效果检验结果表明，多渠道整合服务质量通过品牌体验、品牌信任以及品牌体验与品牌信任链式这三条路径对购买意愿起完全中介作用。其中，品牌体验的中介效果比重最大，约48%，品牌体验和品牌信任的链式中介效果次之，约32%，合计约80%；而品牌信任的中介效果最弱，约20%。可以看出，品牌体验是多渠道整合服务质量对购买意愿影响作用机制的重要内在原因，品牌信任次之。

6.1.5 管理启示

1. 通过多渠道高度整合提升顾客购买意愿

零售企业的多渠道整合并不是简单物理意义上企业既拥有线上渠道又拥有线下渠道，而是企业能够使线上与线下渠道之间形成交互发展、相互补充又相互配合的协同关系。这种协同关系会将吸引不同渠道的顾客，将他们有效串联起来强化顾客购买意愿，即多渠道高度整合可以推动形成"1+1>2"的协同效应，进一步推动顾客购买意愿的溢出。在多渠道整合过程中，具体的整合路径可以从战略整合与策略整合两个方面出发。

多渠道战略整合主要是从整体的角度指出零售企业在渠道上的战略，始终将线上渠道与线下渠道视为整体，无法与该战略目标适配的部分需要及时进行战略调整。具体而言，可以从组织结构、数据融合、客户关系管理以及绩效评价四个方面来实施。就组织结构调整而言，线下渠道的零售企业组织结构较为简单明晰，业务流程前后期具有一致性，而线上渠道的引入需要与之相匹配的产品调度，增加了营销服务、物流服务、财务升级的业务需求，其组织结构需要复杂化，职能岗位需要多元化。并且随着线下线上渠道的整合，二者之间形成的有效信息可以对零售企业生产前端产生一定的指导作用，该过程也使企业业务流程的不确定性提升，组织结构需要进一步调整。就数据融合而言，单独分析线下渠道数据或线上渠道数据均具有一定的局限性，建立多渠道统一的信息技术平台，能够将多渠道的数据进行统计、对比、分析，形成集成管理，从多渠道的历史交易数据、购物"动线"数据等进行搜集融合，进一步提升整合程度。就客户关系管理而言，线上渠道拓展了数字客户关系管理，通过整合多渠道内消费者个体的消费数据来形成360度客户数字画像，对消费者个人特征进行更深入的了解，使零售企业能够实现更加个性化的互动与交流，提升产品推荐的精准度。就绩效评价而言，对单一渠道的绩效评价方式主要取决于绝对时点的销售数据，而在多渠道整合后的绩效评价不仅仅反映在单个时点的销售数据，还与顾客的回头率，顾客的品牌忠诚等挂钩，即绩效评价体系中需要增加对顾客关系质量的衡量。

多渠道策略整合主要是从局部的角度分别指出零售企业在渠道上的策略，具体而言，可以从产品策略整合、价格策略整合、促销信息整合、服务策略整合等方面实施。就产品策略整合而言，针对不同产品形成不同的产品策略，例如具有即时性的产品主要布局在线下渠道，具有保质期的产品可以主要布局在线上渠道。但是当产品在线上线下渠道均适用时，需要保持品类、品牌、质量以及型号的一致性。线上渠道的产品展示数量还可以远大于线下实体。就价格策略整合而言，要避免存在价格歧视现象，使各个渠道产品价格之间保持一致性，尽力压缩第三方中介的生存空间，为顾客打造极致的性价比。在促销信息整合方面，保持各个渠道促销信息在维持时间、促销力度、数量和频率的一致性，不仅能够扩大促销活动的覆盖范围，还能够在一定程度上增加品牌影响力。就服务策略整合而言，线下线上渠道之间的服务的侧重点虽然不同，但其目的都是为优化顾客服务，各渠道之间服务及时性之间的互补、服务模式优劣势之间的互补，实现高度整合的跨渠道协同的顾客服务。

2. 通过打造极致品牌体验提高顾客购买意愿

零售企业多渠道整合通过影响品牌体验进而提升顾客购买意愿，主要有两种作用方式：其一，零售企业多渠道整合形成品牌体验进一步直接提升顾客购买意愿；其二，零售企业多渠道整合形成品牌体验后，进而影响了品牌信任，最后提升了顾客购买意愿。由此可知，在探讨影响顾客购买意愿的影响因素时，品牌体验与品牌信任不可或缺，其中品牌体验的作用效果更为明显。

零售企业在提升品牌体验的过程中，主要集中于生理层面的感官体验和心理层面的感知体验。针对感官体验而言，虽然在品牌体验实证结论部分中显示感官体验维度并不显著，但是该结论并不能直接说明感官体验是不重要的，而是说明感官体验是打造品牌体验的必要非充分条件。即要想打造极致的品牌体验，舒适的感官体验必不可少，例如线下实体店会打造具有特色的购物环境、整齐简洁的产品陈列、全面丰富的品类搭配、亲切周到的导购服务，而线上销售渠道则会加强网站的人性化设计、简化交易流程、加快网络互动的及时性、提高网络信息对实际产品信息的还原度等，减少顾客在线上购物过程中由于缺少即时交互行为而产生阻滞感。针对感知体验而言，可以进一步分为情感体验、行动体验以及思考体验。具体而言，在情感体验方面，多渠道零售企业可以通过整合用户在多渠道的购买行为相关数据，形成海量云端数字客户数据，针对单个顾客也存在多时段的消费信息，大数据和人工智能等分析软件能够通过对这些数据进行集中处理，不仅明确市场需求的大致趋势，也能精准描绘某消费者的个性特征，从而为其推送个性化定制化的信息，形成有独特价值的个性化情感体验。在行动体验方面，多渠道零售企业可以整合顾客完整的购买过程，即顾客在产生购买需求、选择、下单、支付、收货到售后的每个环节都可以自主选择线上或线下渠道来完成交易，可以任意选择信息交互方式、具体购买流程以及合理的物流渠道和服务方式。在支付环节各渠道之间同步的优惠政策，在售后环节该企业的任何商品都同样享有退换、维修与保养的服务等，尽可能在每个环节高效匹配顾客需求，形成流畅的顾客行为体验。在思考体验方面，单一渠道的零售企业一般以输出信息为主，提高信息触达消费者的机会，而多渠道零售商则以信息共享为主，强调企业与消费者之间的信息沟通。多平台开放性的交互环境，既能够使顾客对企业产品、企业文化有更深入的了解，还能够使企业洞察顾客需求的变化趋势，引导企业未来的发展方向，显著缓解了企业与顾客之间的信息不对称问题，激发顾客与零售商品牌之间形成价值共创。

3. 通过构建品牌信任增强顾客购买意愿

品牌信任是消费者对品牌价值的基本感知，品牌信任的提升能够显著增强顾客购买意愿。零售企业提升其品牌信任一般有以下三种途径：第一，利用信任感知的传递性，通过线上线下多渠道战略与策略层面的深度融合，从而提升品牌信任。即线上线下渠道形成的信任可以通过多渠道整合而在渠道之间的相互传递。具体而言，某零售企业在线上渠道因在用户信息安全性上投入较高成本、在网络交易的售后环节中有完善的服务保障等获得的品牌信任，可以传递到线下渠道消费过程中，同理当线下渠道因较高的性价比、良好的口碑传播以及人性化的服务而获得的品牌信任，可以传递到在线上渠道消费过程中。第二，利用大数据赋能，通过多渠道整合数据信息实现个性化服务，从而提升品牌信任。单一渠道的零售企业在信息沟通传递过程中，经常由于信息不完整、信息交互不通畅以及购买环节复杂而导致信任缺失，而多渠道整合的零售企业能够形成统一数据平台，利用大数据集中处理线上线下全部信息，一方面有利于形成完善的云端顾客数字画像，确保零售企业相关信息精准推送，加强企业与顾客之间的沟通交流，为打造定制化的顾客服务奠定基础。另一方面有利于简化跨渠道顾客购买流程，减少第三方利用信息差来赚取部分利润。即数字化的交易过程具有一定的透明性和选择性，顾客对购买行为具有更强的掌控感，进而产生品牌信任，并转化为顾客购买意愿。第三，利用能力信任与诚信信任，来进一步打造品牌信任。在能力信任方面，多渠道零售企业可以通过引进最新的前沿技术，结合传承的相关的产品、技艺专利，来共同为品牌进行背书，进而形成较高的品牌信任。在诚信信任方面，多渠道整合的零售企业可以将原本在线下顾客心中形成的绿色、环保、强社会责任感的品牌形象，通过线上渠道进行适当的传播，组织相关的活动做出品牌承诺，再通过线上与线下渠道对品牌形象的相互强化，进而形成良好的品牌信任，推动顾客购买意愿的上升。

6.2 新零售企业线上线下多渠道整合服务质量对重购意愿的影响

6.2.1 研究模型与研究假设

在文献研究与实践研究的基础上，本部分提出新零售企业线上线下多渠道整合服务质量与重购意愿的概念模型（见图6.6）以及研究假设（见表6.12）。其中，将多渠道整合服务质量作为自变量，将重购意愿作为因变量，引入顾客体验作为中介变量，将顾客涉入度作为调节变量，并依据相关理论分析提出5个研究假设。其中明确表现中介作用机制的路径是，多渠道整合服务质量通过影响顾客体验进而作用于顾客重购意愿。明确表现调节作用机制的路径是，当顾客涉入度处于不同程度时，多渠道整合服务质量对顾客体验的影响效果也有所差别。

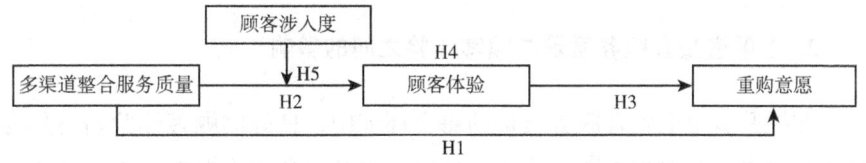

图6.6 多渠道整合服务质量与重构意愿的概念模型

表 6.12　　　　　　　　　　研究假设汇总

假设	内容
H1	多渠道整合服务质量对重购意愿产生积极的正向影响
H2	多渠道整合服务质量对顾客体验产生积极的正向影响
H3	顾客体验对重购意愿产生积极的正向影响
H4	顾客体验在多渠道整合服务质量与重购意愿之间起到中介作用
H5	顾客涉入度在多渠道整合服务质量与顾客体验之间起到调节作用

1. 多渠道整合服务质量与重购意愿之间的影响

多渠道整合服务不仅扩大了消费者的渠道选择范围，还进一步整合了各渠道的优势，保持内容一致性和过程一致性，顾客可以从多方获取零售信息生成消费者的品牌体验、品牌满意度以及品牌信任，并将其转化为顾客忠诚度或黏性（Wallac 等，2004），即增强顾客重购意愿（Zhang 等，2018；Savila 等，2019）。就品牌体验而言，Seek 等（2013）通过对多渠道整合服务所提供的无缝购物环境的特点与作用进行深入研究，发现在顾客的消费过程中线上线下渠道之间的转化越流畅，越容易形成良好的品牌体验，顾客与零售企业之间会维持长时间深入的沟通交流，最终提升顾客的保留意愿。就品牌满意度与品牌信任而言，多渠道的优势整合将线下渠道对产品质量的感知与线上渠道对购物流程的简化结合起来，既规避了消费者的感知风险也提升了顾客对整合渠道的信任，进而达到较高的顾客满意度，并在此基础上形成消费习惯增强顾客重购意愿（Goraya 等，2020）。据此提出假设：

H1：多渠道整合服务质量对重购意愿具有积极的正向影响。

2. 多渠道整合服务质量与顾客体验之间的影响

在提升多渠道整合服务质量的每个环节中，良好的顾客体验始终作为最终目标指导着零售企业的行为。针对二者关系的现有研究中主要从直接影响与间接影响两个方面展开，其一，多渠道整合直接影响顾客体验，即零售企业通过将线上线下信息、交易、资金流动等有机整合实现跨渠道协同（赵绿明，2019），不仅满足了顾客多样化的购物需求（Bendoly 等，2005），也为多渠道或跨渠道的消费者提供了一体化体验（Banerjee 等，2014）。其二，多渠道整合服务质量通过降低顾客感知风险间接影响顾客体验。多渠道对信息的整合既包括数量也包括质量，数量指的是信息的全面性，短时间获取大量渠道及消费信息能够降低顾客的学习成本，而质量指的是信息的一致性，相对稳定的信息能够降低顾客的感知风险（Neslin 等，2006），激发信任、安全甚至欣喜的积极情绪，进而提升顾客体验（Van，2014）。据此提出假设：

H2：多渠道整合服务质量对顾客体验具有积极的正向影响。

3. 顾客体验对重购意愿的影响

顾客重购意愿是顾客在购买并使用某种产品或服务后，愿意再次购买的程度，因而在初次购买与使用过程中的顾客体验至关重要。顾客体验主要由购买前的心理预期与购买后的实际体验感知来衡量，消费者在线上或线下渠道完成某零售商品的购买及使用之后，对比其实际体验感知与心理预期，若前者大于后者，则消费者会对该零售企业产生积极情绪，达到较高的顾客满意度（Oliver，1980），消费者更愿意与企业之间产生互惠行为，增加顾客再次购买该品牌产品的可能性（Kim 等，2016；Wu 等，2014），多次重复购买与良好的顾客体验之间逐渐形成了正向反馈，有利于形成并维持长久的客户关系（Chopdar 等，2020）。Ebrahim 等（2016）为进一步证实二者之间的关系，采用定量研究方法，发现顾客体验对品牌偏好和重购意愿均呈现显著的正向影响。据此提出假设：

H3：顾客体验对重购意愿具有积极的正向影响。

4. 顾客体验的中介作用

零售企业多渠道整合服务水平是消费者的主观评价，因而其和重购意愿均与"顾客"具有强关联，根据刺激—机体—反应理论（Mehrabian 等，

1974），在探讨外界刺激对行为反应的问题时不可忽略机体的中介作用，即多渠道整合服务会通过影响顾客的认知或情绪而进一步形成重购意愿。Oh 等（2010）从消费者价值感知的角度指出，多渠道整合服务的提升会增强消费者感知信息质量和感知服务体验的能力。在不同的零售渠道中以相同的宣传风格和运营基调传播尽量一致的信息，通过增加同质信息的曝光度来加深顾客印象即强化信息感知（Shankar 等 2011），如此而来在顾客购买行为的搜索阶段，该品牌被选中的概率会显著提高，即顾客的重购意愿增强。而多渠道之间的互联互通也能够简化消费者的购买流程，完善顾客的服务体验，渠道之间的协同达到一定程度，顾客感知服务体验会产生溢出效应（蒋侃等，2016），即顾客对企业与产品的满意度上升，进而形成品牌忠诚（Hui 等，2014）。Chang 等（2018）从顾客体验的角度指出，在多渠道整合水平高的零售企业中，顾客能够获得更加愉快的服务体验，进而激发了顾客再次购买的意愿，即顾客体验在多渠道整合服务质量与重购意愿之间起部分中介作用。据此提出假设：

H4：顾客体验在多渠道整合服务质量与重购意愿之间起中介作用。

5. 顾客涉入度的调节作用

顾客涉入度是消费者所能感知到某消费对象与自身需求的相关程度，该自身需求主要包括内在需求、价值观、兴趣等。对涉入度的衡量也可以从侧面反映出消费者在购买行为中愿意投入的时间和精力成本（Behe 等，2015），影响消费者对待某消费对象的态度与行为。顾客涉入度较高的消费者，更加重视产品或品牌，在购买行为中投入时间与精力的意愿更强烈，因而他们会主动积极地搜索和了解各渠道的产品或品牌信息，但是掌握的信息越全面该类消费者就越注重各渠道之间的一致性信息，对不确定风险的敏感度则会越低（王素霞，2020）。即该类顾客对多渠道整合质量水平的感知能力较强，在消费过程中也会形成更加深刻的顾客体验。顾客涉入度较低的消费者，较少地关注产品或品牌，反而更看重产品提供的功能性价值，对各零售渠道相关服务信息的获取意愿较低，甚至会忽略服务质量的好坏。即该类顾客对多渠道整合质量水平的感知能力较低，一定程度上弱化了消费过程中的顾客体验。结合上述可知，当顾客涉入度不同时，多渠道整合服务质量会加强或者弱化顾客体验。据此提出假设：

H5：顾客涉入度在多渠道整合服务质量与顾客体验关系中起正向调节作用。

6.2.2 变量测量

本部分研究中涉及调查问卷中的具体题项均来源于国内外较成熟的量表，为进一步与本部分研究的研究主题相契合，所有问项均根据新零售企业多渠道整合情境进行了不同程度的修正。本部分研究主要采用李克特（Likert）7点量表进行测量，其中7－1分别代表着完全同意、同意、有点同意、不确定、有点反对、反对、完全反对，分值越大代表着被调查者对所提出问题的同意度越高。具体测量题项如表6.2、表6.14、表6.15所示。

1. 多渠道整合服务质量的测量

多渠道整合服务质量的测量方法，主要参考 Sousa 和 Voss（2006）所开发的量表，该量表中包含四个维度，为了进一步贴近中国情境，辅助参考吴锦峰等（2014）在各个维度中的具体表述，分别包括服务构造透明度、渠道选择的自由度、内容一致性与过程一致性，其中具体题项共计14个（见表6.2）。

2. 重购意愿的测量

重购意愿的测量方法，主要参考 Zeithaml 等（1996）和 Chiu 等（2013）所开发的量表，其中仅包含单个维度，各个题项均经过多次英汉互译修改以确保意思表达的准确性，共包括3个题项（见表6.13）。

表 6.13　　　　　　　　　　重购意愿测量量表

变量	编号	测量题项	参考依据
重购意愿（Repurchase Intention）	RI1	将来我会继续从该多渠道零售企业线下实体店或线上网店购买商品	Zeithaml 等（1996）；Chiu 等（2013）
	RI2	如果有需要，我会优先考虑该多渠道零售企业	
	RI3	我愿意将该多渠道零售企业推荐给我的亲朋好友	

3. 顾客体验的测量

顾客体验的测量方法，主要参考 Brakus 等（2009）所开发的量表，其中包含了四个维度，分别为感官体验、情感体验、行为体验、思考体验，为进一步提高问卷数据的有效性，辅助参考李启庚和余明阳（2011）在各个维度的具体表述，其中具体题项共计 12 个（见表 6.14）。

表 6.14　　　　　　　　　　顾客体验测量量表

变量	维度	编号	题项	参考依据
顾客体验（Customer Experience）	感官体验（Sensory Experience）	CES1	该零售企业品牌给我留下很深的视觉及其他知觉印象	Brakus 等（2009）；李启庚和余明阳（2011）
		CES2	该零售企业品牌给我带来良好的视觉、触觉、听觉等感受	
		CES3	该零售企业品牌设计符合我的审美标准	
	情感体验（Affective Experience）	CEA1	该零售企业品牌能激发起我的认同感或依赖感	
		CEA2	购买该零售企业品牌的产品使我感到快乐	
		CEA3	我对该零售企业品牌产生了较深的感情	
	行为体验（Behavioral Experience）	CEB1	每当该零售企业品牌有新产品或服务推出时，我都会试图体验一下	
		CEB2	该零售企业品牌的营销活动很吸引我	
		CEB3	我愿意参与该零售企业品牌组织的一些营销活动	

续表

变量	维度	编号	题项	参考依据
顾客体验（Customer Experience）	思考体验（Intellectual Experience）	CEI1	接触该零售企业品牌使我获得了很多信息和知识	Brakus 等（2009）；李启庚和余明阳（2011）
		CEI2	该零售企业品牌激发了我探索的好奇心	
		CEI3	见到该零售企业品牌我能产生对该品牌的特色、定位或服务等方面的一些思考	

4. 顾客涉入度的测量

顾客涉入度的测量方法，主要参考 Zaichkowsky（1985）和 Mittal（1995）所开发的量表，其中仅包含单个维度，其中具体题项共计 3 个（见表 6.15）。

表 6.15　　　　　　　　顾客涉入度测量量表

变量	编号	测量题项	参考依据
顾客涉入度（Customer Involvement）	INV1	有很多可供选择的商品和品牌时，我很在意选择哪一个	Zaichkowsky（1985）和 Mittal（1995）
	INV2	正确选择这个商品对我来说很重要	
	INV3	我很在意选择这个商品之后的结果	

6.2.3　研究设计

1. 问卷内容

调查问卷的设计主要包括四个部分：前言、解释变量测度、相关变量测度以及控制变量测度。具体而言，第一部分为前言部分，主要内容有：说明发布调查问卷的研究者的身份、研究目的、填写问卷过程中的注意事项以及涉及保密问题的保密性承诺。为了得到更具有参考价值的数据，这部分包含一部分筛选性问题，选出在多渠道零售商具有消费经验的顾客。

第二部分为解释变量的测度即多渠道零售商整合服务质量的测度,主要从服务构造透明度、渠道选择自由度、内容一致性、过程一致性四个方面进行衡量。第三部分为相关变量测度,其中包括中介变量顾客体验、调节变量顾客涉入度的测度,以及被解释变量顾客重购意愿的测量,其中顾客体验主要从感官体验、情感体验、行为体验、思考体验四个角度出发进行衡量,共12个题项。为提高顾客填写问卷的真实性,在提出第二部分和第三部分的问题时,需要将被调查者引入具体的零售商线上线下销售场景中。第四部分为控制变量测度即关于被调查者人口特征,具体内容包括性别、年龄区间、学历、网购年龄、年购物频率、月可支配收入等。为了保证后续结构方程研究的顺利进行,也为了提高对消费者感知测量的精准度,本研究需要选择与二者相匹配的李克特(Likert)7点量表进行测量,其中7-1分别代表着完全同意、同意、有点同意、不确定、有点反对、反对、完全反对,分值越大代表着被调查者对所提出问题的同意度越高。

2. 样本选择

本部分研究选取的调查对象主要为20—39岁的学生群体,主要原因在于该类群体具有丰富的网络购物经验。据《第46次中国互联网络发展状况统计报告》显示,截止到2020年6月我国网络民众主要集中于20—29岁、30—39岁,占比分别为19.9%、20.4%,远大于其他年龄群体。此外本部分集中探讨顾客重购意愿,因而对消费者的多渠道购物经历有要求,这类群体正经历线下向线上过渡的时期,具有更加深刻的多渠道转变感受。

本次问卷调查的发放主要集中于北京、上海、南京、太原、西安5座城市中有新零售企业多渠道购物经历的在校本科生与研究生。为了尽可能获得多元化的样本数据,在实地收集问卷120份的同时开启了在线收集,该问卷调查最终共发放455份,其中线上发放335份,线下发放120份,共收回431份,剔除了部分答题质量较低的不合格问卷,共计收回有效问卷384份,有效率约为89.1%。

6.2.4 实证分析与结果

本部分以研究多渠道整合服务质量与顾客重购意愿之间的关系为目的，建立了相应的概念模型。本部分研究构建了新零售企业线上线下多渠道整合服务质量与重构意愿的概念模型，使用 AMOS 22.0 和 SPSS 20.0 统计软件，对数据进行实证分析与检验。运用 SPSS 进行描述性统计分析、信效度分析、回归分析，运用 AMOS 检验量表的收敛效度和区分效度，在对各潜变量进行验证性因子分析的基础上，构建多渠道整合服务质量、顾客体验和重购意愿三者之间的结构方程模型，对本部分研究提出的假设进行验证，得出研究结论。

1. 测量模型检验

信效度检验。由于本书的所有变量数据均以调查问卷的形式获取，为了验证其可信度与有效性，对所有变量的信度与效度进行检验。首先，本部分采用克隆巴赫系数（Cronbach'α）对各量表的信度进行检验（见表 6.16），结果显示各潜变量的 α 值均大于 0.7，因此各变量具有良好的信度。其次，本部分运用 AMOS 22.0 软件对变量进行验证性因子分析，根据因子载荷、CR 值和 AVE 值三项指标来检验变量的收敛效度。模型数据要有较好的收敛效度，须同时满足以下几个条件：（1）标准化因子载荷系数 >0.6；（2）组成信度（CR）>0.7；（3）平均方差萃取值（AVE）> 0.5。由表 6.16 可知，模型的测量值均达到标准值以上，模型整体收敛效度较好。

采用平均方差萃取量（AVE）法，即判断各潜变量的相关系数的平方与该潜变量的 AVE 值之间的关系，从而判断各潜变量的区别效度。Fornell 和 Larcker（1981）指出，若该潜变量的 AVE 值高于各潜变量的相关系数的平方，表示具有较好的区别信度。从表 6.17 可以看出，多渠道整合服务质量、顾客体验、重购意愿、顾客涉入度之间均具有显著的相关性

（P<0.001），相关性系数的绝对值均小于所对应的 AVE 的平方根，说明各个潜变量之间具有一定的相关性，且彼此之间又具有一定的区分度，因此模型的四个潜变量均具有较好的区别效度。

表 6.16　　　　　　　　　　信度和收敛效度检验

变量	维度	Cronbach'α	标准化因子载荷	标准化残差 SMC	组成信度 C.R.	AVE
多渠道整合服务质量	服务构造透明度	0.779	0.614	0.377	0.873	0.637
	渠道选择自由度	0.776	0.746	0.557		
	内容一致性	0.803	0.907	0.823		
	过程一致性	0.864	0.89	0.792		
顾客体验	感官体验	0.839	0.782	0.612	0.929	0.765
	情感体验	0.825	0.903	0.815		
	行为体验	0.780	0.901	0.812		
	思考体验	0.836	0.907	0.823		
顾客涉入度		0.874	0.806	0.650	0.877	0.705
			0.917	0.841		
			0.791	0.626		
重购意愿		0.831	0.761	0.579	0.862	0.676
			0.853	0.728		
			0.849	0.729		

资料来源：根据 Amos 20.0 与 SPSS 24.0 软件报告结果整理。

表 6.17　　　　　　　　　　区别效度分析

	多渠道整合服务质量	顾客体验	顾客涉入度	重购意愿
多渠道整合服务质量	0.637			
顾客体验	0.547***	0.765		
顾客涉入度	0.366***	0.698***	0.705	
重购意愿	0.468***	0.562***	0.458***	0.676

注：下三角为潜变量的相关平方，对角线为 AVE 值，*** 表示在 0.001 的水平上显著。
资料来源：根据 Amos 20.0 软件报告结果整理。

2. 结构模型检验

结构方程模型是基于变量的协方差矩阵来分析变量之间关系的一种统计方法。本部分研究利用 AMOS 软件构建了结构方程模型图,其中潜变量用椭圆标记,包括多渠道整合质量的 4 个潜变量、顾客体验的 4 个潜变量和重购意愿。观测变量用矩形标记,共有 29 个题项。用极大似然估计法计算出结构方程的拟合优度指标以及各条路径的系数估计值,从而得到潜变量之间的作用关系。结果显示,拟合度指标为:$\chi^2 = 863.407$,$df = 366$,RMSEA = 0.060,GFI = 0.866,AGFI = 0.841,CFI = 0.920,IFI = 0.921,NNFI = 0.912。由此可以认为构建的理论模型和数据具有较好的拟合度(见表 6.18)。结构方程模型输出结果如图 6.7 所示。

表 6.18　　　　　　结构方程模型配适度指标建议标准

拟合指标	Chi/DF	GFI	AGFI	RMSEA	NNFI	IFI	CFI
模型拟合结果	2.359	0.866	0.841	0.060	0.912	0.921	0.920
评价标准	<3	>0.8	>0.8	<0.08	>0.9	>0.9	>0.9
拟合情况	较好	较好	较好	较好	较好	较好	较好

资料来源:本表数据来源于 Amos 20.0 报告结果。

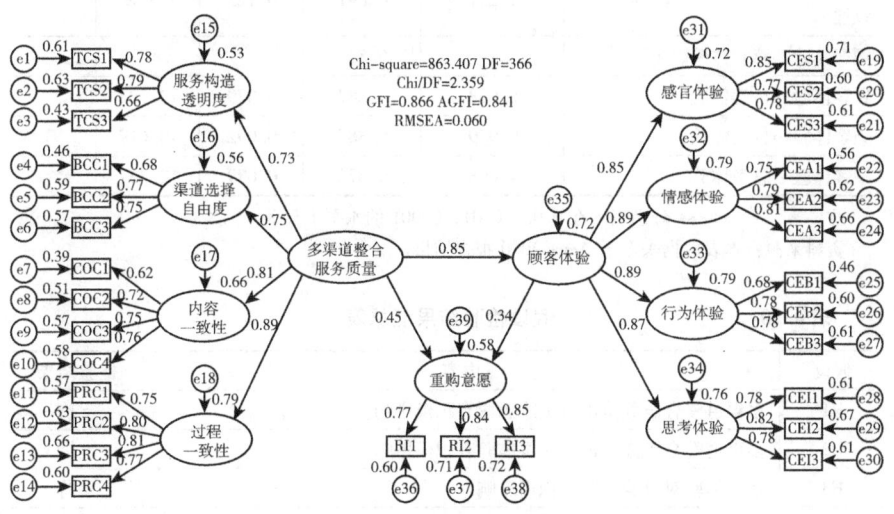

图 6.7　结构方程模型

资料来源:本图来源于 Amos 20.0 报告结果。

（1）假设检验。由表 6.19 可以看出，多渠道整合服务质量对重购意愿产生积极影响在 99.9% 的置信水平上显著，即假设 H1 得到验证；多渠道整合服务质量对顾客体验产生积极影响在 99.9% 的置信水平上显著，即假设 H2 得到验证；顾客体验对重购意愿产生积极影响在 95% 的置信水平上显著，即假设 H3 得到验证。综合上述结构模型分析，本研究假设检验结果总结如表 6.20 所示。

表 6.19　　　　　　　　结构方程模型分析结果

变量名称	非标准化系数	标准化系数	S.E.	T值	P
多渠道整合服务质量→顾客体验	1.049	0.848	0.104	10.045	***
顾客体验→重购意愿	0.333	0.341	0.115	2.880	**
多渠道整合服务质量→重购意愿	0.546	0.453	0.147	3.724	***
多渠道整合服务质量→服务构造透明度	1	0.73			
多渠道整合服务质量→渠道选择自由度	1.019	0.751	0.116	8.800	***
多渠道整合服务质量→内容一致性	0.957	0.812	0.117	8.174	***
多渠道整合服务质量→过程一致性	1.221	0.891	0.123	9.909	***
顾客体验→感官体验	1	0.848			
顾客体验→情感体验	0.998	0.887	0.079	12.703	***
顾客体验→行为体验	0.979	0.887	0.092	10.619	***
顾客体验→思考体验	1.098	0.872	0.089	12.337	***

注：*、**、*** 分别表示在 0.05、0.01、0.001 的水平上显著。
资料来源：本表数据来源于 Amos 20.0 报告结果。

表 6.20　　　　　　　　假设检验结果汇总表

假设	内容	检验结果
H1	多渠道整合服务质量对重购意愿有积极影响。	支持
H2	多渠道整合服务质量对顾客体验有积极影响。	支持
H3	顾客体验对重购意愿有积极影响。	支持
H4	顾客体验在多渠道整合服务质量与重购意愿关系中起中介作用。	支持
H5	顾客涉入度在多渠道整合服务质量与顾客体验关系中起调节作用。	支持

(2) 中介效应检验。本部分研究采用拔靴法（Bootstrap）检验顾客体验的中介效应，重复抽样 5000 次，置信区间为 95%。根据偏差校正法（Bias – Corrected）和百分位法（Percentile）进行判断，若置信区间不包含 0，则系数乘积显著。如表 6.21 所示，这两种方法置信区间均不包含 0，表明顾客体验在多渠道整合服务质量与重购意愿的关系中存在部分中介效应，中介效应的大小为 0.349，占比 39%（即 0.349/0.895），假设 H4 成立。

表 6.21　　　　　　　　顾客体验的中介效应检验

变量	点估计值	系数相乘积		Bootstrap（95% 置信区间）			
				Bias – Corrected 方法		Percentile 方法	
		标准误（S. E.）	临界值（Z）	Lower	Upper	Lower	Upper
总效果							
多渠道整合服务质量→重购意愿	0.895	0.059	15.170	0.612	0.846	0.614	0.847
直接效果							
多渠道整合服务质量→重购意愿	0.546	0.180	3.033	0.080	0.792	0.088	0.798
间接效果							
多渠道整合服务质量→重购意愿	0.349	0.146	2.390	0.042	0.620	0.014	0.588

注：表中为非标准化数值。
资料来源：本表数据来源于 Amos 20.0 报告结果。

(3) 调节效应检验。本部分研究采用分层线性回归法检验顾客涉入度在多渠道整合服务质量与顾客体验之间的调节作用。在进行回归分析前，对多渠道整合服务质量与顾客涉入度进行标准化处理，以减弱多重共线性的影响。回归结果显示（见表 6.22），多渠道整合服务质量与顾客涉入度的交互项对顾客体验的积极作用显著（$\beta = 0.089$，$P < 0.01$）。为了进一步增进对调节效应的理解，绘制调节效应图，如图 6.8 所示，这表明，顾

客涉入度越高，多渠道整合服务质量对顾客体验的正向作用越强，假设H5得到验证。

表 6.22 顾客涉入度的调节效应检验

变量		顾客体验		
		模型1	模型2	模型3
控制变量	性别	-0.026	-0.022	-0.024
	年龄	0.054	0.014	0.020
	学历	0.020	0.046	0.060
	购物历史	0.079	-0.013	-0.022
	购物频次	-0.004	0.041	0.030
	月可支配收入	-0.026	0.048	0.056
自变量	多渠道整合服务质量	—	0.475***	0.479***
调节变量	顾客涉入度	—	0.514***	0.549***
交互项	多渠道整合服务质量*顾客涉入度	—	—	0.089**
统计量	R^2	0.012	0.727	0.733
	ΔR^2	—	0.715***	0.006**
	F	0.880	124.629***	113.995***

注：*、**、*** 分别表示在 0.05、0.01、0.001 的水平上显著。
资料来源：本表数据来源于 SPSS 24.0 报告结果。

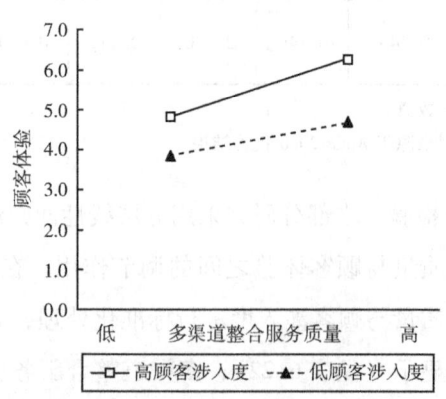

图 6.8 顾客涉入度调节效应图

资料来源：本图数据来源于 SPSS 24.0 报告结果。

3. 研究结论

本部分立足于新零售企业多渠道购物情境,基于消费者视角探讨了新零售企业多渠道整合服务质量与顾客体验、重购意愿之间的关系,指明了顾客涉入度在多渠道整合服务质量与顾客体验之间的调节作用。具体实证结论如下:第一,多渠道整合服务质量对重购意愿有显著正向影响。第二,多渠道整合服务质量对顾客体验具有显著正向影响。第三,顾客体验对顾客重购意愿具有正向影响。第四,顾客体验在多渠道整合服务质量与重购意愿之间起部分中介作用,中介效应占比39%。第五,顾客涉入度在多渠道整合服务质量与顾客体验关系中起正向调节作用。即当顾客涉入度较高时,多渠道整合服务质量对顾客体验的正向作用越强。

6.2.5 管理启示

1. 新零售企业通过多渠道整合服务质量提升顾客重购意愿

多渠道整合服务质量水平的提高会增加顾客重购意愿。多渠道整合管理是新零售企业实现可持续发展的前沿问题,其核心在于线上、线下等多渠道作为一个整体,不能将二者简单割裂开来,而要实现你中有我,我中有你的融合状态,通过各个趋势之间的优势互补来改善顾客的消费态度,进而提升顾客重购意愿。具体而言,为尽可能展现多渠道整合产生的协同效应,本部分主要从服务构造透明度、渠道选择自由度、内容一致性、过程一致性四个方面展开。

对服务构造透明度的整合,主要是通过完善线上线下服务之间互通性,提高多渠道之间的引流与宣传,使消费者对多渠道产生更加全面的认知。对渠道选择自由度的整合,主要是通过满足全渠道的无缝购物体验模式,即加强购买行为中每个环节的线上线下渠道,并降低环节之间的转换成本,使消费者可以在多时区、跨渠道的线上查询、线下体验、线下取货、线上付定金、线下付全款、就近退换货等，丰富消费场景增加消费者的便利性。对内容一致性的整合，主要是通过保证多渠道之间信息的一致性，吸引消费者对相同信息的注意力，一方面扩大了宣传效果；另一方面挤兑了第三方的生存空间，增加消费者对零售企业官方平台的依赖性。具体而言，应该保持跨渠道内产品质量的一致、产品价格的一致、实时更新的库存信息以及相关推广信息的一致，让消费者从一致性中感知到稳定、安全，进而产生一定顾客黏性，提升顾客重购意愿。对过程一致性方面，主要是针对服务过程中，要确保多渠道之间展现的品牌服务形象、达到的品牌服务水平以及实现的服务及时性之间保持同一的标准，使消费者能够据此形成对零售企业的整体印象，在产生相关需求时顾客会因为基本印象而进行重购。

2. 新零售企业通过打造极致顾客体验激发顾客重购意愿

新零售企业在多渠道整合实践中，若想更大限度提高顾客的重购意愿，打造极致顾客体验是一条切实可行的发展路径。首先，多渠道服务平台的展开快速扩大了消费信息的获取渠道，可以对此类大数据进行系统分析得出顾客在消费过程中最在意的消费体验，并对其进行改进。例如有零售企业通过搭建多渠道数据平台，通过对众多消费者数据进行整合分析得出不同消费群体的消费数据，进而引导消费趋势，激发已有消费经验顾客的重购意愿，也可以通过对消费者个体的消费习惯进行整合分析，还原用户的购物旅程，形成360度精准用户画像，从而为顾客提供更加具有针对性的精准服务，为顾客打造个性化的体验，提高品牌与顾客之间的契合度，激发顾客的重购意愿。其次，为形成全方位的顾客体验，新零售企业可以从顾客的感官体验、情感体验、行为体验以及思考体验四个方面出发，提升购买全过程的体验价值。就感官体验而言，可以从视觉、听觉、触觉等分别展开，例如针对视觉，主要运用于线上渠道，可以利用AR/VR增强显示技术进行产品展示，打造能够让人眼感受到视觉放松的网页设计，选择更加简洁的网站布局，设计更加人性化和便捷的购买流程。针对听觉和触觉，主要运用于线下渠道，在实体店中利用温和的灯光、舒适的温度、舒缓的背景音乐等营造放松的购物环境。就情感体验而言，多渠道零售企业尽量通过线上渠道的便利性等激发消费者的积极情绪，线下渠道中尽量营造场景化、情景化的沉浸式购物体验等激发消费者对品牌欣喜的态度，进而逐渐信赖和依恋该品牌。就行为体验而言，多渠道整合能够加强线上与线下渠道之间的互动，顾客能够直接通过相关的网络平台、移动终端等接受企业的推送与服务，并对其需求进行反馈，零售企业据此可以对其整合行为进行优化改良迎合消费者需求，二者之间形成良好的互动行为。就思考体验而言，主要的突破点即提升零售企业的品牌概念与消费者的个人态度、价值观或行为偏好之间的匹配程度，新零售企业需要重视品牌理念的设计与宣传，建立一种鲜明的品牌形象，或者积极参与社会公众事业，树立强社会责任感的企业形象，吸引品牌价值观相同的顾客，进而形成顾客认同提高重购意愿。

3. 新零售企业通过调节顾客涉入度改善品牌体验与顾客重购意愿

顾客涉入度在多渠道整合服务质量与品牌影响之间的关系中起到调节作用，即高顾客涉入度的消费者，在多渠道整合服务质量越高的零售企业中感知到的正向品牌体验会更多，而低涉顾客涉入度的消费者，对于零售企业多渠道整合服务质量提升的敏感度较差。因而在零售企业具体的多渠道整合实践当中，应当根据消费者顾客涉入度的高低来进行适应性调整。针对高涉入度消费者，零售企业应当完善多渠道之间的整合水平，提高消费者获取信息的一致性和共享性以及在购物行为当中的流程体验感。依据数据分析平台，深度挖掘消费者的基本属性和行为特征，从交易习惯中洞察消费需求，满足消费者的个性化需求。综上所述，从消费群体与消费个人两个层面进行改良，以提升顾客重购意愿。针对低涉入度消费者，这类群体对品牌熟悉度较差，其对品牌的基本判断是依据他人的评价与看法，零售企业针对该类人群一方面可以从内部出发，尽可能提高此类顾客的品牌涉入度。利用多渠道之间形成配合，优化消费者的在线上线下的品牌体验，对顾客形成良好的品牌印象，引发消费者的品牌兴趣，进而提升其涉入度。或者通过多渠道信息整合进行大数据分析，寻找此类客户所注重的品牌内涵，并将其应用于品牌运营过程中建立品牌与顾客之间的情感联结。另一方面可以从外部出发增加品牌信息的曝光度，现有具有最大效益的品牌传播方式主要有广告运营和口碑传播。广告运营可以通过主播带货、主题活动、品牌互动、建立卡通 IP 等方式激发顾客品牌兴趣，增加零售品牌触达消费者的途径。口碑传播可以引导高涉入度消费者在社交媒体平台或者购物网站中积极分享和转发品牌相关的正面信息，品牌在这类群体的背书之下更有可能取得消费者信任，产生重购意愿。

6.3 新零售企业线上线下多渠道整合服务质量对零售商品牌权益的影响

6.3.1 研究模型与研究假设

本部分研究采用大量文献研究与深度访谈的方法，构建了多渠道整合服务质量与零售商品牌权益影响研究的概念模型（见图 6.9），并提出研究假设（见表 6.23）。其中，将多渠道整合服务质量作为自变量，将零售商品牌权益作为因变量，引入品牌信任作为中介变量，将顾客涉入度为调节变量，并依据相关理论分析提出 5 个研究假设。其中明确表现中介作用机制的路径为，多渠道整合服务质量通过影响品牌信任进而作用于零售商品牌权益。明确表现调节作用机制的路径为，当顾客涉入度处于不同程度时，多渠道整合服务质量对零售商品牌权益的影响效果也有所差别。

1. 多渠道整合服务质量对零售商品牌权益的影响

零售商品牌权益是指某零售品牌赋予该产品或企业的附加价值，且这种价值存在于顾客喜欢的印象、态度以及行为偏好中。当企业多渠道服务质量上升时，其所带来的顾客价值也会发生变化，零售商品牌权益据此产

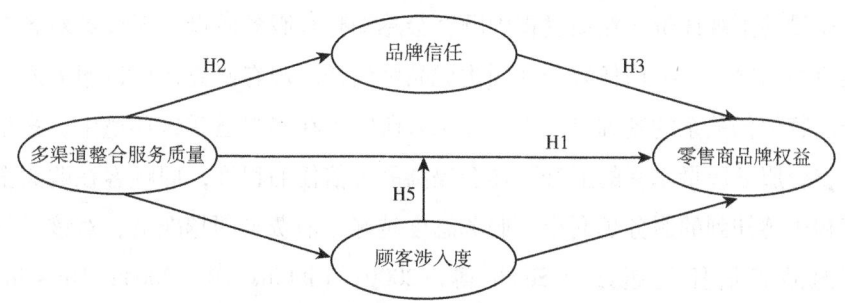

图 6.9 多渠道整合服务质量与零售商品牌权益概念模型

资料来源：本图数据来源于 SPSS 24.0 报告结果。

生差异。多渠道服务质量是服务质量概念的延伸，因而在对多渠道整合服务质量进行研究之前已有大量文献证明了较高的服务质量会提升零售商品牌权益（Yoo 等，2000；He 和 Li，2011；Jahanzeb 和 Fatima，2013），以此为基础，有不少学者进一步探索了多渠道整合服务质量对整体或局部零售商品牌权益的影响。整体视角的零售商品牌权益泛指顾客价值，吴锦峰等（2016）从线上线下渠道交互融合的视角出发，探讨了多渠道整合服务对顾客态度的影响，进而证明了该行为能够提升整体零售商品牌权益。局部视角的零售商品牌权益具体指顾客品牌忠诚，Nash 等（2013）从多渠道信息整合的视角出发，解释了不同渠道之间产品、价格、促销、服务、订单等相关信息的共享性与一致性越强，形成的品牌印象越积极，有效提升了零售商品牌权益。Wallace 等（2004）从多渠道服务整合的视角出发，指出了线上线下多渠道无缝衔接为消费者提供了更便捷的购物环境，消费者享有的渠道选择自由权消除了单一渠道的阻碍，为实现较高的品牌忠诚度创造了条件（Wallace 等，2004；Schramm - Klein 等，2011；Melis 等，2015），即增加零售商品牌权益。综上所述，多渠道整合服务质量对零售商品牌权益存在影响，据此提出假设：

H1：多渠道整合服务质量对零售商品牌权益具有积极的正向影响。

2. 多渠道整合服务质量对品牌信任的影响

多渠道整合服务质量是顾客通过跨渠道消费经验形成的对零售企业服

务质量的主观评价，在该过程中顾客会感知整合服务质量并形成针对各个渠道的信任，这些信任集合共同构成品牌信任。现有研究在探讨服务质量与品牌信任关系的基础上，进一步深入研究了在多渠道零售环境中，多渠道整合服务质量水平的上升同样会提高品牌信任的程度，即顾客在购买全流程中感知到的服务越周全、服务态度越好，消费氛围越融洽，对该零售商的品牌信任就越多（Singh 等，2000；Ribbink 等，2004；Hussain，2012）。部分学者将品牌信任的变化归因于企业提供信息的一致性和顾客的风险感知能力。吴锦峰等（2014）研究表明零售企业在多渠道中如果能够保持产品（Liao 等，2010）、价格、促销、服务、订单等相关信息的一致性和稳定性，顾客预期的交易风险会降低，进而提升了顾客的品牌信任。而 Dennis 和 Jochen（2015）在研究中指出在消费风险较大的情景下，顾客在做出购买决策时对品牌信任的依赖性越强。而多渠道整合服务能够帮助消费者增加其对零售企业的品牌信任，多渠道的出现能帮助顾客分散各渠道的风险，降低顾客的风险感知，同时通过信任转移整合各渠道的信任，增加其对零售企业的品牌信任。综上，多渠道整合服务质量对品牌信任存在影响，据此提出假设：

H2：多渠道整合服务质量对品牌信任具有积极的正向影响。

3. 品牌信任对零售商品牌权益的影响

顾客品牌信任会通过激发顾客对某零售企业的产品或服务的积极情绪，而使顾客对品牌产生黏性，并逐渐转化为其对零售商的品牌忠诚度，提升零售商的品牌权益。现有研究中分别探索了品牌信任对品牌权益整体和对其具体维度的影响，Hu 等（2010）将整体品牌权益作为解释变量，证明了品牌信任会提高品牌绩效的同时增加品牌权益。Morgan 和 Hunt（1994）将品牌权益的品牌忠诚维度作为解释变量，提出了品牌信任可以不直接作用于品牌权益而是通过影响品牌忠诚度进而提升品牌权益（Chaudhuri 和 Holbrook，2001）。还有学者针对具体情境对二者之间的关系进行探讨，Sirdeshmukh 等（2002）将研究范围限定在零售业和航空业中,通过定量的实证研究证实了消费者对企业的信任会转变为消费者的忠诚度,从而构建持久长远的客户关系。Chiou等(2006)将研究情境设置在顾客涉入度高,企业服务质量高的产品市场中,研究发现了二者之间的良性互动在时间积累下会对顾客价值产生促进效应,加强品牌信任与品牌忠诚之间的正向关系,即品牌信任会推动零售商品牌权益的上升。综上所述,品牌信任对零售商品牌权益存在影响,据此提出假设:

H3:品牌信任对零售商品牌权益具有积极的正向影响。

4. 品牌信任的中介作用

品牌信任是零售商与顾客之间产生情感联系的桥梁,也是顾客从产生购买动机到出现购买行为的关键,因而品牌信任在探究零售商与顾客之间的关系时不可或缺。现有学者在社会心理学(Kramer,1998)、管理学(Cropanzano和Mitchell,2005)和组织领域(Gulati和Sytch,2008)也普遍将品牌信任作为中介变量构建模型。具体而言,仇立(2017)在研究顾客忠诚度的形成机制时发现了品牌满意度和品牌信任度对其产生了显著的作用,Marakanon等(2017)在讨论顾客的感知质量对消费者忠诚的影响机制时,同样指出了品牌信任的重要中介作用。因而本书在探究多渠道整合服务对零售商品牌权益的影响时候,依旧将品牌信任作为中介变量来发现其作用机制,即多渠道整合服务会通过影响品牌信任进一步作用于零售商品牌权益,据此提出假设:

H4:品牌信任在多渠道整合服务质量与零售商品牌权益的关系中起中介作用。

5. 顾客涉入度的调节作用

顾客涉入度主要是指顾客心理范畴内的活动力,主要衡量了顾客在购买行为中的心理感知与自身需求之间的吻合程度。顾客涉入度高即顾客对吻合程度的要求较高,他们就愿意花费更多的时间和精力收集尽可能全面的相关信息,尽量避免购物过程中的不确定因素,进而作出购买决策。这类顾客在多渠道整合服务质量较高的零售企业，能够更加高效地利用各渠道的信息，洞察消费风险，有效控制不确定性风险，为顾客创造价值即实现零售商品牌权益。而顾客涉入度低即顾客对吻合程度的要求较低，他们往往会忽略自身的主观感受集中于产品本身，此时多渠道整合服务质量的提升与降低均不会对顾客态度产生显著影响，零售商品牌权益也难以提升。现有研究中也有学者对该问题进行探讨，Bennett 和 Härtel（2005）在对顾客忠诚度进行深入研究时发现，高顾客涉入度会形成积极的品牌态度，对产品有更高的品牌忠诚度。Suh 和 Youjae（2006）则着重研究了不同涉入度的顾客在购买过程中的行为差异，包括了在处理品牌信息、产生购买动机、实现购买行为以及是否出现重复购买行为（即品牌忠诚度）等各方面的不同。综上所述，顾客涉入度的高低将影响多渠道整合服务质量与零售商品牌权益之间的关系。据此提出假设：

H5：顾客涉入度在多渠道整合服务质量与零售商品牌权益之间起到调节作用。

表 6.23　　　　　　　　　研究假设汇总

假设	内容
H1	多渠道整合服务质量对零售商品牌权益具有积极的正向影响
H2	多渠道整合服务质量对品牌信任具有积极的正向影响
H3	品牌信任对零售商品牌权益具有积极的正向影响
H4	品牌信任在多渠道整合服务质量与零售商品牌权益之间起到中介作用
H5	顾客涉入度在多渠道整合服务质量与零售商品牌权益之间起到调节作用

6.3.2　变量测量

1. 多渠道整合服务质量

多渠道整合服务质量的测量方法，主要参考 Oh（2010）所开发的量表，该量表中包含 6 个维度，为了进一步贴近中国情境，辅助参考吴锦峰等（2014）在各个维度中的具体表述，分别包括促销信息整合、产品与价格信息整合、交易信息整合、信息获取整合、订单履行整合和顾客服务整合，其中具体题项共计20个（见表6.24）。

表6.24　　　　　　　　　多渠道整合服务质量测量量表

变量	维度	编号	题项	参考依据
多渠道整合服务质量（Multi-channel Integrated Service Quality）	促销信息整合（Integration of Promotion Information）	PRO1	该零售商的品牌名称、口号和标识在线下实体店和线上网店都是一致的	Oh（2010）；吴锦峰等（2016）
		PRO2	该零售商的线下实体店通过宣传册、传单、发票、购物袋和海报等宣传线上网店	
		PRO3	该零售商通过电视、网站、公众号等媒体宣传线下网店	
		PRO4	该零售商通过线上网店宣传离我较近的线下实体店的促销活动	
		PRO5	该零售商的线上网店能提供线下实体店的详细地址	
	产品与价格信息整合（Integration of Product and Price）	PPI1	该零售商的线上网店和线下实体店的商品描述信息是一致的	
		PPI2	该零售商的线上网店和线下实体店的商品价格是一致的	
		PPI3	该零售商的线上网店和线下实体店的存货信息是一致的	
	交易信息整合（Integration of Transaction Information）	TRI1	该零售商能将我过去在网上和网下的交易记录整理在一起并保存下来	
		TRI2	该零售商能根据我过去在网上和网下的交易记录，向我推荐可能感兴趣的商品	
		TRI3	根据我过去的网上和网下交易记录，向我呈现个性化的网页以方便我交易	
	信息获取整合（Integration of Information Acquisition）	IAC1	我能通过线上网店搜索线下实体店的产品信息	
		IAC2	我能通过线上网店查询线下实体店的存货信息	
		IAC3	我能通过实体店终端查询机获得线上网店的信息	

续表

变量	维度	编号	题项	参考依据
多渠道整合服务质量 (Multi-channel Integrated Service Quality)	订单履行整合 (Integration of Order Fulfillment)	ORD1	该零售商的优惠券或者积分在线上网店和线下实体店均可以兑付	Oh (2010); 吴锦峰等 (2016)
		ORD2	该零售商允许在线上网店购买,在线下实体店取货	
		ORD3	在线上网店购买后,该零售商允许我选择最近的线下实体店提货	
	顾客服务整合 (Integration of Customer Service)	SER1	在线上网店购买商品后,该零售商允许在线下实体店退货、维修或者换货	
		SER2	该零售商的线上网店能通过网上客服或电子邮件为在线下实体店购买的商品提供售后服务	
		SER3	该零售商线下实体店的客服人员能通过回帖、实时聊天的方式为线上网店的顾客提供服务	

资料来源:参考 Oh (2010) 和吴锦峰 (2016) 整理。

2. 品牌信任

品牌信任的测量方式,主要参考 Chaudhuri 和 Holbrook (2001) 所开发的单维量表,为进一步提高问卷数据的有效性,确保问题的表达符合中国人思维,各个题项均通过多次英汉互译与专家访谈,共包括 4 个题项 (见表 6.25)。

表 6.25   品牌信任测量量表

变量	编号	题项	参考依据
品牌信任 (Brand Trust)	TRU1	我相信该零售商品牌	Chaudhuri 和 Holbrook (2001)
	TRU2	该零售商品牌是诚实的	
	TRU3	该零售商品牌是安全的	
	TRU4	我依赖该零售商品牌	

资料来源:参考 Chaudhuri 和 Holbrook (2001) 整理。

3. 顾客涉入度

顾客涉入度采用 Zaichkowsky（1985）和 Mittal（1995）的量表，包含 1 个维度 3 个题项（见表 6.26）。

表 6.26 顾客涉入度测量量表

变量	编号	题项	参考依据
顾客涉入度 （Customer Involvement）	INV1	店里有很多商品和品牌供选择时，我很在意选择哪一个	Zaichkowsky（1985）和 Mittal（1995）
	INV2	正确选择这个商品对我来说很重要	
	INV3	我很在意选择这个商品之后的结果	

资料来源：参考 Zaichkowsky（1985）和 Mittal（1995）整理。

4. 零售商品牌权益

零售商品牌权益的测量参考 Pappu 和 Quester（2006）对零售商品牌权益的测量量表，从零售商认知、零售商联想、感知质量和零售商忠诚 4 个方面进行测量，并结合汪旭晖等（2012）的研究进行设计，共 18 个题项（见表 6.27）。

表 6.27 零售商品牌权益测量量表

变量	维度	编号	题项	参考依据
零售商品牌权益 （Retailer Brand Equity）	零售商认知 （Retailer Cognition）	COG1	我熟悉该零售商	Pappu 和 Quester（2006）；汪旭晖等（2012）
		COG2	我能迅速回想起该零售商的特征	
		COG3	我能从很多零售商中认出该零售商	
		COG4	该零售商在我头脑中的印象很深刻	
		COG5	该零售商是值得信赖的	
	零售商联想 （Retailer Association）	ASS1	通过该零售商购物非常方便	
		ASS2	该零售商的购物氛围很好	
		ASS3	该零售商提供多样性的产品	
		ASS4	该零售商对顾客服务很周到	
		ASS5	该零售商的售后服务很好	

续表

变量	维度	编号	题项	参考依据
零售商品牌权益（Retailer Brand Equity）	感知质量（Perceived Quality）	QUA1	该零售商能提供及时的服务	Pappu 和 Quester（2006）；汪旭晖等（2012）
		QUA2	该零售商能提供可靠的服务	
		QUA3	该零售商能提供质量可靠的商品	
		QUA4	该零售商能提供性能卓越的商品	
		QUA5	该零售商的商品质量很稳定	
	零售商忠诚（Retailer Loyalty）	LOY1	我愿意再次通过该零售商购物	
		LOY2	该零售商是我购物的首选	
		LOY3	如果能够通过该零售商获得所需商品，我不会选择其他零售商	
		LOY4	我愿意向朋友推荐该零售商	

资料来源：参考 Pappu 和 Quester（2006）及汪旭晖等（2012）整理。

6.3.3 研究设计

1. 问卷内容

调查问卷主要设计为四部分，前言部分说明研究者的身份、研究目的、填答问卷的注意事项及保密性承诺。在这部分设计筛选性问题，选出在多渠道零售商具有实际购物经历的消费者。第一部分是关于多渠道零售商线下线上整合服务质量的评价，具体分为促销信息整合等六个维度。第二部分是关于品牌信任、顾客涉入度、零售商品牌权益的测量。其中品牌信任的测量采用 Chaudhuri 和 Holbrook（2001）开发的信任量表，共 4 个题项；顾客涉入度借鉴 Zaichkowsky（1985）和 Mittal（1995）的单维量表，共 3 个题项；零售商品牌权益参考 Pappu 和 Quester（2006）等的研究成果，从零售商认知、零售商联想、感知质量和零售商忠诚 4 个方面进行测量，并结合汪旭晖等（2012）的研究进行设计，共 18 个题项。第一部分和第二部分会引导被调查者回忆在该零售商线下和线上渠道购物的具体场景，做出较为真实的反映。第三部分关于被调查者人口特征，包括性别、年龄区间、学历、网购年龄、年购物频率、月可支配收入等。由于多渠道整合服务质量、品牌信任、品牌权益等均具有消费者对零售商的主观感知与态度的特性，属于连续、非离散变量，为了更好地保证变量测量的准确性和可信性，本部分采用李克特 7 点量表，即分为 1 到 7 的评分选项，分别代表完全反对、反对、有点反对、不确定、有点同意、同意、完全同意。

2. 样本选择

本部分的研究对象为多渠道消费者。多渠道消费者是指在同一家零售商的多个渠道进行购物的消费者，包括线上下单、线下取货及线上优惠、线下享受等多渠道消费行为。实现多渠道购物的前提之一为该消费者具有网购行为，根据最新发布的第 43 次《中国互联网发展状况统计报告》，10—39 岁群体为网民主体，占比达 67.8%，其中占比最高的年龄段为 20—29 岁，达 26.8%。因此，本部分选择此年龄段群体为主要研究对象。问卷设计共 49 个题项，由于题项数量较大，不适合纯互联网收集。因此，采用纸质问卷与互联网问卷相结合的调研方式。综上所述，结合作者的实际能力，选择具有典型多渠道消费行为的在校大学生进行实地与互联网调研。为保证问卷质量，实地调研的问卷全部采取纸质问卷。互联网调研的问卷，主要通过给省外真实可靠的校友"一对一"发放问卷进行调研。纸质问卷与互联网问卷累积发放 550 份，回收问卷 513 份，经过筛选，剔除无效问卷。最终，得到有效问卷 462 份，问卷回收率与有效率为 93.3% 和 84%。

6.3.4 实证分析与结果

本部分研究构建了多渠道整合服务质量与零售商品牌权益影响研究的概念模型，基于问卷收集的数据，使用 AMOS 和 SPSS 24.0 统计软件，对问卷数据进行描述性统计，验证问卷数据的信度和效度，在对各潜变量的验证性因子分析基础上，构建结构方程模型，对研究假设进行验证。具体地，利用 AMOS 统计软件对多渠道整合服务质量与零售商品牌权益之间的关系、品牌信任在多渠道整合服务质量与零售商品牌权益之间的中介作用进行分析；采用 SPSS 统计方法对顾客涉入度在多渠道整合服务质量与零售商品牌权益之间的调节作用进行分析，最后在实证结果的基础上，得出实证结论与管理启示。

1. 测量模型检验

（1）信度检验。信度是用来衡量测量结果的可靠程度的指标，信度越高则表示该测量结果越稳定。信度检验主要通过 Cronbach'α 系数进行，当 Cronbach'α 系数大于 0.7 表示可接受，Cronbach'α 系数大于 0.8 表示拟合程度较好。本文采用 SPSS 24.0 对各潜变量的信度进行分析，结果显示各潜变量的 α 值均大于 0.7，因此各变量具有良好的信度（见表 6.28）。

表 6.28　　　　　　　　各潜变量的信度值表

变量（编码）	测项数	Cronbach'α	变量（编码）	测项数	Cronbach'α
产品与价格信息整合（PRO）	5	0.776	品牌信任（TRU）	4	0.840
促销信息整合（PPI）	3	0.702	顾客涉入度（INV）	3	0.814
交易信息整合（TRI）	3	0.752	零售商认知（COG）	5	0.924
信息获取整合（IAC）	3	0.765	零售商联想（ASS）	5	0.854
订单履行整合（ORD）	3	0.814	感知质量（QUA）	4	0.756
顾客服务整合（SER）	3	0.757	零售商忠诚（LOY）	4	0.811

资料来源：本表数据来源于 SPSS 24.0。

（2）效度检验。

一是，收敛效度检验。本部分运用 AMOS 22.0 软件对变量进行验证性因子分析，根据因子载荷、CR 值和 AVE 值三项指标来检验变量的收敛效度。模型数据要有较好的收敛效度，须同时满足以下几个条件：标准化因子载荷系数 >0.6；组成信度（CR）>0.7；平均方差萃取值（AVE）>

0.5。由表 6.29 可知,模型的测量值均达到标准值以上,模型整体收敛效度较好。

表 6.29 验证性因素分析整理表

变量	指标	标准化因子载荷（STD）	标准化残差（SMC）	组成信度（C.R.）	平均方差萃取值（AVE）
多渠道整合服务质量	促销信息整合	0.761	0.579	0.896	0.59
	产品与价格信息整合	0.782	0.612		
	交易信息整合	0.717	0.514		
	信息获取整合	0.782	0.612		
	订单履行整合	0.746	0.557		
	顾客服务整合	0.814	0.663		
促销信息整合	PRO1	0.799	0.638	0.75	0.506
	PRO2	0.762	0.581		
	PRO3	0.547	0.299		
产品与价格信息整合	PPI1	0.545	0.297	0.712	0.458
	PPI2	0.809	0.654		
	PPI3	0.651	0.424		
交易信息整合	TRI1	0.558	0.311	0.763	0.524
	TRI2	0.852	0.726		
	TRI3	0.732	0.536		
信息获取整合	IAC1	0.657	0.432	0.776	0.542
	IAC2	0.882	0.778		
	IAC3	0.645	0.416		
订单履行整合	ORD1	0.590	0.348	0.827	0.622
	ORD2	0.913	0.834		
	ORD3	0.827	0.684		
顾客服务整合	SER1	0.721	0.520	0.784	0.557
	SER2	0.909	0.826		
	SER3	0.569	0.324		

续表

变量	指标	标准化因子载荷（STD）	标准化残差（SMC）	组成信度（C. R.）	平均方差萃取值（AVE）
品牌信任	TRU1	0.817	0.667	0.901	0.752
	TRU2	0.908	0.824		
	TRU3	0.875	0.766		
顾客涉入度	INV1	0.682	0.465	0.824	0.614
	INV2	0.923	0.852		
	INV3	0.724	0.524		
零售商品牌权益	零售商认知	0.724	0.524	0.877	0.642
	零售商联想	0.871	0.759		
	感知质量	0.857	0.734		
	零售商忠诚	0.742	0.551		
零售商认知	COG1	0.824	0.679	0.882	0.714
	COG2	0.881	0.776		
	COG3	0.829	0.687		
零售商联想	ASS1	0.764	0.584	0.856	0.599
	ASS2	0.847	0.717		
	ASS3	0.761	0.579		
	ASS4	0.719	0.517		
感知质量	QUA1	0.761	0.579	0.859	0.607
	QUA2	0.902	0.814		
	QUA3	0.759	0.576		
	QUA4	0.678	0.46		
零售商忠诚	LOY1	0.741	0.549	0.793	0.561
	LOY2	0.793	0.629		
	LOY3	0.711	0.506		

注：*** 表示 $P<0.001$。

资料来源：本表数据来源于 Amos 20.0。

二是，区别效度检验。本部分研究区别效度采用置信区间法来检验。置信区间法通过构建变量之间的 Pearson 相关系数置信区间，判定标准为该区间是否包含 1，不包含 1 则不包含完全相关，即变量之间区别效度显著（Torkzadeh 等，2003）。AMOS 软件提供了三种置信区间的估计方式：点估计值 ±2 倍标准误差（$\phi \pm 2\sigma$）、Bias-corrected Percentile Method 和 Percentile Method。根据表 6.30 数据分析结果，数据 Bootstrap 重复估计 2000 次，在 95% 的置信水平下，三种估计结果均显示多渠道整合服务质量、品牌信任、顾客涉入度、零售商品牌权益这四个变量两两置信区间均不包含 1。因此，本部分研究模型的四个潜变量全部具有区别效度。

表 6.30　　　　潜变量之间相关系数信赖区间估计

变量	点估计	点估计值 ±2 倍标准误差		Bias-corrected		Percentile Method	
		Lower	Upper	Lower	Upper	Lower	Upper
多渠道整合服务质量←→品牌信任	0.586	0.500	0.672	0.492	0.666	0.492	0.666
多渠道整合服务质量←→品牌权益	0.688	0.602	0.774	0.596	0.768	0.595	0.768
多渠道整合服务质量←→顾客涉入度	0.435	0.327	0.543	0.330	0.541	0.320	0.536
品牌信任←→品牌权益	0.768	0.688	0.848	0.679	0.836	0.686	0.839
品牌信任←→顾客涉入度	0.495	0.375	0.615	0.372	0.605	0.372	0.605
品牌权益←→顾客涉入度	0.575	0.481	0.669	0.476	0.660	0.478	0.661

资料来源：本表数据来源于 Amos 20.0。

2. 结构模型检验

本部分研究的结构方程模型如图 6.10 所示，共有 2 个一阶潜在变量——顾客涉入度与品牌信任，2 个二阶潜在变量——多渠道整合服务质量与零售商品牌权益，共包含 41 个题项，e1—e41 共 41 个残差。其中多渠道整合服务质量包含 6 个潜在变量，e19—e24 为其残差；零售商品牌权益包含 4 个潜在变量，e42—e45 为其残差；潜在变量之间有 5 个回归值需要估计。

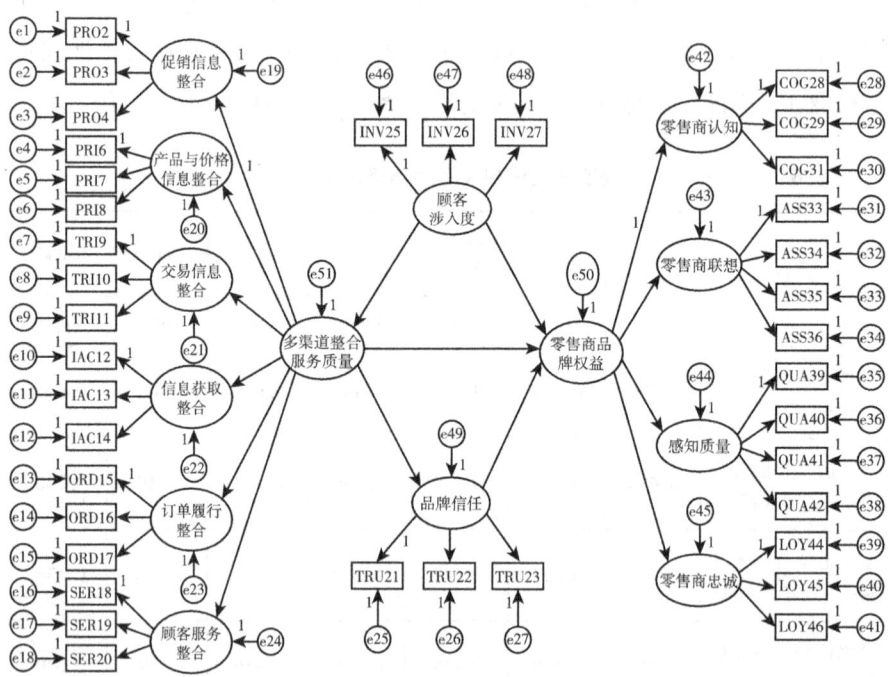

图 6.10　结构方程模型

资料来源：本图来源于 Amos 20.0 报告结果。

对结构方程模型进行初步检验，模型拟合结果如表 6.31 "初步检测"一栏所示，可以看出 NNFI 指标 = 0.892 < 0.9，根据 MI 修正指标对模型进行修正，删除 e4 和 e18。修正后模型如图 6.11。再次运行，模型拟合结果为 Chi/DF = 2.315，GFI = 0.861，AGFI = 0.840，RMSEA = 0.053，NNFI = 0.906，IFI = 0.915，CFI = 0.914，模型配适度指标结果符合标准，说明该模型与数据具有较高的配适度，该模型可以用来研究本文所研究的问题。

表 6.31　　　　　　结构方程模型配适度指标建议标准

拟合指标	Chi/DF	GFI	AGFI	RMSEA	NNFI	IFI	CFI
初步检验	2.450	0.845	0.824	0.056	0.892	0.901	0.901
修正后	2.315	0.861	0.840	0.053	0.906	0.915	0.914
建议值	<3	>0.8	>0.8	<0.08	>0.9	>0.9	>0.9

资料来源：本表数据来源于 Amos 20.0。

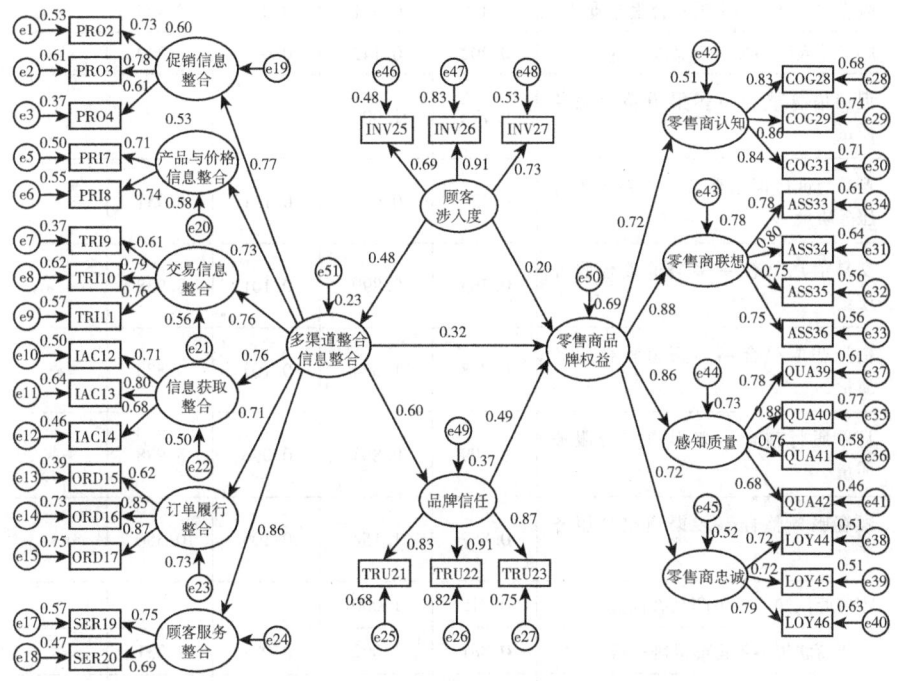

图 6.11　结构方程模型分析结果

资料来源：本图来源于 Amos 20.0 报告结果。

（1）假设检验。从分析结果图 6.11 可以看出，假设模型各个变量关系之间的系数均显著。多渠道整合服务质量与零售商品牌权益之间的相关系数为 0.319，多渠道整合服务质量与品牌信任之间的相关系数为 0.605，品牌信任与零售商品牌权益之间的相关系数为 0.492。假设 H1，H2，H3 均成立。假设模型分析结果如表 6.32 所示。

表 6.32　　　　　　　　　　结构方程模型分析结果

变量名称	标准化系数	非标准化系数	S.E.	T值	P
多渠道整合服务质量→品牌信任	0.605	0.764	0.082	9.344	***
品牌信任→零售商品牌权益	0.492	0.374	0.045	8.328	***
多渠道整合服务质量→零售商品牌权益	0.319	0.306	0.062	4.968	***
顾客涉入度→多渠道整合服务质量	0.476	0.351	0.047	7.444	***
顾客涉入度→零售商品牌权益	0.202	0.142	0.033	4.342	***
促销信息整合→多渠道整合服务质量	0.772	1.000			
产品与价格信息整合→多渠道整合服务质量	0.725	0.994	0.111	8.951	***
交易信息整合→多渠道整合服务质量	0.763	0.899	0.101	8.938	***
信息获取整合→多渠道整合服务质量	0.748	1.024	0.107	9.575	***
订单履行整合→多渠道整合服务质量	0.709	0.865	0.096	8.988	***
顾客服务整合→多渠道整合服务质量	0.857	1.154	0.109	10.550	***
零售商认知→零售商品牌权益	0.715	1.000			
零售商联想→零售商品牌权益	0.881	1.002	0.082	12.231	***
感知质量→零售商品牌权益	0.856	1.028	0.085	12.032	***
零售商忠诚→零售商品牌权益	0.721	0.857	0.085	10.071	***

注：*** 表示 P<0.001。

资料来源：本表数据来源于 Amos 20.0。

（2）中介效应检验。为了检验品牌信任在多渠道整合服务质量与零售商品牌权益之间的中介效应，本部分采用 Bootstrap 方法进行中介作用显著性验证，选用 Bias - Corrected 方法和 Percentile 方法进行判断，由表 6.34 可知，Bias - Corrected 的总效果的置信区间未包含 0，直接效果的置信区间未包含 0，间接效果的置信区间为 0.244—0.555，未包含 0，品牌信任的中介效应存在。Percentile 的总效果的置信区间未包含 0，直接效果的置信区间未包含 0，间接效果的置信区间未包含 0，品牌信任的中介效应存在。经验证，品牌信任在多渠道整合服务质量与零售商品牌权益之间的中介作用存在。从表 6.33 中可以看出，多渠道整合服务质量对零售商品牌权益的总效果为 0.679，多渠道整合服务质量对零售商品牌权益的直接效果为 0.322，多渠道整合服务质量对零售商品牌权益的间接效果为 0.357，品牌信任为部分中介，中介了多渠道整合服务质量对零售商品牌权益关系的 0.357/0.679 = 52.6%，假设 H4 获得验证。

表 6.33　　　　　　　　品牌信任的中介效应检验

变量	点估计值	系数相乘积		Bootstrp			
				Bias - Corrected 95% CI		Percentile 95% CI	
		SE	Z	Lower	Upper	Lower	Upper
多渠道整合服务质量→零售商品牌权益	0.679	总效果		0.487	0.965	0.480	0.964
		0.121	5.611				
多渠道整合服务质量→零售商品牌权益	0.322	直接效果		0.196	0.490	0.195	0.487
		0.075	4.293				
多渠道整合服务质量→零售商品牌权益	0.357	间接效果		0.244	0.555	0.238	0.537
		0.078	4.577				

注：表中为非标准化数值。
资料来源：Amos 20.0 数据输出。

（3）调节效应检验。本部分利用 SPSS 24.0 软件对顾客涉入度的调节作用进行检验。通过分层回归，验证调节作用。首先将潜变量多渠道整合服务质量（MSQ）、顾客涉入度（INV）和零售商品牌权益（BE）进行加总平均得出新变量 MSQAVG、INVAVG、BEAVG；然后将 MSQAVG、INVAVG、BEAVG 标准化，得到标准化的新变量 Z（MSQAVG）、Z（INVAVG）和 Z（BEAVG）。其次，计算新变量交互项，M1（多渠道整合服务质量×顾客涉入度）即 Z（MSQAVG）和 Z（INVAVG）的乘积。最后，进行分层回归，分层回归是逐层建立模型，检查顾客涉入度的调节作用。模型1将多渠道整合服务质量与顾客涉入度引入进行回归分析；模型2将多渠道整合服务质量、顾客涉入度与交互项 M1 引入进行回归分析，由表 6.34 可知，模型交互项未显著，R^2 变化未显著，因此，顾客涉入度在多渠道整合服务质量与零售商品牌权益之间的调节作用未显著，假设 H5 不成立。

表 6.34　　　　　　　　　　顾客涉入度的调节效应检验

变量	模型 1	模型 2
截距	-0.013	-0.011
性别	-0.237*	-0.239*
年龄	0.037	0.031
学历	0.130	0.136
购物历史	-0.021	-0.016
购物频次	-0.012	-0.008
可支配收入	0.167	0.158
多渠道整合服务质量	0.474**	0.468**
顾客涉入度	0.292**	0.284**
交互项		-0.037
R^2	0.434	0.436
ΔR^2	0.434**	0.002
F	43.387	38.779

注：因变量：零售商品牌权益；　** 表示 $P<0.01$，* 表示 $P<0.05$。
资料来源：本表数据来源于 Amos 20.0。

综上所述，通过结构方程模型、中介作用分析和调节作用分析，得到本部分研究的假设通过情况（见表 6.35）。

表 6.35　　　　　　　　　　假设检验结果汇总表

假设	内容	通过情况
H1	多渠道整合服务质量对零售商品牌权益有积极影响	通过
H2	多渠道整合服务质量对品牌信任有积极影响	通过

续表

假设	内容	通过情况
H3	品牌信任对零售商品牌权益有积极影响	通过
H4	品牌信任在多渠道整合服务质量与零售商品牌权益关系中起中介作用	通过
H5	顾客涉入度在多渠道整合服务质量与零售商品牌权益关系中起调节作用	未通过

3. 研究结论

本部分主要研究多渠道整合服务质量对零售商品牌权益的影响，通过前期理论论证与后期实证检验。在多渠道零售环境下，从多渠道整合服务质量的6个维度来看，促销信息整合（$\beta=0.772$）、产品与价格信息整合（$\beta=0.725$）、交易信息整合（$\beta=0.763$）、信息获取整合（$\beta=0.748$）、订单履行整合（$\beta=0.709$）和顾客服务整合（$\beta=0.857$）对多渠道整合服务质量的提升作用明显。实证结果表明多渠道整合服务质量对零售商品牌权益的影响显著；多渠道整合服务质量对品牌信任的影响显著（$\beta=0.605$）；从零售商品牌权益的四维度来看，零售商认知（$\beta=0.715$）、零售商联想（$\beta=0.881$）、零售商感知质量（$\beta=0.856$）与零售商忠诚（$\beta=0.721$）对于零售商品牌权益的影响显著并且作用明显。实证结果表明品牌信任对零售商品牌权益影响显著；品牌信任部分中介多渠道整合服务质量和零售商品牌权益的关系，中介了多渠道整合服务质量对零售商品牌权益关系的 $0.357/0.679=52.6\%$；顾客涉入度在多渠道整合服务质量和零售商品牌权益的关系中的调节作用不显著。

6.3.5 管理启示

1. 零售商通过全面提升多渠道整合服务质量来增加品牌权益

多渠道整合服务质量的提升能够为零售商品牌权益带来一定的溢出效应。多渠道整合服务质量是服务质量在新零售环境中的一种延伸，是将零售商实体渠道服务质量与电子渠道服务质量进行融合，实现优势互补，推动品牌权益增长。多渠道整合服务重点突出了"整合"的意义，将多渠道视为一个整体，对其中各部分以及部分之间的关系作系统且全面的升级。该整合主要分为信息整合和流程整合，其中信息整合可以进一步细化为产品信息、价格信息、促销信息以及交易信息等的整合，而流程整合可以进一步分为信息获取流程、订单履行流程以及顾客服务流程等的整合。在任意一个小环节的进步均有可能为多渠道整合服务质量带来影响，进而增加品牌权益。

2. 零售商通过与顾客建立或加固品牌信任来提升品牌权益

顾客对零售企业的品牌信任会对零售商品牌权益产生影响，具体而言零售商品牌权益可以进一步从顾客对零售商的认知、联想、感知质量与忠诚四个方面来衡量，其中顾客品牌信任主要作用于其对零售商的联想与感知质量，而对零售商的认知与忠诚产生的作用一般。顾客对零售企业产生的品牌信任，一方面会通过降低风险感知来提升品牌权益，另一方面会通过改善购物体验，加深顾客印象，形成顾客黏性增进零售商品牌权益。因而零售商在企业运营过程中要重视建立、提升与维护顾客对企业的品牌信任。多零售渠道的建立使消费者对消费信息的获取渠道增多，这种信息的增多在扩大消费者的选择范围的同时也能赋予消费者监督职能，即同一零售企业在不同渠道发布不同信息时，消费者能够快速发现并"用脚投票"降低该零售商品牌权益。消费者在消费过程中主要关注产品信息、促销活动信息、服务模式的差异度等，因而零售企业要重点关注多渠道在发布这类信息时的一致性，进而赢得消费者的信任，在消费者心中树立优秀的品牌形象，营造良好的口碑，进而增强零售商品牌权益。

3. 零售商通过提高多渠道整合服务质量来树立和增强品牌信任

消费者的购买行为包括了前中后三个阶段，每个阶段中所包含的各个环节都可能会影响消费者的品牌信任，多渠道整合进一步将购买行为复杂化，因而要想维护品牌信任需要注重每个环节的消费者体验整合。在购买前的消费者信息收集阶段，零售企业可以通过多渠道整合产品功能、价格介绍、促销活动等信息，扩大信息的覆盖范围增加触达消费者的途径，进而在消费者心智中形成基础印象，这种印象越鲜明，消费者越有可能精准定位该品牌，即节省了信息梳理与辨别信息的成本，形成初步信任。在购买中的信息获取和交易信息整合阶段，多渠道整合可以保证消费者获取任何渠道的基础信息，为顾客在多渠道之间的转换行为提供了保障。同时多渠道交易信息的获取，能够从多角度多时区获得消费者整体的消费趋势，消费者个人的个性化发展，据此提高多渠道整合服务水平继而提升消费者的品牌信任。在购买后的订单履行和顾客服务整合阶段，主要是通过多渠道整合来提升消费者购买行为的自由度，提高下单、取货、解决售后问题的效率，例如消费者可以选择线上下单，线下取货，到货七天之内实现无理由退款等，通过完善各个环节以增加消费者完成购买行为的路径选择，通过服务整合提高购买行为的完成度，进而增强品牌信任。

4. 多渠道整合服务质量通过提高品牌信任进而增强零售商品牌权益

品牌信任在多渠道整合服务与零售商品牌权益之间起到部分中介作用，意味着零售企业在改善多渠道整合服务水平的过程中，建立和维持品牌信任是众多提升零售商品牌权益的重要途径之一，而非唯一途径。因而零售企业在进行多渠道服务整合时需要考虑维持品牌信任的相关举措，并需要深入思考这种举措是否会引起顾客其他的负面情绪，反而减弱了零售商品牌权益。例如某零售企业为突出不同渠道产品之间的差别，在线上销售一类产品，而在线下销售另一类产品，在理论上这种分渠道的专业化经营能够赢得消费者对品牌专业度印象，但在实践中这种分渠道的经营反而因其存在一定的价格歧视倾向，引起了消费者对两类产品资质的质疑。因而想要通过建立品牌信任来增强零售商品牌权益时，需要从产品、价格、活动、服务等各角度出发与消费者建立信任关系，创造消费者对企业的美好回忆，并逐渐转化为高忠诚度行为。

5. 顾客涉入度仍是多渠道整合实践中提升品牌权益的重要影响因素

顾客涉入度在多渠道整合服务质量与零售商品牌权益之间起到调节作用，虽在本研究中该作用尚未显著，但该结论并不能代表其在多渠道整合服务质量与零售商品牌权益之间的调节作用不存在。现有研究主要从购买产品价值、定期消费水平以及对多渠道整合服务知识的掌握水平等角度来解释顾客涉入度的低调节作用。例如 Rothschild（1987）从购买产品价值的角度，指出了产品价格对顾客涉入度的影响，他以在校大学生为研究对象，这类群体购买产品主要集中于价格水平较低的生活用品，顾客涉入度高低对大学生的购物行为的影响不显著，因而在此情景下顾客涉入度在多渠道服务质量与零售商品牌权益之间起到的调节作用有限。Cox（2009）从定期消费水平和对多渠道整合服务知识的掌握水平角度指出，其一，定期消费水平较低时，顾客涉入度相对降低，削弱了其对渠道整合服务质量与零售商品牌权益之间的调节作用。其二，顾客对多渠道整合服务质量相关认知的掌握程度影响顾客涉入度的有效性，消费者对该领域的关注度与相关知识体系的完整度较差，即使消费者愿意投入时间与精力，其顾客涉入度的作用仍受到限制。因此，要想在多渠道整合实践中发挥顾客涉入度的作用，需要将研究对象设定为高销售价值的产品或服务，将研究对象聚焦与高定期收入水平的消费者，并尽量延长研究的时间跨度，完善消费者对多渠道整合的知识积累。综上所述，顾客涉入度仍是多渠道整合实践中提升品牌权益的重要影响因素。

第7章

前行——建议与未来展望

7.1 新零售企业实施线上线下多渠道整合的建议

7.1.1 战略顶层制定

1. 商业模式创新

新零售企业实施线上线下多渠道整合的前提是企业商业模式的创新，从宏观上把握企业整体的发展方向，从而为企业实施线上线下多渠道整合提供方向。主要体现在价值主张重塑和价值链的实现两方面。首先，价值主张重塑。简单来讲，价值主张即顾客的买点，企业要传递给客户的一种差异化的价值观。新零售企业多渠道整合服务是以企业价值主张为基础的，是企业价值主张的体现。因此，企业应先确认用户的需求点，进而确认自己的价值主张，最终确定合适的多渠道整合方案。其次，价值链的实现。完整的价值链活动实际上要解决三个问题：第一，价值如何创造，如何将企业做大，使大家有利可图。第二，价值如何评价，我们创造的价值如何去分配。第三，价值如何分配，企业所创造的利润能不能准确地分配到每个人手中。例如新零售企业将高效的供应链和物流服务系统确认为价值创造方式时，那么体现在价值评价上为企业剩余价值分配的核心主体是供应链和物流服务提供主体，且在价值分配上，建立公平合理的立体绩效评价体系。

2. 用户体验设计

新零售企业多渠道线上线下整合服务质量对消费者品牌体验具有积极的影响，品牌体验对顾客购买意愿具有积极的影响。因此，新零售企业可以从数字体验设计、产品体验设计、场景体验设计和情感体验设计入手，提升用户品牌体验感，进而增强用户购买意愿。第一，数字体验设计。线上线下一体化，包括商品一体化、库存一体化、价格一体化和会员一体化，使用户在制定购买决策时实现线上线下自由转换，其中线上渠道应具备功能丰富、操作便捷、具有反馈机制且能与线下实体店相通的特点。第二，产品体验设计。企业实施多渠道整合，除了使用户实现购买渠道的自由转换，更重要的是为用户创造独特的产品体验。例如，线上订单可由离用户较近的线下门店进行配送，且在配送过程中谨防产品损坏。第三，场景体验设计。沉浸式消费场景的搭建能够刺激用户产生购买产品和口碑传播的意愿。企业应当运用新兴信息技术为用户提供场景式服务，体现为线下渠道中产品的陈列以及空间布局。第四，情感体验设计。企业应针对目标消费群体的特点，在线上线下渠道中为用户带来新鲜、舒适、愉悦的情感体验。

7.1.2 渠道整合管理策略

1. 渠道间资源分配优化

新零售企业实施线上线下多渠道整合策略首要考虑的问题是资源优化分配。企业各渠道存在经营成本和属性差异，为避免渠道间冲突，资源分配方式应存在一定的差异，具体可采取以下措施。第一，在共同目标的大前提下，每个营销渠道按自己在多渠道整合战略中所扮演的角色分配到应有的资源，且处于同一渠道层面的营销渠道的资源应当基本相等。第二，建立具有企业特色的渠道贡献评估模型。由于每个渠道获取用户的成本不一样，获取用户的数目不一样，用户的花费总额也不同，企业可建立基于上述因素的渠道贡献评估模型，从而为企业资源分配提供参考。第三，渠道间资源分配调整。不同渠道最终经营效果是多方因素共同作用的结果，企业应根据具体实际情况对渠道贡献评估模型以及渠道间资源分配情况进行及时调整，以实现渠道间最优资源配置。

2. 多渠道协同实现机制

新零售企业多渠道间并非是竞争关系，而是要做到两者相互融合、相互补充。第一，线上线下优势互补。线上渠道具有宣传的优势，线下渠道具有体验的优势，新零售商应当发挥线下渠道的体验优势来提升线上渠道的销售，同时发挥线上渠道宣传优势提升线下渠道的利润，实现两种渠道的协同发展。第二，线上线下资源整合。线下渠道精心打造消费体验的环境、线上做好品牌的宣传和推广，使消费者完成实体店体验商品并在网店或实体店下单购买的良性循环，最终实现线上与线下资源的整合和统一。第三，多渠道整合营销。多渠道整合营销的核心不是品牌而是顾客体验，新零售企业的线上线下渠道是直接面对用户的。因此，企业应该结合自己的产品和服务特点，选择合适的营销渠道并将各个渠道进行有机的整合，从而最大限度地扩大营销影响力。

3. 多渠道冲突管理

多渠道冲突是指当企业建立两个及以上的分销渠道后，不同渠道服务于同一目标市场时所产生的冲突，具体可分为不同渠道之间的冲突以及渠道和顾客需求之间的不平衡。新零售企业采取线上线下整合的目的是进行一场效率的革命，使用户方便获取产品价值和服务价值，但是多渠道冲突阻碍企业多渠道整合策略的实施。因此，新零售企业可采取以下措施进行多渠道冲突管理：第一，大数据信息处理技术的应用，利用大数据对不同渠道间冲突进行信息收集和处理。第二，明晰产品和用户的边界，对用户依据订单规模、消费特点等进行区分，使不同的渠道服务特定消费特点的用户。第三，根据用户细分实施差异化定价，保证不同价格敏感的客户流向特定的渠道。第四，提升用户购后体验，即通过形式多样的增值服务来弱化用户的成本感知。第五，以共同利益为基础确定不同渠道的长期目标。任何渠道，除了各自渠道的局部利益之外，必然还存在着一些共同的利益，如品牌知名度、消费者满意度等。

7.1.3 战略落地执行

1. 组织结构变革与重塑

新零售企业全渠道战略的落实是外部联合和组织内部革新的结果。就组织内部而言：一是要建立扁平化的组织结构，从企业顶层设计出发，建立跨部门、跨渠道相互协作的组织机构，从多渠道整合调度协调各部门之间的活动。二是要重构企业文化，企业文化与多渠道整合思想相结合，并增强员工对企业文化的认同，使员工在日常工作中能够从多渠道整合思想出发，传递多渠道整合价值。三是要实体店虚拟化和电商的实体化。实体虚拟化要求实体零售商能够保持与消费者之间的"距离"，使消费者不仅能享受到线下真实性购物体验，还能享受家庭网络购物般轻松、自在的购物体验。除此之外，为员工配备平板电脑以随时随地为顾客提供咨询、结算服务。电商实体化则可以通过提供便捷的订购系统、安全的支付系统、透明的库存系统、实体店退货系统、信息交流系统以及顾客评价系统等增强网络购物者的安全感。四是要建立以顾客为中心的组织结构，抵御内部制度产生的干扰，打破渠道壁垒，在渠道间开展协同作业，从全局出发，引导消费者在购物过程中无缝穿梭；五是要搭建全渠道平台，以与顾客取得联系，并提供无缝化的购物体验。自营平台和第三方平台与顾客产生联系并使用户产生购买行为，而订单处理系统、库存管理系统、供应链物流体系起到基础保障作用。

2. 供应链管理与再创新

多渠道整合情境下的供应链运营管理的变革与创新需要重点关注两个问题：一是将长期用户进行详细的统计和划分。按照市场需求对供应链前端进行完善，这个措施能够促进针对性营销并制定严谨的供应链发展方案。另外，传统经营方式下的零售企业运营和运用网络平台的企业都是通过细分商品品类取得理想结果的，因此商品品类的细分是全渠道模式下供应链升级的关键。二是渠道间库存透明化。线上线下多渠道整合战略下，企业各渠道实现信息共享，从而建立企业信息系统。假如某个网络平台上有消费者在选购商品，而该平台的后台出现缺货现象，另外的渠道商还有库存，该渠道商就能接收到这个信息并通过物流服务来及时满足消费者的需求。我国幅员辽阔，不同的地区有不同的市场行情，各地零售网点能力、信息分析能力不同，物流环节的完善程度也各不相同，这些因素对各渠道商之间共享库存都存在不同程度的干涉。综上所述，新零售企业多渠道库存透明化要以信息技术为基础，各渠道之间共同努力协同运营，从而完善组织业务体系，更好发挥企业产业链的作用。另外，随着网络技术的发展和消费特点的变化，网络平台在新零售企业普遍化，对此需要加强渠道与供应链之间的交融，以便商家在经营过程中能够与其他合作商共享信息。

3. 绩效体系设计与优化

消费观念转变与市场需求升级、行业发展瓶颈期和信息技术的发展促使零售企业采取以用户为中心的线上线下多渠道整合战略，传统的基于单个渠道和企业自身绩效的绩效评价体系不再适用。因此，零售商不能按照传统的销售额、净利润等指标来衡量各渠道绩效，应重视与消费者关系的维系，强调情感价值，从与消费者建立联系和情感的角度对员工绩效进行评价。同时，员工被期望通过对顾客需求进行深入分析，明确消费者关注的因素，进而不断完善自身服务，为消费者带来极致的服务体验。另外，针对多渠道整合情境下消费者出现的渠道迁徙行为，企业应关注员工道德风险的出现，从与顾客实际接触并提供优质服务的角度对其绩效进行评价。因此，可综合企业财务绩效和为顾客创造价值两方面，甚至技术应用水平等要素对企业绩效评价体系进行设计和再优化。

4. 数据融合与精准营销

数据运营在多渠道整合情境下，可以帮助企业掌握自身经营状况，细化零售运营指标，有效挖掘顾客需求，并进而制定科学商业决策。具体来说，在数据采集方面，零售企业要合理使用行业最新技术从各个渠道采集数据，从而保证数据来源多样化；在数据整理方面，对采集到的数据细分为两类，一类是企业层面的宏观数据，另一类是顾客层面的微观数据，并使用不同的方式对数据进行处理；在数据分析方面，要摒弃传统的假设验证分析法，采用以大数据算法为基础的相关性数据挖掘法，对顾客消费行为与习惯进行提取；在数据诠释方面，要将可视化技术、人机交互技术、数据起源技术引入数据诠释过程，对传统的统计数据诠释进行改革。新零售背景下，企业发展逻辑是通过对多渠道数据融合进行分析，为不同兴趣取向、行为偏好和价值主张的独具特色的"个体"提供个性化解决方案，即通过分析消费者购买商品类型、频率等了解目标消费者购买偏好，绘制每一渠道精准消费者画像，进而选择合适的营销方法，实施具有针对性的精准营销。因此，新零售企业要善于利用多渠道数据，研究并挖掘消费者需求和欲望，告别格式化零售模式，实现定制化、品质化的转型。另外，零售企业在使用大数据时还应注意一个问题，大数据并不是完美无缺的，要合理地规避大数据带来的负面影响，合理地设定数据与隐私之间的界限，对已掌握的数据做出科学的取舍。

7.1.4 运营策略协同

1. 实现多渠道信息的无缝对接

消费者对新零售企业线上线下多渠道整合形成的品牌体验，直接影响其消费意愿。从企业层面来讲，实现多渠道信息的无缝对接既是线上线下多渠道整合战略的要求，是避免渠道冲突的基础，也是提升消费者品牌体验的有效手段，具体促进多渠道信息无缝对接措施如下：第一，借助大数据和人工智能等先进技术，整合多渠道信息，形成云端数据库，从而刻画消费者画像，为消费者提供定制化的产品和服务体验，并借助数据库分析企业经营管理中存在的问题。第二，渠道互通。消费者在整个消费过程中，从需求的产生到售后服务，可实现不同渠道来回切换，渠道之间关于优惠政策、购物券、积分等信息是相通的。对消费者来说可形成定制化的购物体验，对企业来讲能够整合各渠道的资源优势。第三，搭建开放性的信息分享平台，用于收集消费者对产品的评价、购买过程体验和反馈性信息等，从而使企业从第三视角进一步认识多渠道整合效果，做好渠道信息的无缝对接，降低消费者信息不对称感知，使消费者对品牌、产品更为了解。

2. 打造移动支付闭环

数据调查显示，2016 年国内移动支付交易规模为 38.6 万亿元，并呈现持续增长态势，且在今后的发展过程中，移动支付的应用范围将进一步拓宽。从商家的角度进行分析，移动支付除了能够为消费者提供便利之外，还能以支付为切入点，对顾客、经营方及商品的相关信息进行统计与分析，据此推进企业的 O2O 运营与实践，拉近消费者与企业之间的距离。现阶段，阿里巴巴、京东、百度纷纷在 O2O 领域布局，使互联网成为线下交易的平台，同时也加快线下实体店建设。在此阶段，实体零售商紧抓这一机遇，与阿里巴巴、腾讯深入合作，将移动电子支付打造成零售商布局 O2O 全渠道的一个常规环节。数据显示，在中国连锁百强企业中，接入支付宝的企业有 58 家，接入微信支付的企业有 45 家，接入翼支付的企业有 15 家，接入银联支付的企业有 5 家，接入易付宝的企业有 2 家，接入 QQ 钱包的企业有 2 家。

电子支付正成为新零售企业数据化改造和实施多渠道整合常规环节的原因有：第一，阿里巴巴、腾讯等互联网巨头加速朝线下发展，企业要想在激烈的竞争环境中生存，要紧跟行业领先者步伐，积极进行数字化转型。第二，借助电子支付，实体零售商的消费者不仅能享受到下单立减、扫码即赠等优惠，且以支付为切入口将消费者与 APP 进行捆绑，保留了消费者数据，为商家开展精准营销提供方便。随着移动支付成为主流支付方式，实体零售店通过成功打造移动支付闭环，将再次吸引、积聚更多的年轻顾客。这种变化将彻底颠覆传统零售，产生更加深远的意义。

3. 打造智能服务模式

新零售企业线上线下渠道整合本质是一场效率的革命，即通过打造智能服务模式，让消费者用最短的时间、最快的速度、最近的距离获得产品价值和服务价值。如何通过打造智能服务模式使消费者获得产品价值和服务价值成为新零售企业实施多渠道线上线下整合的难点，具体可采取以下措施：第一，消费者需求产生阶段，线上渠道根据企业建立的消费者画像，为消费者提供个性化的推荐，直击消费者内心；线下渠道应先找到消费者"痛点"，与消费者建立信任关系，再结合现代技术为消费者提供智能服务。第二，购买阶段，线上线下购买渠道相通，例如盒马生鲜充分借助移动互联网应用，保证在距离实体门店 3 公里范围内，能够在半小时内将产品送到消费者手中。第三，售后服务阶段，首先将人工智能服务和人工客服有机结合，不断提高人工智能问题识别的精准性；其次，退换货系统相通，使消费者可自由选择渠道。总而言之，智能服务模式的打造是建立在对消费者购买行为分析的基础之上的，企业要对与消费者有关的全部信息进行收集和处理，从而打造智能服务模式。

4. 打造优质物流服务体验

从信息系统的视角出发，物流整合是最大的难题。首先，全渠道模式驱动下传统渠道物流应以库存销售为主，将产品输送到区域存储地点，然后根据需求选择商品，实现供应链末端由各地的仓库向外配送商品。且供应链末端的存储模式也将发生改变，把受消费者欢迎的产品存储在供应链末端的仓库，比较冷门的商品则存储在区域仓库中，这种商品库存的配置有利于实现销售环节的快速反应。其次，建立完善的物流体系，例如国美电器在企业内部建有独立的物流系统，能在我国县级以上城市通过物流将大型家电送到消费者手中。再比如海尔，通过在我国 2800 多个县级城市建立物流站点，为我国小型城市提供完备的物流服务。最后，建立拥有显著优势的独立物流体系。企业配备独立的物流系统比那些与物流商合作的企业拥有更多的优势，可以为消费者提供全方位的商品体验。注重消费者多元化需求而发展起来的点餐式物流服务变得越来越普遍，独立的物流系统能够为多渠道零售商提供 365 天无休的物流服务。此外，零售商自建物流也是完善"最后一公里"配送服务的重要支撑，并为零售商提供全新的营销载体。

7.1.5　数智赋能新零售

1. 释放大数据潜能，塑造数字化系统

数字经济形态下，大数据为社会流通效率提升和消费结构优化提供了新的动力。随着零售业网络信息技术的快速发展，数字化的知识和信息已经成为推动零售业转型升级的重要生产要素。但对于我国的零售行业，除了行业内领头的新零售企业，大部分企业大数据分析还处于发展初期。因此零售企业应通过大数据、智能化为线上线下多渠道整合赋能，并解析消费热点、把握消费趋势，提升消费者洞察力，有针对性地指导生产企业进行产品研发、优化生产模式及产品投放，改善用户消费体验。

首先，数据赋能，提升"场"的效率。第一，线上赋能线下。线下零售能够使消费者获得更加复杂、多感、立体的体验，线上零售具有便捷、成本低等特点，将线上和线下零售特点相结合，利用线上赋能线下。例如，亚马逊开设线下书店 Amazon Books，利用线上赋能线下，通过大数据进行选品，按销量、评分等陈列书籍，带给消费者别致的体验。第二，数据赋能物流和仓储。线上跨度性物流的衡量标准是"快"，线下即得性物流的衡量标准是"近",数据赋能新零售仓储和物流,使消费者能够获得更近的库存和更快的物流。总之,只有用数据赋能的新零售才是多渠道线上线下整合的新零售。

其次,构建数字化供应链系统。数字化供应链是指,以大数据和人工智能等技术为基础、以消费者为中心、以需求为驱动的,具有动态、协同、可视等特征的网络供应链状态。企业构建数字化供应链系统可采取以下措施:第一,培养数字意识,企业各层级人员对数字化变革具有战略眼光,理解数字愿景和数字价值。第二,提高供应链的柔性和响应速度。传统的零售企业重视的是生产和销售,但随着消费者需求的变化和企业所面对的外部市场环境的变化,企业应将信息技术和供应链管理放到核心位置,不断提高供应链的速度和敏捷性。第三,提高供应链数据的可视化和准确性,供应链需求端和供应端无时不在发生变化,只有供应链间数据足够准确和可视,企业才能最快做出反应。

综上所述,新零售线上线下多渠道整合数字化趋势是不可逆的,是企业发展的重要工具。因此,新零售企业必须有大数据意识,走数智化转型的道路,从而更好地挖掘消费者需求,赋能物流供应链,为消费者提供优质服务体验。

2. 加快构建线上线下与物流协同

物流正成为新零售线上线下优化融合的关键纽带和基础设施,成为新零售企业布局的重点。盒马鲜生通过数据的驱动,将线上、线下与现代物流技术相结合,为消费者创造出30分钟送达的极致智能购物体验,是线上线下与物流协同的成功案例。新零售企业线上线下渠道与物流协同时,可考虑从以下几个层面出发:

第一,物流系统设计遵循效率原则。物流作为新零售线上线下融合的纽带,对其效率的评估主要从为客户创造价值和降低满足客户需要成本两方面进行评估。因此,在物流创造顾客价值方面,做到"交货时间短""交付可靠性强""交付质量高"以及"交付灵活性";在物流降低成本方面,从运输、库存管理、仓储、订单管理和包装做到成本最小化。第二,以平台为基础将线上线下和物流相连接。消费者常见的消费模式是"线上下单,附近门店送货或者自提",这种新商业模式的基础是平台。企业应加强自身平台建设,使其拥有完备的产品展示、支付一体化、退换货功能。第三,在创新化模式的引导下,推动线上线下与物流的协调发展。一方面,提升物流服务。首先,在确保可达性的基础上,降低传统的多级中转快递网络的环节,从而提高配送的时效;其次,基于消费者地理位置服务,探索物流服务模式创新等。另一方面,以协同进化思想为基础,将线上线下与物流协同创新发展与现实发展情况结合起来,在创新性发展中考虑现实因素,进而构建新的商业模式。总体上看,线上线下与物流协同发展模式创新要将商业模式的变革与创新与现实条件相结合,从而保证协同兼具有先进性和现实性。

线上线下与物流协同发展,线上既要承担线下资源数字化的问题,还要最大化平台的规模效应,因此,线上是核心,线下是基础,而关键在于物流。

3. 创新共享经济下的新零售生态圈

共享经济下新零售生态圈的共享逻辑主要是利用数字技术和数据的高度可通用性来降低运营成本并提高客户获取效率。为了创新和优化这一生态圈,首要任务是让各新零售企业达成生态战略共识,明确自身在生态圈中的能力以及发展路径,分析可能获得价值的合作方式,达到互利共赢;其次,需要在新零售生态圈内弘扬共享精神,通过积极参与并共享客户资源、服务资源、渠道资源等关键零售生态资源,促进生态圈的共同发展;最后,保持对未来市场前沿趋势的敏感度和对消费者的洞察,及时挖掘行业的发展机会,构建一个复合的、全链路、场景式的"数字化用户生态圈"。随着数字经济的不断发展,生态是未来强大的武器。因此,对于共享经济下的新零售生态圈而言,要以"共享"精神为核心,优化各类资源的重复使用,以促进零售资源共享价值与企业运营效率的提升。

7.2 新零售线上线下多渠道整合的未来展望

7.2.1 未来理论研究方向

首先，现有关于新零售企业线上线下多渠道整合的研究大多是基于理论或实证的研究，缺乏案例讨论，这显然与"实践发展快于理论发展"的现实情况相悖。因此，未来应该更多关注新零售企业的具体实践，到企业一线去开展案例调研或实地访谈等研究，以期通过发现实践中的问题，进一步得到动态发展的理论继而指导新的实践。其次，已有研究均是基于现有的技术发展和消费者行为所进行的探讨，未来随着技术的飞速发展，会有各种新消费现象和新情况出现，可以基于本研究所提供的理论框架去思考或对目前的框架进行合理的延伸，使新零售企业多渠道整合框架更为完善。最后，在社交媒体蓬勃发展的当下，关于多渠道整合和全渠道营销的文献重点关注渠道管理（Ailawadi 和 Farris，2017；Verhoef 等，2015），但对促进客户参与和在线购物的社交媒体平台的重视较少，未来研究人员可以进一步探索以统一方式管理所有社交媒体平台能力的方向。

7.2.2 未来实践发展方向

1. 基于新零售商业生态下的品牌精细化运营

未来，由电商巨头构建的新零售商业生态圈将逐步完善，许多传统实体店和电商品牌将通过依托这些大型新零售平台来转型和发展。预计在未来，超过一半的企业或零售商将选择这种方式积极参与新零售的浪潮中。一方面，以平台为基础的新零售商业生态是一个完整的消费闭环，依托于强大的数据库，能够实现消费者细分、消费偏好细分，从而使新零售企业能够根据数据分析结果精准捕捉消费者需求，实现定制化、针对化营销。另一方面，更为关键的是能够实现消费者与产品的稳定关联，智能地将产品与特定细分群体附近的零售终端相匹配。品牌和零售企业均可借力生态内的数据发展和运营，因此新零售未来的战场将回归到产品和产品内容衍生上，渠道不再成为制约企业发展的关键因素，新零售企业已经进入品牌精细化运营时代以展开有效的竞争和区分。

2. 基于消费者需求的营销模式创新

消费者需求是多渠道整合战略实施的核心，基于消费者需求的营销模式创新是多渠道零售商未来发展的关键所在，具体可以通过以下路径得到实现：第一，通过建立大数据分析模型，实现精准化营销。而这一模型的构建必须基于品牌使用需要，在特定范围内收集数据信息，并且在实践过程中不断规范和改进各类数据来源，逐步打造零售品牌内部可靠的大数据库。品牌和零售商在对大数据信息进行分析、处理和挖掘时，也不能被束缚于数据分析模板，要基于具体的场景特质、技术能力和业务洞见，灵活机变地处理数据信息。第二，营销定制化、个性化。随着大数据、人工智能、信息技术等发展，传统商业模式和运作思维早已发生变化。商家可以基于对消费者大数据信息的深度挖掘分析，实现精准化营销推送，从而为用户提供个性化、定制化的产品或服务，充分全面地满足人们的深度诉求。另外，除了关注用户本身的消费实力，超市等线下实体零售门店还应该重视季节性销售、天气状况等因素的作用，如当了解到人们经常出游的周末会下雨时，可在门店首要位置摆放啤酒和雨具，进行关联性促销。第三，获得消费者情感认同，实现社会化营销。很多零售商的线上营销内容往往是单向灌输形式，不能发挥出社交媒体在互动沟通、情感联结等方面的营销价值。企业应深刻理解和把握线上营销的社交属性，通过独具创意的互动与消费者建立紧密的情感联结。零售品牌的线上营销不仅仅是为了产品销售，更是借助新媒体的社交互动属性，通过"有个性""有温度"的品牌故事和品牌文化，提供与消费者日常生活息息相关、能够满足更深度和更高层次诉求的情感与价值内容，从而建立起与消费者的强情感联结，培育和提高消费者的品牌忠诚度。第四，完善会员管理体系，实现数字化时代的营销升级。传统的"购物积分"式会员体系越来越无法适应新的零售要求，零售品牌应转而将移动互联网视为品牌与用户对接的主要入口，积极开发内容优质并具有社交互动属性的会员或忠诚计划。此外，零售商还应该将各类分散渠道整合起来，应对移动互联网时代的碎片化、个性化和多元化的零售场景要求，为消费者提供极致的场景消费体验，并与消费者建立起强情感联结。

参 考 文 献

[1] A Gunasekaran, E W T Ngai, R E McGaughey. Information technology and systems justification: a review for research and applications [J]. European Journal of Operational Research, 2005, 173 (3).

[2] Adrian Payne, Pennie Frow. The role of multichannel integration in customer relationship management [J]. Industrial Marketing Management, 2004, 33 (6).

[3] Adrian Yeow, Christina Soh, Rina Hansen. Aligning with new digital strategy: a dynamic capabilities approach [J]. Journal of Strategic Information Systems, 2018, 27 (1).

[4] Alexander Hübner, Johannes Wollenburg, Andreas Holzapfel. Retail logistics in the transition from multi – channel to omni – channel [J]. International Journal of Physical Distribution & Logistics Management, 2016, 46 (6/7).

[5] Amit Bhatnagar, Siddhartha S Syam. Allocating a hybrid retailer's assortment across retail stores: bricks – and – mortar vs online [J]. Journal of Business Research, 2014, 67 (6).

[6] Andrea Perna, Andrea Runfola, Simone Guercini, et al. Relationship beginning and serendipity: insights from an Italian case study [J]. IMP Journal, 2015, 9 (3).

[7] Andrew J Rohm, Vanitha Swaminathan. A typology of online shoppers based on shopping motivations [J]. Journal of Business Research, 2004, 57 (7).

[8] Anne Marianne Seck, Jean Philippe. Service encounter in multi –

channel distribution context: virtual and face – to – face interactions and consumer satisfaction [J]. The Service Industries Journal, 2013, 33 (6).

[9] Arindam Banerjee, B N V Karthik, Buddhaditya Bagchi, et al. Big bazaar direct: a new channel in retail [J]. International Journal of Innovative Research and Development, 2014, 3 (12).

[10] Arnold Picot, Andreas Georg Scherer. Editorial to the special section: research on organizations [J]. Schmalenbach Business Review, 2016, 17 (2).

[11] Arvind Rangaswamy, Gerrit H Van Bruggen. Opportunities and challenges in multichannel marketing: an introduction to the special issue [J]. Journal of Interactive Marketing, 2005, 19 (2).

[12] Asdecker Björn. Building the e – commerce supply chain of the future: what influences consumer acceptance of alternative places of delivery on the last – mile [J]. Logistics, 2021, 5 (4).

[13] Avery Jill, Steenburgh Thomas J, Deighton John, et al. Adding bricks to clicks: predicting the patterns of cross – channel elasticities over time [J]. Journal of Marketing, 2012, 76 (3).

[14] B P S Murthi, Ram C Rao. Price awareness and consumers' use of deals in brand choice [J]. Journal of Retailing, 2012, 88 (1).

[15] Bahn D L, Fischer P P. Clicks and mortar: balancing brick and mortar business strategy and operations with auxiliary electronic commerce [J]. Information Technology and Management, 2003, 4 (2): 319 – 334.

[16] Banker Rajiv D, Darrough Masako N, Huang Rong, et al. The relation between CEO compensation and past performance [J]. The Accounting Review, 2013, 88 (1).

[17] Barry Berman, Shawn Thelen. A guide to developing and managing a well – integrated multi – channel retail strategy [J]. International Journal of Retail & Distribution Management, 2004, 32 (3).

[18] Bartels Robert. Marketing technology, tasks, and relationships [J]. Journal of Marketing, 1965, 29 (1).

[19] Bendoly E, Blocher J D, Bretthauer K M, et al. Online/in – store integration and customer retention [J]. Journal of Service Research, 2005, 7 (4): 313 – 327.

[20] Benjamin Campbell, Hayk Khachatryan, Bridget Behe, et al. Consumer perceptions of eco – friendly and sustainable terms [J]. Agricultural and Resource Economics Review, 2015, 44 (1).

[21] Bergen M, Dutta S, Shugan S M. Branded variants: a retail perspective [J]. Journal of marketing research, 1996, 33 (1): 9 – 19.

[22] Berman B, Thelen S. A guide to developing and managing a well – integrated multi – channel retail strategy [J]. International Journal of Retail & Distribution Management, 2004, 32 (3): 147 – 156.

[23] Bernon Michael, Cullen John, Gorst Jonathan. Online retail returns management: integration within an omni – channel distribution context [J]. International Journal of Physical Distribution & Logistics Management, 2016, 46 (6/7).

[24] Beverly A Wagner, Andrew D G Alderdice. Managing the distribution channel: the case of scot trout and salmon [J]. Supply Chain Management: An International Journal, 2006, 11 (2).

[25] Bill Wooldridge, Torsten Schmid, Steven W Floyd. The middle management perspective on strategy process: contributions, synthesis, and future research [J]. Journal of Management, 2008, 34 (6).

[26] Blazquez, Domenech. Inferring export orientation from corporate websites [J]. Applied Economics Letters, 2014, 21 (7).

[27] Bridget McCrea. Mobility: creating the intelligent global supply chain [J]. Logistics Management (2002), 2019, 58 (2).

[28] Cao L, Li L. The impact of cross – channel integration on retailers'

sales growth [J]. Journal of Retailing, 2015, 91 (2): 198 – 216.

[29] Carton Solange, Widlöcher Daniel. Emotions and affect in psychoanalysisis [J]. Geriatrie et psychologie neuropsychiatrie du vieillissement, 2012, 10 (2).

[30] Chaffey Dave, Patron Mark. From web analytics to digital marketing optimization: increasing the commercial value of digital analytics [J]. Journal of Direct, Data and Digital Marketing Practice, 2012, 14 (1).

[31] Charles Steinfield, Harry Bouwman, Thomas Adelaar. The dynamics of click – and – mortar electronic commerce: opportunities and management strategies [J]. International Journal of Electronic Commerce, 2002, 7 (1).

[32] Chen Y, Narasimhan C, Zhang Z J. Individual marketing with imperfect targetability [J]. Marketing Science, 2001, 20 (1): 23 – 41.

[33] Chiu H C, Hsieh Y C, Roan J, et al. The challenge for multichannel services: cross – channel free – riding behavior [J]. Electronic Commerce Research & Applications, 2011, 10 (1 – 6): 268 – 277.

[34] Christian Kowalkowski, Daniel Kindström, Thomas Brashear Alejandro, et al. Service infusion as agile incrementalism in action [J]. Journal of Business Research, 2012, 65 (6).

[35] Colette Cuijpers, Martin Pekárek. The regulation of location – based services: challenges to the European Union data protection regime [J]. Journal of Location Based Services, 2011, 5 (3 – 4).

[36] Collins K. Omnichannel marketing automation statistics for 2019 [J]. ClickZ, 2019.

[37] Cronin J Joseph, Taylor Steven A. Measuring service quality: a reexamination and extension [J]. Journal of Marketing, 1992, 56 (3).

[38] Daniel E M, Wilson H N. The role of dynamic capabilities in e – business transformation [J]. European Journal of Information Systems, 2003, 12 (4): 282 – 296.

[39] Daniel I Prajogo. The strategic fit between innovation strategies and business environment in delivering business performance [J]. International Journal of Production Economics, 2016, 171.

[40] Danny Weathers, Scott D. Swain, Igor Makienko. When and how should retailers rationalize the size and duration of price discounts? [J]. Journal of Business Research, 2015, 68 (12).

[41] David Bell, Santiago Gallino, Antonio Moreno. Showrooms and information provision in omni – channel retail [J]. Production and Operations Management, 2015, 24 (3).

[42] Dennis Herhausen, Jochen Binder, Marcus Schoegel, et al. Integrating bricks with clicks: retailer – level and channel – level outcomes of online – offline channel integration [J]. Journal of Retailing, 2015, 91 (2).

[43] Dhruv Grewal, Michael Levy, V Kumar. Customer experience management in retailing: an organizing framework [J]. Journal of Retailing, 2009, 85 (1).

[44] Dhruv Grewal, Ramkumar Janakiraman, Kirthi Kalyanam, et al. Strategic online and offline retail pricing: a review and research agenda [J]. Journal of Interactive Marketing, 2010, 24 (2).

[45] Douglas M Lambert, A Michael Knemeyer, John T Gardner. Supply chain partnerships: model validation and implementation [J]. Journal of Business Logistics, 2004, 25 (2).

[46] Elena Patten, Wilson Ozuem, Kerry Howell. Service quality in multichannel fashion retailing: an exploratory study [J]. Information Technology & People, 2020, 33 (4).

[47] Eleonora Pantano, Harry Timmermans. What is smart for retailing? [J]. Procedia Environmental Sciences, 2014, 22.

[48] Eleonora Pantano, Milena Viassone. Engaging consumers on new integrated multichannel retail settings: challenges for retailers [J]. Journal of Retai-

ling and Consumer Services, 2015, 25.

[49] Elliot Bendoly, James D Blocher, Kurt M Bretthauer, et al. Online/In – Store integration and customer retention [J]. Journal of Service Research, 2005, 7 (4).

[50] Erik Brynjolfsson, Andrew Mcafee. The great decoupling [J]. New Perspectives Quarterly, 2013, 30 (1).

[51] Erik Brynjolfsson, Michael D Smith. Frictionless commerce? A comparison of internet and conventional retailers [J]. Management Science, 2000, 46 (4).

[52] Erik Brynjolfsson, Yu Jeffrey Hu, Mohammad S Rahman. Competing in the age of omnichannel retailing [J]. MIT Sloan management review, 2013, 54 (4).

[53] Fabio Ancarani, Venkatesh Shankar. Price levels and price dispersion within and across multiple retailer types: further evidence and extension [J]. Journal of the Academy of Marketing Science, 2004, 32 (2).

[54] Filipe Coelho, Chris Easingwood, Arnaldo Coelho. Exploratory evidence of channel performance in single vs multiple channel strategies [J]. International Journal of Retail & Distribution Management, 2003, 31 (11).

[55] Gulati R, Garino J. Get the right mix of bricks & clicks [J]. Harvard business review, 2000, 78 (3).

[56] Helena Forslund, Patrik Jonsson. The impact of forecast information quality on supply chain performance [J]. International Journal of Operations & Production Management, 2007, 27 (1).

[57] Hossain T M T, Akter S, Kattiyapornpong U, et al. Reconceptualizing integration quality dynamics for omnichannel marketing [J]. Industrial Marketing Management, 2020, 87: 225 – 241.

[58] Jannis Kallinikos. The order of technology: complexity and control in a connected world [J]. Information and Organization, 2005, 15 (3).

[59] Janssen Sabine A, Vos Henk, van Kempen Elise E M M, et al. Trends in aircraft noise annoyance: the role of study and sample characteristics [J]. The Journal of the Acoustical Society of America, 2011, 129 (4).

[60] Jayashankar M Swaminathan, Sridhar R Tayur. Models for supply chains in e-business [J]. Management Science, 2003, 49 (10).

[61] Jesús Cambra-Fierro, Iguácel Melero-Polo, F Javier Sese. Can complaint-handling efforts promote customer engagement? [J]. Service Business, 2016, 10 (4).

[62] Jihyun Kim, Hyun-Hwa Lee. Consumer product search and purchase behaviour using various retail channels: the role of perceived retail usefulness [J]. International Journal of Consumer Studies, 2008, 32 (6).

[63] Jill Mosteller, Naveen Donthu, Sevgin Eroglu. The fluent online shopping experience [J]. Journal of Business Research, 2014, 67 (11).

[64] Jon Thorne. Getting Organizational change management right the first time [J]. Industry Week, 2018.

[65] Jung-Chae Suh, Yi Youjae. When brand attitudes affect the customer satisfaction-loyalty relation: the moderating role of product involvement [J]. Journal of Consumer Psychology, 2006, 16 (2).

[66] Keely L Croxton. The order fulfillment process [J]. The International Journal of Logistics Management, 2003, 14 (1).

[67] Kevin Lane Keller. Brand equity management in a multichannel, multimedia retail environment [J]. Journal of Interactive Marketing, 2010, 24 (2).

[68] King A W. Disentangling interfirm and intrafirm causal ambiguity: a conceptual model of causal ambiguity and sustainable competitive advantage [J]. Academy of management review, 2007, 32 (1): 156-178.

[69] Koen Pauwels, Scott A Neslin. Building with bricks and mortar: the revenue impact of opening physical stores in a multichannel environment [J]. Journal of Retailing, 2015, 91 (2).

[70] Kristina Melis, Katia Campo, Els Breugelmans, et al. The impact of the multi-channel retail mix on online store choice: does online experience matter? [J]. Journal of Retailing, 2015, 91 (2).

[71] Larke Roy, Kilgour Mark, O'Connor Huw. Build touchpoints and they will come: transitioning to omnichannel retailing [J]. International Journal of Physical Distribution & Logistics Management, 2018, 48 (4).

[72] Laroche Michel, Sadokierski Robert. Role of confidence in a multi-brand model of intentions for a high-involvement service [J]. Journal of Business Research, 1994, 29 (1).

[73] Lea M Wakolbinger, Christian Stummer. Multi-channel management: an exploratory study of current practices [J]. Int. J. of Services, Economics and Management, 2013, 5 (1/2).

[74] Lopez Cordova J Ernesto, Micco Alejandro, Molina Danielken. How sensitive are latin American exports to Chinese competition in the US market? [M]. 2008.

[75] Luuk P A Simons, Charles Steinfield, Harry Bouwman. Strategic positioning of the web in a multi-channel market approach [J]. Internet Research: Electronic Networking Applications and Policy, 2002, 12 (4).

[76] M Eric Johnson, Seungin Whang. E-business and supply chain management: anoverview and framework [J]. Production and Operations Management, 2002, 11 (4).

[77] Mahour Mellat-Parast, John E. Spillan. Logistics and supply chain process integration as a source of competitive advantage [J]. The International Journal of Logistics Management, 2014, 25 (2).

[78] Marchet Gino, Melacini Marco, Perotti Sara, et al. Business logistics models in omni-channel: a classification framework and empirical analysis [J]. International Journal of Physical Distribution & Logistics Management, 2018, 48 (4).

[79] Marta Frasquet, Alejandro Mollá Descals, Maria Eugenia Ruiz – Molina. Understanding loyalty in multichannel retailing: the role of brand trust and brand attachment [J]. International Journal of Retail & Distribution Management, 2017, 45 (6).

[80] Marta Frasquet, Alejandro Mollá, Eugenia Ruiz. Identifying patterns in channel usage across the search, purchase and post – sales stages of shopping [J]. Electronic Commerce Research and Applications, 2015, 14 (6).

[81] Melis K, Campo K, Breugelmans E, et al. The impact of the multi – channel retail mix on online store choice: does online experience matter? [J]. Journal of Retailing, 2015, 91 (2): 272 – 288.

[82] Meuter M L, Bitner M J, Ostrom A L, et al. Choosing among alternative service delivery modes: an investigation of customer trial of self – service technologies [J]. Journal of marketing, 2005, 69 (2): 61 – 83.

[83] Michael G Jacobides, Carmelo Cennamo, Annabelle Gawer. Towards a theory of ecosystems [J]. Strategic Management Journal, 2018, 39 (8).

[84] Mirsch T, Lehrer C, Jung R. Channel integration towards omnichannel management: a literature review [J]. 2016.

[85] Mirzabeiki V, Saghiri S S. From ambition to action: how to achieve integration in omni – channel? [J]. Journal of Business Research, 2020, 110: 1 – 11.

[86] Monika Hajdas, Joanna Radomska, Susana C Silva. The omni – channel approach: a utopia for companies? [J]. Journal of Retailing and Consumer Services, 2020 (prepublish).

[87] Murfield M, Boone C A, Rutner P, et al. Investigating logistics service quality in omni – channel retailing [J]. International Journal of Physical Distribution & Logistics Management, 2017, 47 (4): 263 – 296.

[88] Nagarajan P, Venkatesan R, Kumar M J Mahesh, et al. Multiple lipomas in a bonnet monkey (Macaca radiata). [J]. Veterinary research com-

munications, 2005, 29 (5).

[89] Neslin S A, Shankar V. Key issues in multichannel customer management: current knowledge and future directions [J]. Journal of interactive marketing, 2009, 23 (1): 70 – 81.

[90] Niels A H Agatz, Moritz Fleischmann, Jo van Nunen. E – fulfillment and multi – channel distribution – a review. [J]. European Journal of Operational Research, 2008, 187 (2).

[91] Norbert Beck, David Rygl. Categorization of multiple channel retailing in multi –, cross –, and omni – channel retailing for retailers and retailing [J]. Journal of Retailing and Consumer Services, 2015, 27.

[92] Nunes Paul F, Cespedes Frank V. The customer has escaped [J]. Harvard business review, 2003, 81 (11).

[93] Ofek E, Katona Z, Sarvary M. "Bricks and clicks": the impact of product returns on the strategies of multichannel retailers [J]. Marketing Science, 2011, 30 (1): 42 – 60.

[94] Oh L B, Teo H H, Sambamurthy V. The effects of retail channel integration through the use of information technologies on firm performance [J]. Journal of operations management, 2012, 30 (5): 368 – 381.

[95] Oh L B, Teo H H. Consumer value co – creation in a hybrid commerce service – delivery system [J]. International Journal of Electronic Commerce, 2010, 14 (3): 35 – 62.

[96] Oliver Emrich, Michael Paul, Thomas Rudolph. Shopping benefits of multichannel assortment integration and the moderating role of retailer type [J]. Journal of Retailing, 2015, 91 (2).

[97] Otto J R, Chung Q B. A framework for cyber – enhanced retailing: integrating e – commerce retailing with brick – and – mortar retailing [J]. Electronic Markets, 2000, 10 (3): 185 – 191.

[98] Pan X, Ratchford B T, Shankar V. Price dispersion on the internet:

a review and directions for future research [J]. Journal of Interactive marketing, 2004, 18 (4): 116 – 135.

[99] Parasuraman A, Berry L L, Zeithaml V A. Perceived service quality as a customer – based performance measure: an empirical examination of organizational barriers using an extended service quality model [J]. Human resource management, 1991, 30 (3): 335 – 364.

[100] Patrik Appelqvist, Flora Babongo, Valérie Chavez – Demoulin, et al. Weather and supply chain performance in sport goods distribution [J]. International Journal of Retail & Distribution Management, 2016, 44 (2).

[101] Pattarawan Prasarnphanich, Mark L Gillenson. The hybrid clicks and bricks business model [J]. Communications of the ACM, 2003, 46 (12).

[102] Payne A, Frow P. The role of multichannel integration in customer relationship management [J]. Industrial marketing management, 2004, 33 (6): 527 – 538.

[103] Peter C Verhoef, P K Kannan, J Jeffrey Inman. From multi – channel retailing to omni – channel retailing [J]. Journal of Retailing, 2015, 91 (2).

[104] Peter C Verhoef, Rajkumar Venkatesan, Leigh McAlister, et al. CRM in data – rich multichannel retailing environments: a review and future research directions [J]. Journal of Interactive Marketing, 2010, 24 (2).

[105] Peter Willcocks, Marita Hogan. The use of heads of agreement in the commercialisation of biotechnology – to bind or not to bind [J]. Australasian Biotechnology, 2001, 11 (1).

[106] Prasarnphanich P, Gillenson M L. The hybrid clicks and bricks business model [J]. Communications of the ACM, 2003, 46 (12): 178 – 185.

[107] Rafay Ishfaq, Uzma Raja, Shashank Rao. Seller – induced scarcity and price – leadership [J]. The International Journal of Logistics Management,

2016, 27 (2).

[108] Rajasree K Rajamma, Audhesh K Paswan, Gopala Ganesh. Services purchased at brick and mortar versus online stores, and shopping motivation [J]. Journal of Services Marketing, 2007, 21 (3).

[109] Rangaswamy A, Van Bruggen G H. Opportunities and challenges in multichannel marketing: an introduction to the special issue [J]. Journal of interactive marketing, 2005, 19 (2): 5 - 11.

[110] Ranjay Gulati, Maxim Sytch, Parth Mehrotra. Breaking up is never easy: planning for exit in a strategic alliance [J]. California Management Review, 2008, 50 (4).

[111] Ravi Bhalla. The omni - channel customer experience: driving engagement through digitisation [J]. Journal of Digital & Social Media Marketing, 2014, 1 (4).

[112] Rhonda R. Lummus, Leslie K. Duclos, Robert J. Vokurka. The impact of marketing initiatives on the supply chain [J]. Supply Chain Management: An International Journal, 2003, 8 (4).

[113] Robert C Blattberg, Edward C Malthouse, Scott A Neslin. Customer lifetime value: empirical generalizations and some conceptual questions [J]. Journal of Interactive Marketing, 2009, 23 (2).

[114] Rui Sousa, Christopher A Voss. Service quality in multichannel services employing virtual channels [J]. Journal of Service Research, 2006, 8 (4).

[115] Ruud T Frambach, Henk C A Roest, Trichy V Krishnan. The impact of consumer internet experience on channel preference and usage intentions across the different stages of the buying process [J]. Journal of Interactive Marketing, 2007, 21 (2).

[116] Sadia Jahanzeb, Tasneem Fatima, Muhammad Mohsin Butt. How service quality influences brand equity [J]. International Journal of Bank Mar-

keting, 2013, 31 (2).

[117] Salma Karray, Simon Pierre Sigué. Informational and/or transactional websites: strategic choices in a distribution channel [J]. Electronic Commerce Research and Applications, 2018, 27.

[118] Salma Karray, Simon Pierre Sigué. Multichannel retailing and price competition [J]. International Transactions in Operational Research, 2020, 28 (4).

[119] Sara Valentini, Chiara Orsingher, Alexandra Polyakova. Customers' emotions in service failure and recovery: a meta-analysis [J]. Marketing Letters: A Journal of Research in Marketing, 2020, 31 (2-3).

[120] Schramm-Klein H, Wagner G, Steinmann S, et al. Cross-channel integration-is it valued by customers? [J]. The International Review of Retail, Distribution and Consumer Research, 2011, 21 (5): 501-511.

[121] Schuman E. Aberdeen report: true multichannel sales desirable but rare [J]. eWeek, 2004 (October 22).

[122] Scott A Neslin, Dhruv Grewal, Robert Leghorn, et al. Challenges and opportunities in multichannel customer management [J]. Journal of Service Research, 2006, 9 (2).

[123] Scott A Neslin, Kinshuk Jerath, Anand Bodapati, et al. The interrelationships between brand and channel choice [J]. Marketing Letters, 2014, 25 (3).

[124] Shahriar Akter, Samuel Fosso Wamba, Angappa Gunasekaran, et al. How to improve firm performance using big data analytics capability and business strategy alignment? [J]. International Journal of Production Economics, 2016, 182.

[125] Shi S, Wang Y, Chen X, et al. Conceptualization of omnichannel customer experience and its impact on shopping intention: a mixed-method approach

[J]. International Journal of Information Management, 2020, 50: 325-336.

[126] Silva Thiago Christiano, Guerra Solange Maria, da Silva Michel Alexandre, et al. Micro-level transmission of monetary policy shocks: the trading book channel [J]. Journal of Economic Behavior and Organization, 2020, 179.

[127] Siwon Cho, Jane E Workman. College students' frequency of use of information sources by fashion leadership and style of information processing [J]. Fashion and Textiles, 2015, 2 (1).

[128] Soroosh Saghiri, Richard Wilding, Carlos Mena, et al. Toward a three-dimensional framework for omni-channel [J]. Journal of Business Research, 2017, 77.

[129] Steven A Taylor, J Joseph Cronin. An empirical assessment of the servperf scale [J]. Journal of Marketing Theory and Practice, 1994, 2 (4).

[130] Steven H Seggie, Daekwan Kim, S Tamer Cavusgil. Do supply chain IT alignment and supply chain interfirm system integration impact upon brand equity and firm performance? [J]. Journal of Business Research, 2006, 59 (8).

[131] Straub D W, Watson R T. Research commentary: transformational issues in researching is and net-enabled organizations [J]. Information systems research, 2001, 12 (4): 337-345.

[132] Thomas Jacquelyn S, Sullivan Ursula Y. Managing marketing communications with multichannel customers [J]. Journal of Marketing, 2005, 69 (4).

[133] Vahid Mirzabeiki, Soroosh Sam Saghiri. From ambition to action: how to achieve integration in omni-channel? [J]. Journal of Business Research, 2020, 110 (C).

[134] Valerie L Vaccaro, Gopalkrishnan R Iyer. Multichannel retailing and the internet: prospects, problems and strategic options [J]. Int. J. of In-

ternet Marketing and Advertising, 2005, 2 (3).

[135] Venkatesan R, Kumar V, Ravishanker N. Multichannel shopping: causes and consequences [J]. Journal of Marketing, 2007, 71 (2): 114 – 132.

[136] Verhoef P C, Donkers B. The effect of acquisition channels on customer loyalty and cross – buying [J]. Journal of Interactive Marketing, 2005, 19 (2): 31 –43.

[137] Villanueva J, Yoo S, Hanssens D M. The impact of marketing – induced versus word – of – mouth customer acquisition on customer equity growth [J]. Journal of marketing Research, 2008, 45 (1): 48 – 59.

[138] Vishag Badrinarayanan, Enrique P Becerra, Chung – Hyun Kim, et al. Transference and congruence effects on purchase intentions in online stores of multi – channel retailers: initial evidence from the US and South Korea [J]. Journal of the Academy of Marketing Science, 2012, 40 (4).

[139] Wallace D W, Giese J L, Johnson J L. Customer retailer loyalty in the context of multiple channel strategies [J]. Journal of Retailing, 2004, 80 (4): 249 –263.

[140] William H DeLone, Ephraim R McLean. The delone and mclean model of information systems success: a ten – year update [J]. Journal of Management Information Systems, 2003, 19 (4).

[141] Wi – Suk Kwon, Sharron J Lennon. Reciprocal effects between multichannel retailers' offline and online brand images [J]. Journal of Retailing, 2009, 85 (3).

[142] Wojciech Piotrowicz, Richard Cuthbertson. Introduction to the special issue information technology in retail: toward omnichannel retailing [J]. International Journal of Electronic Commerce, 2014, 18 (4).

[143] Wollenburg Johannes, Holzapfel Andreas, Hübner Alexander, et al. Configuring retail fulfillment processes for omni – channel customer steering

[J]. International Journal of Electronic Commerce, 2018, 22 (4).

[144] Wu W Y, Lee C L, Fu C S, et al. How can online store layout design and atmosphere influence consumer shopping intention on a website? [J]. International Journal of Retail & Distribution Management, 2014, 42 (1): 4-24.

[145] Yang D, Zhang X. Quick response and omnichannel retail operations with the ship-to-store program [J]. International Transactions in Operational Research, 2020, 27 (6): 3007-3030.

[146] Zach W Y Lee, Tommy K H Chan, Alain Yee-Loong Chong, et al. Customer engagement through omnichannel retailing: the effects of channel integration quality [J]. Industrial Marketing Management, 2019, 77.

[147] Zhang J, Farris P W, Irvin J W, et al. Crafting integrated multichannel retailing strategies [J]. Journal of interactive marketing, 2010, 24 (2): 168-180.

[148] Zhang J, Wedel M. The effectiveness of customized promotions in online and offline stores [J]. Journal of marketing research, 2009, 46 (2): 190-206.

[149] 白长虹, 赵伟. 论大型百货零售企业整体服务质量 [J]. 商业经济研究, 1998 (12): 26-27.

[150] 仇立. 体验营销理念下互联网顾客忠诚的形成机理——满意度与信任度的双中介效应 [J]. 中国流通经济, 2017, 31 (03): 96-104.

[151] 但斌, 刘墨林, 邵兵家等. "互联网+"生鲜农产品供应链的产品服务融合商业模式 [J]. 商业经济与管理, 2017, 311 (9): 5-14.

[152] 丁乃鹏, 李娜. 基于微信的移动电子商务发展研究 [J]. 未来与发展, 2015, 39 (3): 20-24, 45.

[153] 杜睿云, 蒋侃. 新零售: 内涵、发展动因与关键问题 [J]. 价格理论与实践, 2017, 392 (2): 139-141.

[154] 耿波. 基于TAM的消费者网络购物意向的影响因素分析 [J].

统计与决策, 2012 (23): 105-107.

[155] 蒋侃, 徐柳艳. 全渠道整合对渠道互惠的作用机制分析 [J]. 企业经济, 2016 (09): 43-48.

[156] 和健. 零售商多渠道驱动力、跨渠道整合与双元能力 [J]. 商业经济研究, 2020 (03): 79-82.

[157] 胡祥培, 王明征, 王子卓, 孙玉姣, 叶生昍. 线上线下融合的新零售模式运营管理研究现状与展望 [J]. 系统工程理论与实践, 2020, 40 (08): 2023-2036.

[158] 黄杰. 面向消费升级的新零售商业模式创新 [J]. 商业经济研究, 2019, 773 (10): 37-39.

[159] 黄颖峰. GAC 新能源汽车公司全渠道策略研究 [D]. 华南理工大学, 2019.

[160] 蒋侃, 张子刚. 多渠道零售商非价格策略对在线购买行为的影响研究 [J]. 华东经济管理, 2011, 25 (01): 122-125.

[161] 李飞. 全渠道服务蓝图——基于顾客体验和服务渠道演化视角的研究 [J]. 北京工商大学学报 (社会科学版), 2019, 34 (03): 1-14.

[162] 李飞. 全渠道零售的含义、成因及对策——再论迎接中国多渠道零售革命风暴 [J]. 北京工商大学学报 (社会科学版), 2013, 28 (02): 1-11.

[163] 李桂华, 黄磊. 要素品牌价值对关系绩效的影响——采购商视角的研究 [J]. 管理科学, 2014, 27 (02): 82-94.

[164] 梁可欣. 多渠道整合服务质量对重购意愿的影响研究 [D]. 山西财经大学, 2021.

[165] 梁莹莹. 基于"新零售之轮"理论的中国"新零售"产生与发展研究 [J]. 当代经济管理, 2017, 39 (9): 6-11.

[166] 刘向东. 移动零售下的全渠道商业模式选择 [J]. 北京工商大学学报 (社会科学版), 2014, 29 (03): 13-17.

[167] 刘志佳. 多渠道整合服务质量对零售商品牌权益影响研究 [D].

山西财经大学，2019．

[168] 骆安娜．零售过程整合对零售商权益的影响机理的研究 [D]．武汉纺织大学，2014．

[169] 潘建林．新零售理论文献综述：兼论四构面商业模式 [J]．商业经济研究，2019，768（5）：9-11．

[170] 齐永智，张梦霞．SOLOMO 消费驱动下零售企业渠道演化选择：全渠道零售 [J]．经济与管理研究，2015，36（07）：137-144．

[171] 齐永智，张梦霞．新零售企业多渠道整合服务质量对重购意愿的影响——顾客涉入度的调节作用 [J]．中国流通经济，2021，35（4）：58-69．

[172] 齐永智．消费需求驱动的多渠道零售对顾客忠诚影响研究 [D]．首都经济贸易大学，2017．

[173] 钱丽娜．新零售，从 O2O 到 OinO [J]．商学院，2017，146（Z1）：90-92．

[174] 尚子琦．从瑞幸咖啡与星巴克大战看网络"新零售"时代下的商业模式 [J]．现代管理科学，2019，312（3）：75-77．

[175] 沈鹏熠，占小军，范秀成．基于线上线下融合的混合服务质量——内涵、维度及其测量 [J]．商业经济与管理，2020（04）：5-17．

[176] 石悦．虚拟品牌社群人际互动对购买意愿的影响研究 [D]．山西财经大学，2020．

[177] 史锦梅．新零售：零售企业供给侧结构性改革的新业态——基于需求满足论的视角 [J]．当代经济管理，2018，40（4）：1-7．

[178] 史清越．永辉超级物种的商业模式研究——基于商业模式画布模型 [J]．商业经济研究，2018（16）：23-25．

[179] 宋明元，肖洪钧，齐丽云，于丽丽．涉入度对品牌体验与购买意愿间关系的调节作用——基于智能手机市场的实证研究 [J]．大连理工大学学报（社会科学版），2014，35（03）：62-68．

[180] 宋思根，冯林燕．顾客双重价值需求与零售营销变革——新经济

社会学视角［J］. 北京工商大学学报（社会科学版），2019，34（6）：1-11.

［181］宋旖旎，张永庆. 我国传统零售企业向"新零售"模式转型的商业路径探析［J］. 电子商务，2019，233（5）：1-2+23.

［182］苏东风."三新"视角的"新零售"内涵、支撑理论与发展趋势［J］. 中国流通经济，2017，31（9）：16-21.

［183］汤定娜，廖文虎. 多渠道整合质量对消费者跨渠道搭便车意愿的影响［J］. 当代财经，2015（10）：79-88.

［184］王宝义."新零售"的本质、成因及实践动向［J］. 中国流通经济，2017，31（7）：3-11.

［185］王娟娟. 电子商务时代的物流发展分析［J］. 中国流通经济，2014，28（3）：54-59.

［186］王坤，相峰."新零售"的理论架构与研究范式［J］. 中国流通经济，2018，32（1）：3-11.

［187］王琦琦. 新零售：从无人超市到场景革命的跨越［J］. 家庭服务，2017，33（8）：54-55.

［188］王淑翠，俞金君，宣峥楠. 我国"新零售"的研究综述与展望［J］. 科学学与科学技术管理，2020，41（6）：91-107.

［189］王素霞. 渠道整合能力对零售业品牌形象影响探析［J］. 商业经济研究，2020（11）：69-71.

［190］王瑜. 浅谈商圈分析对连锁零售企业选址的重要性［J］. 中国商论，2017，705（2）：53-54.

［191］王志远，吴泗宗，翟庆华. 如何提升移动网购体验——基于用户双重视角体验质量影响因素的实证研究［J］. 当代财经，2018（06）：81-91.

［192］魏锦. 多渠道整合服务质量对消费者跨渠道保留行为的影响研究［D］. 山西财经大学，2021.

［193］吴锦峰，常亚平，潘慧明. 多渠道整合质量对线上购买意愿的作用机理研究［J］. 管理科学，2014（1）：86-98.

[194] 吴雪,董大海. 互联网环境下消费者跨渠道购买行为研究 [J]. 当代经济管理, 2014, 36 (11): 34-40.

[195] 薛海波,王新新. 品牌社群影响品牌忠诚的作用机理研究——基于超然消费体验的分析视角 [J]. 中国工业经济, 2009 (10): 96-107.

[196] 闫星宇. "新零售"的逻辑蕴涵及发展趋势 [J]. 社会科学战线, 2018, 277 (7): 257-261.

[197] 闫瑶. 多渠道整合服务对购买意愿的影响研究 [D]. 山西财经大学, 2020.

[198] 杨慧. 新零售之圈理论: 零售业态发展理论的新探索 [J]. 中国流通经济, 2002 (6): 57-59.

[199] 杨坚争,齐鹏程,王婷婷. "新零售"背景下我国传统零售企业转型升级研究 [J]. 当代经济管理, 2018, 40 (9): 24-31.

[200] 易倩. 基于"新零售之轮"理论的盒马鲜生新零售模式研究 [J]. 物流科技, 2018, 41 (7): 35-37.

[201] 张闯. 中国营销渠道研究30年: 回顾与展望 [J]. 北京工商大学学报(社会科学版), 2020, 35 (06): 1-14.

[202] 张晓青,杨靖,多英学. "新零售之轮"驱动下新零售业态创新路径 [J]. 商业经济研究, 2018, 758 (19): 52-55.

[203] 赵树梅,徐晓红. "新零售"的含义、模式及发展路径 [J]. 中国流通经济, 2017, 31 (5): 12-20.

[204] 中国流通三十人论坛秘书处,本刊编辑部,林英泽等. 从阿里与百联"联姻"看"新零售" [J]. 中国流通经济, 2017, 31 (3): 124-128.

[205] 周飞,冉茂刚,沙振权. 多渠道整合对跨渠道顾客保留行为的影响机制研究 [J]. 管理评论, 2017, 29 (03): 176-185.

[206] 庄贵军,邓琪,卢亭宇. 跨渠道整合的研究述评: 内涵、维度与理论框架 [J]. 商业经济与管理, 2019 (12): 30-41.